모방 시대의 종말

모방 시대의 종말

자유민주주의라는 꿈은 어떻게 악몽이 되었는가

이반 크라스테프 · 스티븐 홈스 지음

이재황 옮김

책과함께

제3장 탈취로서의 모방 199

결론: 한 시대의 마감 267

일러두기

- 이 책은 Ivan Krastev와 Stephen Holmes의 *The Light that Failed*(2019)를 완역한 것이다.
- 지은이가 강조한 표현은 고딕체로 표기했다.
- 한국에서 원어 음차로 통용되는 표현도 대개 한국어로 옮겼다(예: 포퓰리즘 → 대중 주의, 소프트파워 → 연성권력).

모방과 불만

우리는 모두 독자적인 사람으로 태어났다.

그런데 복제품으로 죽는 사람이 그렇게 많은 이유는 무엇일까?

– 에드워드 영

미래는 과거보다 나았다. 우리는 1989년이 "과거와 미래를, 베를린 장벽이 동방과 서방을 분명하게 나누었던 것과 거의 비슷하게"[1] 나누었다고 믿어왔다. 우리는 "현실 사회보다 근본적으로 더 나은 세계, 또는 본질적으로 민주적이고 자본주의적이지 않은 세계를 상상하는 데 어려움"[2]을 겪었다. 우리는 오늘날 그런 식으로 생각하지 않는다. 우리 대부분은 여전히 민주적이고 자유주의적인 미래를 상상하는 데 어려움을 겪고 있다. 심지어 서방 세계에서도 그렇다.

냉전이 끝나자 자유주의적이고 자본주의적인 민주주의가 전 세계로 확산되리라는 기대가 높았다.[3] 지리정치학적 무대는 조지 버나드 쇼의 〈피그말리온〉이나 다름없는 공연을 펼칠 준비가 돼 있는 듯했다. 이 낙관적이고 가르치려 드는 연극은 한 음성학 교수가 짧은 기간 동안에 가난한 꽃 파는 소녀를 가르쳐, 여왕처럼 이야기하고 고상한 사람들 사이에서도 주눅 들지 않도록 만든다는 이야기다.

동방이 서방에 통합되리라면서 성급하게 축배를 들었던 사람들은 결국 그들 앞에 펼쳐진 광경이 예상했던 것과 다르다는 사실을 깨달았다.[4] 마치 〈피그말리온〉 공연 대신에 메리 셸리의 《프랑켄슈타인》을 각색한 연극을 보게 된 듯했다. 이 비관적이고 가르치려 드는 소설은 인간의 신체부위 모사품을 조합해 인간 비슷한 생명체를 만드는 신의 역할을 하기로 마음먹은 한 사내의 이야기다. 이 불완전한 괴물은 태생적으로 고독하고 존재감이 없으며 폐기될 것임을 느끼고 있었다. 괴물은 자신이 결코 얻을 수 없는, 자신을 창조한 존재의 행복을 시샘해 그 친구와 가족들에게 폭력적으로 돌변했다. 그들의 세계를 파괴하고, 잘못된 자기복제 실험의 유산으로 오직 회한과 비통만을 남겨놓았다.

자유주의가 냉전 기간 동안 어떻게 해서 예고된 성공의 제물이 됐는지가 이 책이 이야기하려는 목표다. 표면적으로 문제는 불안정을 크게 심화시키는 정치적 사건들이 이어진 데 있다. 뉴욕 세계무역센터에 대한 9·11 공격, 미국과 이라크의 전쟁, 2008년 금융위기, 러시아의 크림반도 합병과 동부 우크라이나 개입, 시리아가 인도주의적으로 끔찍한 상태로 추락하는 상황에서 드러난 서방의 무기력, 유럽의 2015년 이민 위기, 브렉시트 국민투표, 도널드 트럼프의 미국 대통령 당선 같은 일들이다.

냉전 이후 자유민주주의의 잔광殘光 역시 노골적으로 자유주의적이지도 민주적이지도 않은 정치 지도자들이 이끈 중국의 경제적 기적으로 인해 흐릿해졌다. 자유민주주의를 비서방의 독재정치와 대비시켜 좋아 보이게 함으로써 그 명성을 되살리려는 시도들은 수감자들에 대한 고문 같은 무책임한 자유주의적 규범 위반과 서방 내부에서의 민주적 기구의 기능 부전으로 빛이 바랬다. 분명히 민주주의가 어떻게 위축되고 소멸하는 가는 오늘날 자유주의적인 학자들의 뇌리에 가장 크게 박혀 있는 질문이 됐다.[5]

'개방 사회'라는 이상도 한때 환영받았던 광채를 잃었다.[6] 환멸을 느낀 많은 시민들에게 세계에 대한 개방성은 이제 희망보다는 불안을 더 많이 암시하고 있다. 베를린 장벽이 무너질 때 세계에는 단지 16개의 국경 장벽이 있었다. 지금은 이미 완성됐거나 건설 중인 경계 방벽이 65개다. 퀘벡대학의 전문가 엘리자베스 발레Elisabeth Vallet에 따르면, 세계 각국 가운데 거의 3분의 1이 국경에 방벽을 세우고 있다.[7] 1989년 이후의 30년은 '막간'이었음이 드러났다. 극적인 베를린 장벽 해체와 전 세계적인 장벽 건설 광풍 사이의 짧은 장벽 없는 시기였다. 전자는 경계선 없는 세계라는 흥분되는 유토피아적 환상이었고, 후자는 시멘트와 철조망 장벽으로 실존하는(때로는 상상 속의) 공포를 드러내는 것이었다.

오늘날 대부분의 유럽인들과 미국인들은 또한 자녀들의 삶이 자기네보다 덜 유복하고 덜 만족스러울 것이라고 생각하고 있다.[8] 민주주의에 대한 대중의 믿음은 곤두박질치고 있고, 오랜 전통의 정당들은 해체되거나 형체가 없는 정치운동과 대중주의populism 독재자들에게 밀려나, 위기에 처한 민주주의의 생존을 위해 싸우고자 하는 조직화된 정치세력의 의지에 의문을 제기하고 있다.[9] 유럽 일부와 미국의 유권자들은 대규모 이주라는 유령에 놀라, 갈수록 외국인을 혐오하는 이야기와 독재적인 지도자, 무력으로 지키는 국경에 이끌리고 있다. 그들은 미래가 서방이 발산하는 자유주의적 이상에 의해 좋아질 것이라고 믿기보다는, 21세기의 역사가 몰려오는 수백만 명의 이주자들로 인해 망가질 것을 두려워하고 있다.[10] 한때 폭압에 맞서는 방어벽으로 극찬을 받았던 인권은 이제 테러에 효과적으로 대응하기 위한 민주주의의 능력을 제한한다는 비난을 자주 받고 있다.

자유주의가 살아남을 수 있느냐에 대한 두려움은 너무도 심각해서, 2016년의 정치 평론가들은 마치 의무라도 되는 듯이 윌리엄 버틀러 예이츠가 인류 역사상 가장 지독한 충돌 중 하나가 일어난 직후인 1919년에 쓴 시 〈재림The Second Coming〉을 반복해서 인용했다.[11] 그로부터 100년이 지난 지금, 예이츠의 시구는 불안에 떠는 전 세계 자유민주주의 옹호자들의 주문呪文이 됐다.

모든 것이 무너져 내리고, 중심은 지탱할 수 없어
한갓 혼란만이 세상에 펼쳐진다.

버락 오바마의 측근 보좌관이자 개인적인 친구인 벤저민 로즈Benjamin J. Rhodes는 회고록《있는 그대로의 세계The World as It Is》에서 한 가지 사실을 털어놓았다. 오바마가 백악관을 떠나는 날, 그가 사로잡혔던 가장 큰 걱정은 이런 것이었다고 한다.

'만약 우리가 틀렸다면 어쩌지?'[12]

불확실한 것은 '뭐가 잘못됐지?'나 '누가 잘못했지?'가 아니었다. 또한 힐러리 클린턴의 풀어야 할 가장 긴급한 미스터리 '무슨 일이 일어났지?' ('What happened?'는 힐러리의 2016년 대통령 선거전 회고록 제목이다—옮긴이) 도 아니었다. 오바마에게 더 골치 아픈 의문은 바로 이것이었다.

'만약 우리가 틀렸다면 어쩌지?'

그것은 자유주의자들이 냉전 이후 시기의 본질을 잘못 이해했다면 어쩌느냐는 것이었다. '만약 우리가 틀렸다면 어쩌지?'는 올바른 질문이었고, 우리가 이 책에서 대답하려는 내용이다.

우리 두 저자에게 그것은 또한 매우 사적인 질문이기도 하다. 둘 가운데 형은 미국인으로, 냉전이 시작되고 1년 뒤에 태어나 고등학교에서 그때 막 세워진 장벽이 불관용과 폭압의 구현체임을 배웠다. 동생은 불가리아인으로, 장벽이 세워지고 4년쯤 뒤 동-서로 나뉜 세계의 반대편에서 태어나 성장하면서 장벽을 허무는 것이 정치적 해방과 개인의 자유로 가는 길이라고 믿게 됐다.

우리 둘은 성장 배경은 다르지만 모두 장벽의 그늘 아래서 여러 해를 살았고, 그 장벽이 극적으로 붕괴되는 장면을 텔레비전 중계로 지켜보던 일은 우리의 정치적·지적 생활에서 결정적인 순간임이 드러났다. 먼저 베를린 장벽이, 이어서 그 부재가 우리의 정치적 사고에 영원히 새겨졌다. 냉전의 종말이 자유주의와 민주주의 시대의 시작이라는 환상은 우리의 환상이기도 했다.

이 책은 왜 우리가 한때 이런 환상을 기꺼이 품었는지, 그리고 비자유주의적이고 반민주적인 '혼란'의 거센 파도가 불길하게 밀어닥치고 있는 세계에 관해 어떻게 생각해야 하는지를 이해하기 위한 우리의 시도를 보여준다.

종말에 대한 의식

30년 전인 1989년, 프랜시스 후쿠야마Francis Fukuyama라는 미국 국무부의 한 관리가 시대정신을 함축적으로 제시했다. 그는 독일인들이 박살난 베를린 장벽의 잔해를 밟고 흥겨운 춤을 추기 몇 달 전에 쓴 글에서, 냉전

이 사실상 끝났다고 선언했다.

자유주의가 공산주의에 총체적으로 승리한 것은 중국에서 덩샤오핑(1904~1997)이, 또 소련에서 미하일 고르바초프(1931~)가 이끈 10년 동안의 경제·정치개혁으로 보증됐다. "자유민주주의의 대안으로서의 마르크스레닌주의"의 폐기는 "서방 자유주의에 대한 가능성 있는 체계적인 대안이 완전히 소진"됐음을 드러낸 것이라고 후쿠야마는 주장했다. 공산주의는 마르크스주의자들에 의해 헤겔적인 의미에서 단일 '역사'의 정점으로 떠받들어졌는데, 어느 날 갑자기 미국적인 의미에서 무시해도 좋을 정도의 중요성만을 지닌 여러 '역사' 가운데 하나로 전락했다.

이런 상황에서 "서방 자유민주주의"는 "인류의 이데올로기적 진화의 종점"으로 불릴 만했다. "20세기의 파시즘과 공산주의 독재정치"가 붕괴한 이후 "20세기가 끝날 때까지 온전하게 살아남은 유일한 정부 형태는 자유민주주의"였다. "자유민주주의 국가의 기본 원리"는 "완벽하며 더 개선할 여지가 없기" 때문이다. 자유주의 개혁가들에게 남겨진 유일한 과제는 "그 원리를 공간적으로 확장하는 것"이다. "인류 문명의 다양한 영역이 가장 발전된 첨단 수준에 이르도록 하는 것"이다. 후쿠야마는 자유주의가 "결국 전 세계에서 승자가 될 것"이라고 주장했다. 그러나 그 주장의 진짜 핵심은 "자유주의보다 낫다고 주장하는 이데올로기"는 이제 더 이상 나타나지 않으리라는 것이었다.[13]

자본주의적 민주주의가 인류 정치 발전의 마지막 단계임을 인식한다는 것은 실제로 어떤 의미일까? 후쿠야마는 이에 대해 다소 애매한 태도를 보였다. 그러나 그의 주장은 틀림없이 서방식 자유민주주의가 온 세계의 개혁가들이 추구해야 할 유일하게 가능성 있는 이상임을 함축하고 있다. 그는 마지막 "비자유주의 세력의 등불"이 중국과 소련의 개혁으로

꺼졌다고 쓰면서, 미국의 자유주의 등불만이 인류가 미래로 가는 길을 밝혀주고 있음을 의미한 것이었다.[14]

전 세계적으로 호소력이 있는 서방 모델의 대안이 전혀 존재하지 않는 다는 이 부정은, 후쿠야마의 명제가 미국의 자기 사랑에 호소력을 발휘 했을 뿐만 아니라 철의 장막 너머에 살고 있던 반체제 인사들에게 자명 한 것으로 받아들여진 이유를 설명해준다.[15] 그 직전인 1988년에 소련의 가장 열렬한 민주적 다원주의 지지자들 가운데 일부가 《다른 길은 없다 Inogo ne dano》[16]라는 제목으로 기사 모음을 출판했다. 소련 개혁운동의 성서 였던 이 책 역시 서방의 자본주의적 민주주의 이외의 지속 가능한 대안 은 없다고 주장했다.

우리식으로 말하자면 1989년은 30년 '모방의 시대'의 시작을 알렸다. 서방이 지배하는 단극單極 체제는 도덕적 이상의 영역에서 자유주의를 도 전 불가인 것처럼 보이게 만들었다. 그러나 서방의 정치적·경제적 모델 을 수출한다는 당초의 높은 기대가 시들해지면서 모방의 정치학에 대한 혐오감이 점차 확산됐다. 반자유주의적 반동은 아마도 정치적·이데올로 기적 대안의 부재로 특징지어진 세계에 대한 불가피한 반응이었을 것이 다. 이 대안의 부재는 오늘날 공산주의에서 벗어난 나라들에서 나타나는 반서방적 기질을, 권위주의적 과거의 중력이나 역사적으로 뿌리 깊은 자 유주의에 대한 적대감보다 더 잘 설명해준다.[17]

'다른 길은 없다'는 바로 이 독단은 중·동유럽에서 시작되어 현재 전 세계의 상당 부분을 휩쓸고 있는 대중주의적 이방인 혐오(제노포비아 xenophobia)와 반동적 토착민주의nativism를 위한 독자적인 동기를 제공했다. 자유민주주의에 대한 타당성 있는 대안의 부재는 저항의 자극제가 됐다. 기본적으로 "인간은 선택과 심지어 그에 대한 환상이라도 필요"하기 때

문이다.[18]

대중주의자populist들은 특정 유형의 정치 이념(자유주의)에 대해서, 그리고 공산주의적 정통성을 자유주의적 정통성으로 대체하는 것에 대해서도 반기를 든다. 좌익과 우익 양쪽 모두에서 반란운동의 메시지는, 사실상 양자택일의 접근법은 틀렸으며 일은 서로 다를 수 있을 뿐만 아니라 보다 친숙하고 정확할 수 있다는 것이다.

분명히 어떤 단일 요인만으로는 2010년대에 서로 다른 곳에 위치한 그렇게 많은 나라에서 권위주의적인 반자유주의가 동시에 대두하고 있는 현상을 설명할 수 없다. 그러나 자유민주주의의 규범으로서의 지위와 모방의 정치학 일반에 대한 분노는 중부유럽뿐만이 아니라 러시아와 미국에서도 역시 결정적인 역할을 했다고 우리는 생각한다.

이에 대한 입증을 시작하기 위해 우리는 첫 증인으로 중부유럽의 가장 분명한 자유주의 비판자 가운데 두 사람을 소환한다. 폴란드의 철학자이자 보수적인 유럽의회 의원인 리샤르트 레구트코Ryszard Legutko는 자유민주주의 이외의 대안은 없다고 목소리를 높였다. 그는 자유민주주의가 "집단생활을 조직화하는 데 유일하게 수용할 수 있는 과정과 방법"이 됐으며, "자유주의자들과 자유민주주의자들이 정치체제에 관한 거의 모든 대안들과 모든 비자유주의적 견해를 잠재우고 주변으로 밀어내는 데 성공했다"[19]라고 주장했다.

영향력 있는 한 헝가리 역사가도 이에 동의한다. 오르반 빅토르Orbán Viktor 헝가리 총리의 최고 브레인인 마리아 슈미트Mária Schmidt는 이렇게 말했다.

"우리는 독일인들이나 프랑스인들이 하고 있는 것을 모방할 생각이 없습니다. 우리는 우리의 생활방식을 유지하고 싶습니다."[20]

두 사람의 말은 모두 "서방 자유주의를 대체할 수 있는 체계적 대안이 완전히 소진"됐음을 받아들이려는 굳건한 의지가 서방의 연성권력^{soft} power(국제사회에서 군사력이나 경제력이 아니라 문화나 가치관 등에 의해 발휘되는 힘—옮긴이)을 변화시켜 모방을 자극함으로써 강함과 권위보다는 약함과 취약성으로 나아가도록 하는 데 도움을 주었다고 주장한다.

자유주의적인 서방에 굽실거리기를 거부하는 것은 공산주의에서 벗어난 세계와 그 너머에서 비자유주의적인 반혁명의 증표가 됐다. 그러한 반응은 "서방을 비난"하는 것이 비서방 지도자들이 자신들의 실패한 정책에 대한 책임을 회피하는 손쉬운 방식이라는 진부한 관찰로 대수롭지 않게 넘겨선 안 된다. 이야기는 그보다 훨씬 복잡하고 흥미롭다. 무엇보다도 그것은 자유주의가 패권을 차지하기 위해 다원성을 버린다는 이야기다.

명명과 필요성

냉전 기간 동안 세계에서 정치적으로 가장 중대한 분열은 공산주의자들과 민주주의자들 사이의 분열이었다. 세계는 동방의 전체주의 국가와 서방의 자유세계로 나뉘었고, 중심 갈등의 주변부에 있는 나라들은 진영을 선택할 권리와 힘을 가지고 있었다(또는 가지고 있다고 생각했다). 장벽이 무너진 뒤 이런 별자리는 변화를 겪었다. 이후 지리정치학적 영역에서 가장 중대한 분열은 모방자와 모방 대상으로 나누었고, 민주주의를 이룩한 나라들과 민주주의로 이행하려 애쓰는 나라들로 나누었다. 동방과 서방의 관계는 두 적대적 체제 사이의 냉전 대치에서 하나의 단극 체제 내부의 모델과 모방자 사이의 껄끄러운 관계로 바뀌었다.

1989년 이후 과거 공산주의 국가였던 나라들이 서방을 모방하려는 노력은 각종 이름 잔치로 나타났다. 미국화, 유럽화, 민주화, 자유화, 확장, 통합, 화합, 세계화 등등. 그러나 모방은 언제나 현대화를 의미했고, 흡수는 통합을 의미했다. 중부유럽의 대중주의자들에 따르면, 공산주의 붕괴 이후 자유민주주의는 새롭고도 피할 수 없는 정통이 됐다. 그들이 줄곧 한탄하는 것은 서방의 가치관과 태도와 제도와 관습을 모방하는 것이 긴요하고 필수적인 일이 됐다는 것이다. 앞서 인용한 폴란드 철학자는 1989년 이후 자기네 국민들 대다수의 생각을 이렇게 조롱했다.

심오한 지혜는 복제하고 모방하는 것이었다. 더 많이 복제하고 더 많이 모방할수록 우리는 스스로 만족스러워했다. 기관, 교육, 관습, 법률, 미디어, 언어 등 거의 모든 것이 진보의 대열에서 우리 앞에 있는 나라들의 원본으로부터 하루아침에 불완전하게 복제됐다.[21]

도덕적으로 앞서 있는 나라들과 도덕적으로 뒤처져 있는 나라들 사이, 즉 모방 대상과 모방자 사이의 걱정스러운 불균형은 1989년 이후 동방과 서방의 관계에서 분명하고 고통스러운 모습을 드러냈다.

장벽 붕괴 이후 일괄적인 서방 모방은 과거 민주주의 국가가 아니었던 나라들에서 민주화로 가는 가장 효과적인 방법으로 널리 받아들여졌다. 이러한 독단은 대체로 그것이 함축하고 있는 도덕적 불균형 때문에 현재 대중적인 분노의 두드러진 목표가 됐다.

모방의 압박

모방이 사회생활 어디서나 이루어지고 있다는 것은 말할 나위도 없다. 유명한 19세기 사회학자 가브리엘 타르드Gabriel Tarde는 "사회는 모방이다"[22]라고 주장하기까지 했다. 그는 '몽유병'의 일종으로서 '전염성 모방(contagious imitation)'을 언급하기도 했다. 인간은 모방 범죄의 경우에서처럼 어떤 전략적인 목적이나 계획 없이, 그리고 어떤 방식으로든 강요되거나 강제되지 않고 자발적으로 서로를 모방한다는 것이다.[23]

중부유럽의 대중주의자들이 '긴요한 모방(imitation imperative)'이라는 생각을 감지하고 이를 1989년 이후 자유주의 패권의 가장 참을 수 없는 특징이라고 비난했을 때, 그들은 분명히 덜 포괄적이고 정치적으로 더 도발적인 무언가를 의미하고 있었다. 여기서 말하는 포괄적인 제도적 모방의 형태는, 첫째로 모방자에 비해 모방 대상의 도덕적 우월성의 인정, 둘째로 모든 가능한 대안을 제거했다고 주장하는 정치 모델, 셋째로 모방이 현지 전통에 적응하기보다는 무조건적일 것이라는 기대, 넷째로 모방 대상국의(따라서 함축적으로 우월한 나라의) 대표들이 정당하게 지속적으로 감시하고 모방국의 진행 상황을 평가할 권리를 주장할 수 있다는 가정 등을 수반한다. 지나친 비유를 동원하지 않더라도, 1989년 이후 이루어진 체제 모방의 양식이 소련 시절의 선거와 섬뜩할 정도로 닮아 있음을 발견하는 것은 흥미로운 일이다. 그 선거에서는 투표자들이 당 관계자들의 감독을 받으며 공직에 출마한 단일 후보를 '선택'하는 시늉을 했다.

무엇이 걸려 있는지를 더 잘 묘사하려면 우리는 예비적인 구분을 끌어낼 필요가 있다. 우리는 이미 제시했듯이 한 단일 정통 모델의 전면적인 모방(강요된 것은 아니지만 외부 평가자들의 감시를 받는다)과 각 나라들이 서로의 경험에서 대신 이득을 얻는 일반적인 학습을 구분해야 한다.[24] 전자는 분노를 불러일으키지만, 후자는 통상 인지된 성공과 실패의 전시효과 탓에 그런 분노를 불러일으키지 않는다.

두 번째이자 더욱 중요한 문제로, 우리는 수단의 모방과 목표의 모방을 구분해야 한다. 우리는 전자를 모방이라기보다는 **차용**이라 부른다. 이 구분의 고전적인 설명은 위대한 경제사회학자 소스타인 베블런Thorstein Veblen에 의해 이루어졌다. 그는 20세기 초에, 일본이 서방의 "공업 기술"을 차용했지만 서방의 "정신적 관점"이나 그 "행동 원칙과 도덕적 가치관"은 차용하지 않았다[25]고 썼다. 기술적 수단을 차용하는 것은 정체성에 영향을 주지 않는다. 적어도 단기적으로는 그렇다. 하지만 도덕적인 목표를 모방하는 것은 영향이 지대하고 근본적인 변화 과정을 촉발해 "개종 경험"에 가까운 방향 전환을 일으킬 수 있다.

중부유럽 사람들은 1989년 이후 자기네 사회를 재건하면서 그들이 서방에서 본 생활방식과 도덕적 태도를 그대로 흉내 내려고 애썼다. 이와 대조적으로 중국인들은 베블런이 발견한 것과 다름없는 길을 걸었다. 경제 성장을 추진하기 위해 서방 기술을 도입하고, 서방의 유혹의 목소리에 **저항한다**는 분명한 목적을 위해 공산당의 권위를 높였다.

도덕적 이상의 모방은 기술 차용과 달리 존경하는 상대를 닮게 하지만, 동시에 독자성과 동포들과의 신뢰성을 바탕으로 존엄을 지키고 인정을 받기 위해 분투하는 한가운데서 스스로를 자신답지 못하게 만든다. 자유주의적 현대성의 핵심인 혁신과 창의성과 독창성에 대한 숭배가 만연해 있다는 것은 서방의 감독 아래 서방 모델을 받아들이는 작업이, 외국의 가르침이나 판단에 맡겨진 종속국 신세였던 중부유럽의 과거 역사로부터 탈출하는 데 실패했다는 고백처럼 느껴진다는 것을 의미한다. 폴란드처럼 경제적으로 성공한 나라의 사람들에게조차도 말이다.

독창적이면서 복사본이 돼야 한다는 이 자기모순적인 요구는 심리적 스트레스를 부를 수밖에 없다. 함부로 취급당한다는 느낌은 또한 유럽 통합이라는 맥락에서 공산주의 이후 민주주의 확산의 핵심적 역설이라고 합리적으로 규정할 수 있는 일에 의해 촉진됐다. 표면상으로 민주화된 중·동유럽 국가들은 유럽연합(EU) 회원국이 되기 위한 조건을 충족시키기 위해 유럽연합에서 나온 선출되지 않은 관료들과 국제 대출 기관들이 만들어낸 정책들을 입법화하도록 강요받았다.[26] 폴란드와 헝가리는 어떠어떠한 법과 정책을 만들라는 지시를 받았을 뿐만 아니라, 동시에 그들 스스로 자치를 하는 시늉을 하도록 강요당했다. 선거는 영국의 시인 러디어드 키플링이 말한 "바보들이 빠지는 함정"처럼 보이기 시작했다. 유권자들이 수시로 현직자를 쫓아낸 것이 사실이지만, 정책(유럽연합이 만든 것이다)은 대체로 변함이 없었다.

서방의 정책 결정자들의 지배를 받으면서도 자치를 하는 체하는 것은 너무도 좋지 않았다. 마지막 일격은 서방에서 찾아온 자들의 험담이었다. 그들은 폴란드와 헝가리가 그저 민주주의 흉내만 내고 있다고 비난했다. 이 지역의 정치 지도자들은 자기네가 바로 그렇게 하도록 요구받고 있다고 생각하는데 말이다.

공산주의의 붕괴는 심리적으로 문제가 있고 충격을 줄 수 있는 동-서 관계의 변화에 불을 붙였다. 그것은 여러 가지 이유로 공산주의에서 빠져나오고 있는 나라들이 수단이 아니라 목표를 모방할 필요가 있다는 기대를 만들어냈기 때문이다. 이런 강력한 의미에서 서방 모델 도입에 앞장선 동방의 정치 지도자들은 자기네 국민들이 이 모델의 목표를 내면화하고 이 모델의 우선권을 단편적인 방식으로가 아니라 총체적으로 인정해주기를 원했다.

오늘날 이 지역에서 반자유주의적인 정치를 자극하는 핵심적인 불만은 과거 공산주의 국가들을 민주화하려는 시도가 서방에서 '정상'이라고 생각하는 가치관과 습관과 태도로 일종의 문화적 개종을 시키려 한다는 것이다. 토착 전통에 일부 외래 요소를 접목하는 것과 달리, 이 정치적이고 도덕적인 '충격 요법'은 그들이 물려받은 정체성을 위험에 빠뜨렸다. 모방 자유주의는 불가피하게 불완전하고 뒤틀린 것이기 때문에 당초 이런 변화를 받아들였던 많은 사람들에게 문화적 사기꾼 같은 느낌이 들게 했다. 그것은 결국 정치적으로 이용할 수 있는, 잃어버린 진품에 대한 갈망을 촉발하는 불만감이다.

분명히 약자가 강자와 성공자를 모방하려는 시도는 국가와 민족들 사이에서 흔한 일이다. 그러나 모방은 통상 얄팍한 흉내 내기 비슷한 것이다. 1989년 이후 중부유럽에서 시도된 것과 같은 심리적·사회적으로 스트레스가 큰 변신이 아니다. 17세기 유럽의 지배 권력자였던 프랑스의 루이 14세(재위 1643~1715)는 이런 피상적인 모방자들 상당수에게 본보기가 됐다. 정치학자 케네스 조위트Kenneth Jowitt가 지적한 것처럼 독일, 폴란드, 러시아 등이 베르사유 궁전의 모사품을 만들었다. 프랑스 방식이 복제되고 프랑스어는 먼 나라의 지배층도 사용하는 언어가 됐다. 19세기에는 영국 의회의 차례가 왔다. 기계적이고 장식적인 모방의 초점이 된 것이다. 그런 일은 더 이어졌다.

2차 세계대전 이후 동유럽에는 알바니아에서 리투아니아까지 여러 개의 스탈린주의 정권이 만들어졌다. 이들 모두에는 동일하게 추한 스탈린식 건축(정치적인 것이든 물리적인 것이든)이 판박이가 돼 있었다.[27]

정치 세계에서 그렇게 겉모습을 꾸미는 데 공을 들이는 이유는 더 강해 보이기 위해서다. 약한 자가 적대적인 환경에서 살아남기 위한 유용한 형태의 흉내 내기다. 그것은 또한 그들을 돕거나 해치거나 무시했을 사람들로 하여금 그들을 더 잘 이해했다는 느낌을 갖게 해준다.

냉전 이후 세계에서 "영어를 익히고, 《페더럴리스트》(미국 독립 당시 헌법 비준을 위해 쓴 85편의 연작 논문 모음—옮긴이) 책을 펼치고, 아르마니 정장을 입고, 선거를 실시"하고, 조위트의 유명한 예시를 상기하자면 "골프를 치는"[28] 것은 서방 밖의 지도자들이 강력한 서방의 상대를 편안하게 해줄 뿐만 아니라, 그들에게 경제적·정치적·군사적 요구를 할 수 있게 해준다. 약한 나라는 강자를 흉내 냄으로써 진품 '베르사유'의 엄청난 지명도와 명망을 간접적으로 누릴 수 있다. 민족적 굴욕의 원천이 되거나 민족의 정체성에 중대한 위협을 초래할 필요도 없다.

단극의 '모방 시대'가 의도치 않은 결과를 가져왔으며 우리가 알게 된 1989년 이후의 '긴요한 모방'이 자유주의에 대한 희망이 악몽으로 변한 주요 이유라고 설명할 때, 우리는 모방 행위의 양식과 함께 모방 중독(그럴듯한 모의 실험보다 정서적으로 부담이 크고 변형을 초래한다)에 대해 언급하고 있는 것이다. 문제가 되고 있는 것은 포괄적인 정치적 개조 같은 것이다. 그것은 부끄러움과 분노의 감정을 불러일으키고 문화적 말소의 공포를 부추긴다. 서방의 명령에 따라서가 아니라 '서방의 감시 아래' 진행된다는 것이 그 이유 중 하나다.

중·동유럽의 가장 영향력 있는 정치 지도자들 가운데 일부는 1989년 직후에 개혁의 가장 빠른 길로 모방에 의한 서방화를 열렬하게 받아들였다. 모방은 '유럽으로 돌아가기'로서 정당화됐으며, 그것은 이 지역의 진정한 정체성으로 돌아가는 것을 의미했다. 물론 러시아에서는 상황이 달랐다. 그곳에서 공산주의는 외국의 지배에 의한 것이 아니었기에, 서방을 모방하는 것은 진정한 민족 정체성의 회복과 거리가 멀었다.

그러나 처음에 얼마나 진정성을 가지고(또는 가식적으로) 받아들였든, 서방 모델은 결국 그 매력을 잃었다. 가장 희망에 찼던 동방의 모방자들에게조차도 말이다. 자유민주주의 노선을 따른 개혁은 이미 제시된 것 이외에도 여러 가지 이유에서 덜 수긍이 가는 것으로 느껴지기 시작했다. 우선, 가장 선의를 가진 서방 조언자들조차도 모조품보다는 모델이 낫다는 것을 숨길 수 없었다. 문제를 더욱 키운 것은 동방의 정치개혁을 추진한 외국의 후원자들이 자유민주주의의 이상화된 이미지를 계속 붙들고 있었다는 점이다. 그 내적인 부작용이 분명히 드러난 이후에도 그랬다. 그리고 이런 상황에서 2008년 세계 금융위기가 자유주의의 명성에 마지막 일격을 가했다.

프랑스 철학자 르네 지라르René Girard(1923~2015)는 모방이 인간의 조건 가운데 가장 중요하다는 사실을 역사가들과 사회과학자들이 무시해왔다고 소리 높여 주장했다. 상황을 오도하고 위험스러울 정도로 말이다. 그는 모방이 심리적 충격과 사회 갈등을 초래할 수 있음을 연구하는 데 평생 몰두했다. 이는 모방되는 모델이 모방자의 자부심과 자아실현에 장애가 될 때 일어난다고 그는 주장했다.[29]

지라르에 따르면, 분노와 갈등을 불러일으킬 가능성이 가장 높은 모방의 형태는 욕망의 모방이다. 우리는 수단을 모방할 뿐만 아니라 목적도 모방하고, 기술적 도구를 모방할 뿐만 아니라 대상·목적·목표와 생활방식도 모방한다. 우리가 보기에 이것은 현재의 전면적인 반자유주의적 저항을 촉발하는 데 도움을 준, 근본적으로 강압적이고 이론의 여지가 있는 모방 형태다.

지라르에 따르면, 인간은 그 자체로 매력적이거나 탐나기 때문에 무언가를 원하는 것이 아니라 오로지 다른 사람이 그것을 원하기 때문에 자신도 원한다. 인간의 자율성이라는 이상도 결국 환상에 불과한 것이다. 장난감이 가득한 방에 있는 두 아이를 관찰해보면 알 수 있다. '가장 갖고 싶은' 장난감은 통상 다른 아이의 손에 있는 장난감이다.[30] 남의 목표를 모방하는 것은 또한 경쟁심과 분노, 개인 정체성에 대한 위협 등과 연관돼 있다고 지라르는 주장한다. 흥미롭게도 모방자가 모방 대상을 신뢰할수록 스스로에 대해서는 신뢰감이 부족하다. 모방 대상은 불가피하게 경쟁자이자 자존심을 위협하는 존재다. 이는 모방하는 모델이 하늘나라의 예수 그리스도가 아니라 서쪽에 있는 이웃이라고 생각할 경우에 특히 진실이다.

어원을 근거로 하는 주장은 허약하기로 악명이 높다. 그러나 '모방'이 본래 공손한 존경이 아니라 무자비한 경쟁을 나타내는 것이었음은 아마도 상기할 가치가 있을 것이다. 아들은 아버지처럼 되고 싶어 한다. 그러나 아버지는 아이의 포부가 실현 불가능하다는 무의식적인 메시지를 전한다. 그러면 아들은 아버지를 싫어하게 되는 것이다.[31]

지금 우리가 중·동유럽에서 보는 것도 이와 크게 다르지 않다. 대중주의자들에 따르면, 그곳에서는 서방이 고무한 '긴요한 모방'이 그들의 소중한 과거를 버리고 새로운 자유민주주의적 정체성을 받아들이는 것을 나라의 운명처럼 보이도록 만들었다. 그것은 결코 완전히 그들의 것이 될 수 없는데 말이다. 외국인의 가치 위계에 맞추기 위해 자신의 선호를 개조하고, 그것을 자유의 이름으로 하며, 불충분한 시도라는 추정 아래 무시당하는 데 대한 부끄러움은 탈脫공산주의 유럽, 특히 헝가리에서 시작되고 이제 전 세계로 옮겨 붙은 반자유주의적인 반혁명 운동에 불을 붙인 정서와 경험들이다.

모방은 결국 분노를 부르는 집요한 경향이 있다는 지라르의 통찰은 거의 전적으로 문헌 자료 분석에 근거한 것이기는 하지만, 자유민주주의에 맞선 잇단 봉기가 왜 탈공산주의 세계에서 시작됐는지를 이해하는 데 매우 긴요하다.[32] 그는 갈등이 내재할 수밖에 없는 모방의 본질에 관심을 집중시키면서 우리로 하여금 공산주의 이후의 민주화를 완전히 새로운 관점에서 볼 수 있도록 도움을 준다. 그의 이론은 오늘날 우리가 당면한 문제들이 과거의 나쁜 습관이 자연적으로 재발해서라기보다는 베를린 장벽 붕괴 이후 선포된 '긴요한 모방'의 인식에 대한 반동에서 생겨나는 것임을 시사하고 있다. 후쿠야마는 '모방의 시대'가 한없이 지루할 것이라고 확신했지만, 지라르는 좀 더 예지력을 가지고 폭발적인 격변을 자극할 수 있는 실존적 수치심 같은 것을 배양할 가능성을 예견했다.

분노의 폭발

오늘날의 세계적인 반자유주의적 저항의 원천은 1989년 이후 서방 정치 모델의 표준적 지위라고 생각되는 것에 대한 세 가지 반응들로 거슬러 올라간다. 이들은 유사하고 서로 연관돼 있으며 분노로 인해 촉발된 것들이다. 그것이 우리가 탐구하고 방어하려는 주제다. 그것이 일방적이고 불완전하며 경험적 취약성을 지니고 있음을 잘 알고 있지만 말이다. 우리의 목표는 현대 반자유주의의 원인과 결과에 대한 포괄적이고 최종적인 설명을 해내는 것이 아니라, 우리가 생각하기에 마땅히 받아야 할 관심을 받지 못한 이 문제의 한 가지 특정 측면을 강조하고 보여주는 것이다. 우리가 제시하는 반동적 토착민주의 및 권위주의의 세 가지 사례 속에 때로 숨어 있는 유사성을 강조하기 위해 우리는 융통성 있게 설명되고 분명하게 추리할 수 있는 정치적 모방의 개념(우리는 그것이 논리적이고 흥미롭기를 희망한다)에 의존했다. 이런 목표를 생각하면서 우리는 이 책을 다음과 같이 구성했다.

우리는 중부유럽 대중주의자들, 특히 오르반 빅토르 헝가리 총리와 야로스와프 카친스키Jarosław Kaczyński 전 폴란드 총리의 편협한 공동체주의communitarianism를 검토하고, 자유주의 지도자들이 최근에 들어서야 번영과 자유로 가는 가장 빠른 길로서 서방 모델의 모방을 받아들인 나라들에서 어떻게 상당수의 유권자들이 그러한 모방을 파멸의 길로 보기 시작했는지 설명하는 것으로 시작한다. 우리는 대부분 지방 출신인 반서방적 대항 엘리트들이 어떻게 이 지역에서 부상해, 특히 전 세계적인 관계망을 형성하고 있는 대도시 중심부 밖에서 상당한 대중적 지지를 휘어잡았는지를 검토한다. 이들은 유럽연합의 탈민족적인 표준 및 규정과 '합치'시키는 과정에서 등한시되거나 평가 절하된 국가 정체성의 상징들을 독점했다. 그리고 우리는 베를린 장벽 붕괴 이후 중·동유럽의 인구 감소 과정[33]이 어떻게 대중주의적 대항 엘리트들로 하여금 대중의 상상력을 사로잡도록 했는지를 보여주고자 한다. 그들은 인권의 보편성과 국경 개방적 자유주의를 자기 나라의 민족적 전통과 유산에 대한 서방의 오만한 무관심의 표현이라고 규탄했다.[34]

우리는 중부유럽의 대중주의자들이 죄 없는 서방의 희생자들이라거나, 그들이 '긴요한 모방'으로 경험한 것에 대한 저항이 그들의 유일한 의제議題라거나, 아니면 그들의 비자유주의가 서방의 2008년 금융위기 및 다른 위기들에 대한 유일하게 가능한 반응이라고 주장하는 것은 아니다. 또한 이 지역에서 진행되고 있는 비자유주의적 대중주의에 맞선 용감한 투쟁을 무시하는 것도 아니다. 그 대신 우리가 주장하는 것은 대중주의의 정치적 부상이 1989년 이후 (강요된) 외통수의 소련 공산주의가 (초청받은) 외통수의 서방 자유주의로 대체되는 과정에서 촉발된 광범위한 분노를 염두에 두지 않고는 설명될 수 없다는 것이다.

우리는 다음으로 그들이 아직 또 한 차례의 긴요한 서방화로 본 것에 직면한 러시아의 불만을 살핀다. 러시아에게 연방 붕괴는 그들이 초강대국 지위를 상실했다는 신호였으며, 따라서 맞수 미국과의 세력 균형을 상실했다는 신호이기도 했다. 러시아는 사실상 하룻밤 사이에 막강한 힘을 지닌 대등한 경쟁자에서 지원을 구걸하고 미국의 자문단(의도는 좋지만 준비가 부실한)이 내민 충고에 고마워하는 체해야 하는 무기력한 존재로 변해버렸다. 러시아에게 모방은 통합과 결코 동의어가 될 수 없었다. 그들은 중·동유럽 나라들과 달리 북대서양조약기구(NATO)나 유럽연합에 가입할 수 있는 진지한 후보가 아니었다. 러시아는 너무 컸고, 너무 많은 핵무기를 가지고 있었으며, 서방 동맹에서 하위 파트너로 전락하는 것을 받아들일 수 없을 정도로 독자적인 '역사의 위대성'에 대한 정서를 지니고 있었다.

자유주의의 지구촌 지배에 대한 러시아의 첫 번째 반응은 위험한 포식자들에게 공격당하는 것을 피하기 위해 상대적으로 약한 먹잇감이 취하는 것과 같은 가장假裝 비슷한 것이었다. 소련 붕괴 직후 러시아의 정치 지도자들은 결코 획일적이지 않았다. 그러나 그들 대부분은 민주주의를 가장하는 것이 완벽하게 자연스럽다는 것을 알아차렸다. 그들은 1991년 이전 적어도 20년 이상 공산주의를 가장해왔기 때문이다. 이고르 가이다르Yegor Gaidar 같은 러시아의 자유주의적 개혁가들은 진정으로 민주주의를 이루고자 했다. 그러나 그들은 나라가 매우 넓고 수백 년 동안 유지해온 권위주의적 전통을 감안하면 대중의 의지에 진정으로 부응하는 정부 아래서 시장경제를 만들어내는 것은 불가능하다고 확신했다.

1990년대 러시아의 '모방 민주주의' 건설에는 진짜 민주주의 발전의 고된 작업이 전혀 없었다. 그것은 겉으로만 민주주의를 닮은 허울뿐인 포툠킨Potyomkin 마을(외부인에게 불리한 사실을 숨기기 위해 눈가림용으로 만들어놓은 시설—옮긴이)을 짓는 일이었을 뿐이다. 이런 가장은 어려운 과도기 동안 정치개혁에 매진하라는 서방의 압력을 줄이는 데는 효과적이었다. 그러나 그 개혁은 책임 있는 정부를 만드는 대신에, 충격을 줄 수밖에 없고 부패하게 마련인 경제 사유화 과정을 위험에 빠뜨리게 되는 것이었다.

2011~2012년이 되면서 이 같은 민주주의 위장은 그 유용성을 다했다. 그러자 러시아의 지도자들은 분노를 동력으로 삼은 패러디 정책으로 전환했다. 뻔뻔스러울 정도로 적대적이고 의도적으로 도발하는 모방 양식이다. 이는 분명히 외국 정책 모방을 '관찰 학습'으로 보는 평범한 분석으로는 파악할 수 없을 것이다.[35] 우리는 이를 미러링mirroring이라고 부른다.

러시아 당국자들은 서방의 이상화된 모습을 모방해야 한다는 고압적이고 무익한 요구로 보이는 것에 시달려, 그들이 가장 끔찍한 패권국 미국의 행동 패턴이라고 인식한 것을 모방하기로 결정했다. 서방을 그대로 보여주고, 이들 선교사처럼 구는 사람들에게 그들의 자화자찬적인 가면을 벗겨내면 그들의 진짜 모습이 어떠한지를 보여주기 위해서다. 미러링은 모방자가 모델이라는 자에게 복수를 하는 방법이다. 모델의 좋지 않은 점과 넌더리나는 위선을 드러내는 것이다. 이 폭로를 위한 분노를 중요하게 만드는 것은 러시아가 종종 이를 그 자체로서 중요시해 추구한다는 점이다. 그들이 거두고 싶어 하는 어떤 부수적인 이득에 상관없이, 심지어 상당한 비용을 들이면서까지 말이다.

러시아의 2016년 미국 대통령 선거 개입은 비웃음을 살 정도로 역설적인 '미러링' 작업의 가장 두드러진 사례다. 그 기획자와 실행자들에게 이는, 러시아의 정치 영역에 서방이 부당하게 침입했다고 생각한 것을 재현하기 위한 시도로 여겨졌다. 분명한 목적은 러시아에 우호적인 후보를 당선시키는 것보다는 한 나라의 정치에 대한 외국의 간섭이 어떻게 보이고 어떻게 느껴지는지를 미국인들에게 가르쳐주려는 것이었다. 미러링은 이런 교육적인 목적과 함께 오만한 민주주의 정권의 어색함과 취약성을 드러낸다는 의미도 있었다.

다시 말해서 러시아 당국자들은 1990년대에 정치가들의 시민에 대한 책임성을 모의실험한 결과 이제는 민주주의적 위장에 모든 흥미를 잃었다. 푸틴 러시아 대통령과 그 측근들은 미국의 정치 시스템을 모방하는 체하는 대신에, 미국이 다른 나라의 국내 정치에 불법적으로 개입하는 것을 모방하기를 선호한다. 보다 일반적으로, 러시아는 미국이 국제 규정을 존중하는 체하면서 그것을 어기는 성향이 있음을 보여주고자 한다. 그리고 이 일을 점잖게 하면서 미국에 굴욕을 안기고 분수를 깨닫게 해준다는 목적을 달성하려 한다.

미국화에 대한 분노는 중부유럽 내부의 비자유주의와 러시아 외교정책의 호전성에 대한 강력한(부분적이기는 하지만) 설명을 제공한다. 그러나 미국은 어떤가? 왜 많은 미국인들은 자유주의적 세계 질서에 대한 미국의 헌신을, 오히려 가장 큰 취약성으로 생각하는 대통령을 지지할까? 왜 트럼프 대통령의 지지자들은 미국이 다른 나라들의 모델 노릇을 그만두고 심지어 자기네 나라를 오르반의 헝가리나 푸틴의 러시아의 모습처럼 재창조해야 한다는 그의 괴상한 생각을 절대적으로 받아들일까?

트럼프는 미국이 세계의 미국화로 가장 큰 손실을 본 나라라고 선언함으로써 대중과 경제계 모두의 지지를 얻었다. 미국 정치문화의 거만한 주류에서 나온 이런 일탈을 광범위한 대중이 받아들였다는 것은 설명이 꼭 필요하다. 러시아와 중부유럽 사람들이 모방은 모방자에게 나쁘고 오직 모방 대상에게만 좋다고 해서 거부했는데, 일부 미국인들은 모방이 모방 대상에게 나쁘고 모방자에게만 좋은 일이라며 이를 거부하는 것이 일견 혼란스럽기 때문이다. 사실 미국을 모방하려는 나라들 천지인 세계에 대한 트럼프의 분노는 모방자가 스스로 모방하는 모델의 자리를 차지하려 하기 때문에 위협이 된다(미국의 트럼프 지지자들은 그렇게 생각한다)는 사실을 깨닫기 전까지는 이상스러울 수밖에 없다. 이렇게 밀려나고 빼앗기게 된다는 공포의 근원은 두 가지다. 한편으로는 이민자들이 있고, 다른 한편으로는 중국이 있다.

미국이 자기네를 흠모하고 모방한 사람들에게 이용당한 피해자라는 허접한 이야기는 1980년대에 트럼프가 처음 그의 전용 주장으로 내세웠을 때는 경제계나 대중도 진지하게 받아들이지 않았다. 그러면 2010년대에는 왜 그들에게 크게 들리기 시작했을까? 답은 미국의 백인 중산층과 노동계급이 어려움에 빠지고, 중국이 과거 독일이나 일본보다 더 위험한 미국의 경제적 경쟁자로 떠오른 데 있다. 백인 유권자들은 중국이 미국인들의 일자리를 훔치고 있다고 생각하고 경제계에서는 중국이 미국의 기술을 훔쳐간다고 생각하게 되자, 미국이 희생되고 있다는 트럼프의 이상한 메시지(비록 미국의 전통적인 자아상에서는 급격하게 벗어난 것이었지만)는 이전에 생각지도 못했던 엉성한 신뢰성을 얻었다.

우선 제시한 이 사례는 모방자뿐만이 아니라 모델 역시 모방의 정치학으로 인해 분노를 품게 될 수 있음을 보여준다. 그리고 이 경우에는 자유주의적 세계 질서를 건설한 나라의 지도자가 이를 허물기 위해 자기 권한으로 할 수 있는 모든 일을 하겠다는 결정을 내릴 수 있음도 보여준다.

중국 역시 우리의 주장에 자연스러운 마침표를 제공한다. 미국과 패권을 다툴 태세를 갖추고 국제적으로 목소리를 내는 중국의 등장은 우리가 이해한 대로 '모방의 시대'의 종말을 알리고 있기 때문이다. 제임스 매티스^{James Mattis} 미국 국방부 장관은 2018년 12월 대통령에게 보낸 사임서에서 중국 지도자들이 "그들의 권위주의적 모델과 부합하는 세계를 만들고자 한다"라고 썼다. 그러나 그는 중국이 다른 나라들을 설득하거나 강요해 "아시아적 가치관"을 받아들이도록 하거나 그들의 정치적·경제적 시스템에 "중국적 특징"을 색칠하도록 부추기는 것이 목표라고 하지는 않았다. 그들은 영향력과 존중을 추구하지만, 세계를 '시진핑習近平 사상'으로 개종시키려는 것은 아니다. 매티스가 썼듯이, 그들은 "다른 나라들의 경제적·외교적·안보적 결정에 거부권을 확보하는 것"을 목표로 하고 있다. "그들의 이웃과 미국, 그리고 우리의 동맹자들을 희생시켜 자국의 이익을 촉진하기 위해서"[36]다.

앞으로 있을 미국과 중국 사이의 충돌은 세계의 변화로 이어질 수밖에 없다. 그러나 그 변화는 교역, 자원, 기술, 세력권과 지구촌 환경을 두 나라의 확연히 다른 국익과 이상에 적합하게 바꾸는 능력 등에 관한 것이 될 것이다. 거기에 인류의 미래에 대한 경쟁하는 보편적 비전 사이의 갈등은 포함되지 않을 것이다(그 경우라면 양쪽은 이데올로기적 개종과 혁명적인 정권 교체를 통해 자기편으로 동맹자를 끌어들이려고 애쓸 것이다).

오늘날의 국제 관계에서는 노골적인 세력 불균형이 이미 표면적으로 내세워진 도덕 불균형을 대체하기 시작했다. 이는 중국과 미국의 경쟁이 '새로운 냉전'으로 정확히 묘사될 수 없는 이유를 설명해준다. 각국이 간편한 편의의 결합을 위해 장기적인 이데올로기적 우호를 버림으로써, 동맹국은 변화무쌍하게 헤어지고 다시 결합한다. 결과를 예단할 수는 없지만, 그들은 미국과 소련 사이의 40년 갈등을 재연하지는 않을 것이다.

숨이 멎을 듯한 중국의 부상은 1989년 공산주의 사상의 패배가 결국은 자유주의 사상의 일방적인 승리가 아님을 시사한다. 대신에 단극 체제는 당시 그 누가 예측했던 것보다도 자유주의에 덜 우호적인 세계가 됐다. 일부 평론가들은 1989년이 적대적인 보편 이데올로기들 사이의 경쟁을 종식시킴으로써 자유주의 및 공산주의의 구현 과정에서 '계몽' 사업 자체를 결정적으로 손상시켰다고 주장했다. 헝가리 철학자 터마시 가슈파르 미클로시^{Tamás Gáspár Miklós}는 한 발 더 나아가, "자유주의와 사회주의 유토피아는 모두" 1989년에 "패배"해 "계몽 사업" 자체의 "종말"을 알렸다고 주장했다.[37]

우리는 그 정도로 운명론적이지는 않다. 결국 서방의 쇠퇴를 현명하게 추스를 수 있는 미국과 유럽의 지도자들이 그래도 나타나게 될 것이다. 익숙하고 새로운 두 기반 위에서 자유주의의 회복으로 가는 길을 찾고 따라가게 될 것이다. 현재로서는 그러한 쇄신에 우호적인 가능성은 많지 않은 듯하다. 하지만 우리가 여기서 논의할 반자유주의 정권과 운동들은 아마도 광범위하게 호소력을 지닌 이데올로기적 비전을 제시하지 못하고 있기 때문에 단명하고 역사적으로 중요하지 않음이 드러날 것이다. 잘 알다시피 역사란 알 수 없는 세력의 침입이다. 그러나 어떤 미래가 준비돼 있든, 우리가 오늘날 있는 곳에 어떻게 도달했는지를 이해하려고 노력함으로써 시작할 수 있다.

제1장

모방 심리

로베스피에르 같은 사람은 그러한 굴욕적인 순간에 의해

만들어졌다는 것은 의심할 여지가 없다.[1]

– 스탕달

"그레고르 잠자가 어느 날 아침 뒤숭숭한 꿈에서 깨어났을 때, 그는 자신이 침대에서 거대한 곤충으로 변신해 있음을 깨달았다."

프란츠 카프카(1883~1924)의 《변신Die Verwandlung》 첫머리에 나오는 이 구절은 2015년 무렵의 어느 시기에 서방 자유주의자들이 눈을 뜨고, 한때 박수를 받던 중·동유럽의 새로운 민주주의가 음모에 익숙한 다수파 정권으로 변신해 있음을 발견하고 느꼈을 충격을 묘사하는 데도 유용할 것이다. 이들 정권하에서는 정치적 반대파들이 악마시되고 있고, 반정부 언론과 시민사회, 독립적인 법정이 영향력을 박탈당했으며, 자주권은 정치적 다원주의, 투명한 정부, 이방인·반체제파·소수집단 포용 등 서방의 이상에 순응하라는 모든 압력에 저항하기 위한 지도부의 결단으로 규정됐다.

1990년 봄, 스물여섯 살이 된 미국인 존 페퍼^{John Feffer}는 동유럽 곳곳을 돌아다니며 몇 달을 보냈다. 공산주의에서 벗어난 이 지역의 미래에 대한 의문을 풀고 그의 눈앞에서 펼쳐지고 있는 역사적 변화에 관한 책을 써보자는 희망을 품고서였다.[2] 그는 전문가가 아니었다. 그래서 이론을 검증하는 대신에 다양한 분야의 사람을 많이 만나서 긴 이야기를 나누었으며, 매번 마주친 모순들로 인해 매혹되기도 하고 의문스러워하기도 했다.

동유럽 사람들은 낙관적이었지만 이해가 빨랐다. 당시 그가 인터뷰한 사람들 가운데 상당수는 5년 이내, 늦어도 10년 이내에 빈이나 런던 사람들처럼 살게 될 것이라고 기대했다. 그러나 이런 과도한 희망은 초조함 및 불길한 예감과 뒤섞여버렸다. 헝가리 사회학자 한키스 엘레메르^{Hankiss Elemér}는 이렇게 말했다.

사람들은 갑자기 깨달았다. 앞으로 몇 년 사이에 누가 부자가 되고 누가 가난하게 될지, 누가 권력을 갖고 누가 가지지 않게 될지, 누가 주변부로 밀려나고 누가 중심에 설지 결정될 것이라고. 그리고 누가 명가名家를 건설하고 누구의 아이들이 고생을 하게 될지도 말이다.[3]

페퍼는 책을 출간했지만, 잠시 동안 그의 상상력을 사로잡았던 나라들로 되돌아가지는 않았다. 25년 후 그는 이 지역을 다시 찾아 1990년에 이야기를 나누었던 사람들을 찾고자 했다. 이 두 번째 여행은 그레고르 잠자를 다시 일깨우는 것을 닮았다. 동유럽은 더 부유해졌지만 분노로 들끓고 있었다. 자본주의적인 미래는 도착했지만, 그 이익과 부담은 불공평하게, 심지어 터무니없이 분배됐다. 페퍼는 "동유럽의 2차 세계대전 세대에게 공산주의는 '실패한 신'이었다"라는 사실을 상기시킨 후, 이 장에서 탐구하고자 하는 주제를 언급한다.

"이 지역의 현재 세대에게 자유주의는 '실패한 신'이다."[4]

빛의 소멸

1989년 직후 민주주의가 전 세계로 퍼져 나가면서 이것은 동화《잠자는 숲 속의 미녀》의 한 변형으로 생각됐다. '용' 폭군을 죽이고 공주에게 키스해 잠자는 자유주의적 다수를 깨우기 위해서는 오직 '자유' 왕자가 필요했다. 그러나 이 키스는 재앙이었음이 드러났다. 되살아난 다수는 예상하거나 기대했던 것보다 더 불만이 많고 덜 자유주의적임이 판명되었다.

냉전이 끝났을 때 서방으로 달려가 그들과 합류하는 것은 중·동유럽 사람들에게 공통의 과제였다. 철의 장막 뒤에 있을 때 이상적으로 보였던 행선지였다. 사실 서방과 차이가 나지 않게 되는 것은 1989년 혁명들의 주요 목표였다. 서방 모델을 열심히 베끼는 것은 소련 군대의 철수와 함께 일단 해방이라는 경험을 제공했다. 그러나 말썽 많았던 20년이 지난 뒤, 모방 정치의 문제점들이 부정하기 어려울 정도로 너무나 분명하게 드러났다. 불만이 들끓으면서 반자유주의적 정치가들이 인기를 끌었고, 헝가리와 폴란드에서는 권좌에까지 올랐다.

1989년 이후 몇 년 동안 자유주의는 보통 개인의 기회, 이주 및 여행의 자유, 반대에 대한 처벌 금지, 사법 서비스 이용 권리, 대중적 요구에 대한 정부의 책임 있는 응답 등의 이상과 연관돼 있었다. 2010년 무렵 자유주의의 중·동유럽판은 20년 동안의 사회적 불평등 심화와 만연한 부패, 공공재산이 소수의 손으로 넘어가는 부도덕하고 자의적인 재분배 등으로 얼룩져 있었다.

2008년의 금융위기는 경제계 엘리트들과 분명히 세계 금융 질서를 거의 파괴하다시피 한 카지노 자본주의casino capitalism(투기적 성격의 금융자본에 의해 휘둘리는 현대 자본주의의 양상을 비판하는 영국 경제학자 수전 스트레인지 Susan Strange의 용어다―옮긴이)에 대한 깊은 불신을 키웠다. 2008년 이후 이 지역에서는 자유주의의 명성이 결코 회복되지 않았다. 이는 서방에서 훈련받은 일부 경제학자들의 압박에 따른, 미국식 자본주의를 계속 모방하자는 주장을 크게 약화시켰다. 서방의 정치경제학이 인류의 미래를 위한 모델이라는 확신은 서방 엘리트들이 자기네가 하고 있는 일에 대해 알고 있다는 믿음과 연결돼 있었다. 그러나 그렇지 않다는 사실이 갑자기 분명해졌다. 2008년 위기가 지역적으로, 그리고 동시에 전 세계적으로 그렇게 엄청난 이데올로기적(단순히 경제적인 일로 그친 것이 아니었다) 결과를 가져온 이유가 바로 그것이었다.

중·동유럽 대중주의자들이 유럽 자유주의의 어두운 면을 과장하는 데 성공할 수 있었던 또 다른 이유는 시간이 지나면서 유럽 자유주의의 더욱 어두운 부분조차도 집단기억에서 지워졌기 때문이다. 게다가 중·동유럽 사람들은 서방이 세계의 패권을 잃고 예지력 있는 관찰자들이 서방 정치 모델의 보편적 적용 가능성뿐만이 아니라 이상적인 우월성에 대해서까지 의문을 품기 시작하던 바로 그때에 서방을 모방할 기회를 얻었다. 이는 모방을 통한 개혁을 계속 추구하기에 적합한 상황은 아니었다. 모방자 되기는 때로 심리극일 수 있다. 그러나 이는 모방하기 시작한 모델이 뒤집혀 가라앉을 참이라는 사실을 중간에 깨닫게 된다면 실패할 수

밖에 없다. 기차를 잘못 탔다는 두려움은 중부유럽 사람들의 집단심리를 표현하는 데 일반적으로 쓰이고 있다. 따라서 서방의 정치적·경제적 불안정은 동방에서의 자유주의에 대한 저항을 북돋우고 또한 정당화했다.

우리가 모방 정치에 대한 반감을 중·동유럽 비자유주의의 원인 중 하나로 꼽은 것이 이 지역 비자유주의 정당 지도자들이 권력에 굶주리고 자유주의 원리와 제도를 폄훼하는 노력을 통해 정치적으로 이득을 얻는다는 것을 부정한다는 의미는 아니다. 헝가리와 폴란드의 지배층이 옹호하는 비자유주의는 권력을 쥔 정당의 민주적 교체를 전혀 원하지 않는 현직자에게 명백하게 편리한 것이다. 그들의 반자유주의는 기회주의적이다. 그것이 그들로 하여금, 유럽연합 관리들과 국내 비판자들이 퍼붓는 부패와 권력 남용에 대한 정당한 문책을 회피하도록 도와준다는 측면에서다. 피데스Fidesz(헝가리시민동맹)와 피스PiS(폴란드 '법과 정의')는 서방 입헌정치가 제시하는 견제와 균형을 헝가리와 폴란드 인민의 진정한 목소리를 억압하기 위한 외국의 음모라고 비방한다. 내부의 적인 '친외세파'에 맞서 나라를 지키기 위한 긴급한 필요는 그들이 독립 언론 및 독립 사법부 해체와 반체제 인사 및 비판자들에 대한 야비한 공격을 정당화하는 방법이다.

그러나 이 지역의 부패 관행과 비자유주의 정권들이 채택하는 책임 회피 전략에만 초점을 맞추는 것은 대중주의적인 전국 정당들에 대한 대중 지지의 근원을 이해하는 데 도움이 되지 않는다. 대중주의의 근원은 의심할 바 없이 복잡하다. 그러나 부분적으로 그것은 기껏해야 우월한 모델의 열등한 모사품이 되기 위한 힘겨운 투쟁과 관련된 굴욕에 있다. '민주주의로의 이행'에 대한 불만은 또한 지역 사정을 제대로 이해하지 못한 채 찾아온 외국인 '평가자'로 인해 촉발되기도 했다. 이러한 경험들이 결합해 이 지역에서 토착민주의적 반응이 일어났다. 간접적이고 맞지 않는 서방식으로 인해 억압당하고 있다는, '진정한' 민족 전통의 재천명이다. 특히 유럽연합 확대와 관련된 탈민족적 자유주의는 야심이 큰 대중주의자들이 민족 전통과 민족 정체성에 대한 배타적 소유권을 주장할 수 있게 했다.

이것이 이 지역의 반자유주의적 저항의 주요 원인이었다. 그러나 부수적인 요인 또한 개재돼 있었다. 즉 1989년 이후 자유주의적 정치·경제 모델 이외의 대안은 없다는 논의되지 않은 가정이다. 이 같은 추정은 정말로 그러한 대안들이 있었음을 증명하려는 반대의 욕망을 낳았다. 유럽 통합에 반대하는 독일의 대중주의 정당 아에프데[AfD](독일을 위한 대안)는 비슷한 사례를 제공한다. 그 이름이 시사하듯이, 이 정당은 앙겔라 메르켈이 자신의 통화정책이 '대안이 없는 것(alternativlos)'이라고 무심코 주장한 데 대한 반응으로 출발한 것이었다. 메르켈은 정부의 제안이 유일하게 가능한 선택지라고 표현하면서, 격렬하고 완강한 대안 찾기를 촉발했다.[5]

내셔널리즘 이후의 정상 상태라고 하는 것에 의해 촉발된 또 하나의 반동은 과거 공산주의 국가들에서 반자유주의적이고 반세계화적이고 반이민적이고 반유럽연합적인 저항을 탄생시켰고, 이는 대중의 지지를 동원하기 위해 '내부의 적'을 어떻게 악마화해야 하는지를 아는 대중주의 선동가들에 의해 이용되고 조작됐다.

정상성의 부담감

조지 오웰은 이렇게 말했다. "모든 혁명은 실패다. 그러나 똑같은 실패는 아니다."[6]

그렇다면 1989년의 혁명은 어떤 종류의 실패였을까? 그 목표는 서방식 정상성이었는데 말이다. 1989년의 자유주의 혁명(따라서 모방 혁명)은 20년 뒤 터져 나온 비자유주의적 반혁명에 어느 정도나 책임이 있을까?

1989년의 '벨벳혁명들'(벨벳혁명은 공산당 정권을 무너뜨린 체코슬로바키아의 비폭력 혁명을 말하는데, '들'을 덧붙인 것은 이 시기 동유럽 각지에서 일어난 비슷한 혁명을 포괄한다는 의미로 보인다—옮긴이)은 우연히 영광스러우면서도 피에 물들었던 프랑스 혁명 200주년의 해에 일어났지만, 그와 대조적으로 철저한 정치적 격변에 통상적으로 수반되는 흉포한 방식이나 인간의 고통으로 손상되지 않았다. 그렇게 많은 견고한 정권이 기본적으로 평화적인 수단을 통해 동시에 전복되고 대체된 사례는 이전에 없었다.

좌파는 이 벨벳혁명들을 대중의 힘이 표출된 것이라고 칭송했다. 우파는 이 혁명들을 지령경제에 대한 자유시장경제의 승리이자 전체주의적 독재에 대한 자유 정부의 당연한 승리라고 격찬했다. 미국과 친미적인 자유주의자들 쪽에서는 좌파 비판자들로부터 현상 유지를 위한 이데올로기라고 조롱을 받는 자유주의를, 변화를 이끌어낸다는 공상과 연결시키는 것을 자랑스러워했다.[7] 마찬가지로 공감을 한 것은 서유럽의 68세대(1968년 5월 학생 봉기로 촉발된 프랑스의 저항운동 세대—옮긴이)들이었다. 그들은 마르크스주의의 용어를 사용하면서도 문화혁명보다는 문화적 해방을 선호했다. 그리고 물론 이 비폭력적인 동방의 정권 교체들에는 세계사적인 중요성이 부여됐다. 이들이 20세기 후반기를 압도해 지구촌에서 파멸적인 핵전쟁을 위협하던 강대국 간 대치 상태의 종식을 보여주었기 때문이다.

그러나 1989년 혁명의 비폭력적인 본질만이 그 유일한 특질은 아니다. 당시 바츨라프 하벨과 아담 미치니크Adam Michnik 같은 창조적 사상가들과 영리한 정치운동가들이 했던 두드러진 공적 역할을 생각하면 1989년의 사건들은 때로 지식인들의 혁명으로 기억되기도 한다. 그리고 노동계급을 대표한다고 내세우는 집권 폴란드 공산당과 실제 노동자를 대표하는 반공산주의 노동조합 솔리다르노시치Solidarność ('연대') 사이의 원탁회의 참석자 232명 가운데 195명이 스스로를 지식인이라고 밝힌 것이 사실이다.[8] 그러나 그들은 책벌레지만 결코 몽상가는 아니었다.

이 혁명들이 확실하게 '벨벳'으로 남을 수 있었던 것은 유토피아와 정치 실험에 대한 그들의 내면적인 적대감 때문이었다. 게다가 1989년이 되자 정권 내부자 자신들은 유토피아 신앙에서 기계적인 의례로, 그리고 이데올로기에 대한 헌신에서 부패로 완전히 변신하고 있었다. 따라서 그들은 우연히도 자기네 사회를 역사적으로 일찍이 없었던 어떤 이상에 합치하도록 재건하는 일에 조금도 흥미가 없는 반체제 인사들과 같은 길을 가게 됐다. 이들 혁명의 주도 인물들은 멋진 미지의 세계를 찾거나 기발하게 새로운 무언가를 열망하는 것과는 거리가 멀었고, 하나의 체제를 뒤엎어 또 다른 체제를 모방하는 것만이 목표였다.

프랑스 혁명을 연구한 위대한 역사가 프랑수아 퓌레François Furet는 이렇게 날카로운 평가를 내렸다.

"1989년 동유럽에서는 새로운 생각이라고는 하나도 나오지 않았다."[9]

평생 서방 문화를 지향하고 자기네 나라를 서방 노선에 따라 재건하는 것을 옹호했던 독일 최고의 철학자 위르겐 하버마스Jürgen Habermas도 동의했다. 그는 1989년 이후 "혁신적이면서도 미래 지향적인 아이디어가 부족"한 것을 따뜻하게 감싸 안았다. 그에게 중·동유럽 혁명들은 "조정 혁명"[10] 또는 "만회 혁명"[11]이었기 때문이다. 그들의 목표는 중·동유럽 국가들을 서방 근대의 주류로 되돌아가게 해서, 서유럽인들이 이미 지니고 있는 것을 중·동유럽인들도 얻을 수 있도록 하는 것이었다.

중·동유럽인들이 꿈꾸었던 것은 1989년에, 이전에 존재하지 않았던 어떤 완벽한 세계가 아니었다. 그들은 대신에 "정상적인 생활"과 "정상적인 나라"를 갈망했다. 1970년대 말에 독일의 위대한 시인 한스 마그누스 엔첸스베르거Hans Magnus Enzensberger는 구대륙의 정신을 찾아 유럽 곳곳을 여행했다. 그가 헝가리를 찾아 유명한 몇몇 공산정권 비판자들과 이야기를 나눌 때 그들은 이런 말을 했다.

"우리는 반체제 인사가 아닙니다. 우리는 정상을 대변합니다."[12]

미치니크는 나중에 이렇게 고백했다.

"나는 우리가 (…) 반유토피아적 혁명을 해야 한다는 강박에 짓눌려 있었습니다. 유토피아는 단두대와 강제노동수용소를 이끌어내게 될 테니까요."

이에 따라 그가 내세운 공산주의 이후 사회의 슬로건은 "자유, 박애, 정상성"[13]이었다. 또한 그의 세대 폴란드인들이 '정상성'을 말할 때, 자기네 나라가 소련의 점령이라는 막간극이 막을 내리면 즐겁게 돌아갈 수 있는 공산주의 이전 어느 시기를 의미하지 않는다는 점도 이야기해둘 필요가 있다. 그들이 말하는 '정상성'이란 '서방'을 의미했다.

바츨라프 하벨도 동의했다. 그는 공산 동유럽의 기본 조건을 "정상적인 정치생활의 부재"[14]라고 표현했다. 공산당 치하에서 가장 보기 힘든 것이 '정상성'이었다. 하벨은 또한 서방식 "자유와 법에 따른 통치"를

"사회 조직이 정상적이고 건강하게 작동하기 위한 제1의 전제조건"이라고 말했다. 그리고 그는 공산당 지배에서 벗어나기 위한 자기네 나라의 분투를 "그저 비정상 상태를 벗어버리고 정상화하기 위한 노력"[15]이라고 묘사했다.

정상적인 정치 상황에 대한 하벨의 열망은 반체제 인사들의 가장 큰 목표가 현재에 충실하게 살고 일상생활의 즐거움을 누리는 것이었음을 시사한다. 수십 년 동안 밝은 미래를 기대하는 것처럼 가장해왔지만 말이다. 서방의 정치·경제 조직의 규범적 지위가 이 지역 일대에서 받아들여졌다는 것은 1989년 이후 정상성으로의 이행이 서방에서 당연하게 생각되는 삶을 동방에서도 가능하게 만드는 것을 목표로 하고 있었다는 말이다.

체스와프 미워시Czesław Miłosz는 《사로잡힌 마음Zniewolony umyst》에서, 2차 세계대전 이후 많은 동유럽 지식인들에게 공산주의를 믿는 '새로운 신앙'은 스타니스와프 이그나치 비트키에비치Stanisław Ignacy Witkiewicz의 소설 《탐욕Nienasycenie》(1927)에 나오는 '무르티빙Murti-Bing' 알약 비슷한 것이었다고 주장한다.[16] 이 알약은 "삶의 철학"을 유도해 그것을 먹은 사람들이 "어떤 형이상학적 관심사에도 무감각"[17]하게 만드는 의료 수단이었다. 1989년이 되면 '정상 사회'라는 생각이 대부분의 냉전 이후 동유럽 지식인들에게 '무르티빙' 알약이 됐다고 말할 수 있다. 그것은 모든 걱정을 완화시켜, 모방 심리가 언젠가 또 하나의 사로잡힌 마음임이 드러날 수밖에 없었다.

중부유럽의 엘리트들은 서방에 대한 모방을 이런 의미에서의 '정상성'으로 가는 탄탄대로라고 생각했기 때문에, 그들이 냉전 이후에 '긴요한 모방'을 받아들인 것은 완전히 자연스럽고 자발적이며 진지했다. 그들은 중국인들처럼 서방 기술을 게걸스럽게 차용하지도 않았고, 러시아인들처럼 서방 민주주의를 냉소적으로 가장하지도 않았다. 그들은 자기네 사회를 집단적 개종 체험으로 이끌고자 했던 희망에 찬 개종자들이었다.

중부유럽의 자유민주주의 옹호자들을 러시아의 야바위꾼들은 물론이고 라틴아메리카 개혁가들(미국의 사회과학자 앨버트 허시먼Albert Hirschman에 따르면, 이들은 그가 '가짜 모방'[18]이라고 이름 붙인 판매 전략을 동원했다)과도 구별하는 것은 바로 이 전반적인 자유주의로의 변신에 대한 희망의 진실성이다. 허시먼은 라틴아메리카 경제개발에 관한 연구를 통해, 개혁가들이 흔히 그들의 개혁안이 마주하고 있는 장애물들을 고의적으로 축소해 이야기한다고 지적했다. 개혁에는 완벽한 외국 모델을 모방하는 것 이외의 다른 복잡한 문제가 개재되지 않는 듯이 말한다는 것이다. 모방국의 상황이나 능력은 그리 중요하지 않다는 듯이 말이다. 그들은 실현 가능성이 없거나 아주 복잡한(그러나 개혁가 자신들은 잘될 것이라고 생각하는) 사업의 승인을 꺼리는 회의적인 대중에게 개혁 노력을 "팔기" 위해 그렇게 했다.

이는 흥미로운 생각이다. 그러나 순진한 대중을 속이기 위해 민주화를 "선진국에서 성공한 일을 그대로 모방하는 것이라고 홍보"[19]한 교활한 개혁가들의 그림은 중부유럽의 탈공산주의 시대의 경험과는 전혀 맞지 않는다. 이곳에서는 유럽연합에 합류한다는 희망에 들떠 개혁가 자신들이 자유화 및 민주화를 가로막는 현지의 장애물들을 과소평가하고 완벽한 서방 모델 수입의 가능성을 과대평가했다. 중부유럽을 휩쓸고 있는 반자유주의의 물결은 분명히 진실한 이 모방에 의한 개혁 프로젝트가 국가 및 개인의 자존감을 무시하고 있다는 인식에 따른 광범위한 대중의 분노를 반영한다.

이 지역 자유주의 혁명의 또 다른 두드러진 특징은 그것이 이전의 혁명들처럼 어두운 과거에서 밝은 미래로 가는 시간상의 도약으로 생각되지 않았다는 것이다. 오히려 물리적 공간을 넘어가는 움직임으로 생각됐다. 모든 공산주의 이후 유럽이 '서방의 집'으로 옮겨갈 것처럼 말이다. 그곳은 오랫동안 문화적인 친척들이 거주해왔지만 동방 사람들은 과거에 사진과 영화에서만 봤던 곳이다.

유럽의 통일은 명쾌하게 독일의 통일로 비유됐다. 실제로 1990년대 초 많은 중·동유럽인들은 엄청난 행운을 얻은 동독인들이 부러워 죽을 지경이었다. 동독인들은 하룻밤 사이에 서방으로 대거 이주했고, 기적적으로 서독 여권과 만능의 독일 마르크화가 들어 있는 지갑을 손에 넣었다. 1989년 혁명이 지역 전반의 서방 이주였다면 중심적인 문제는 중·동유럽의 어느 나라가 가장 먼저 공통의 목적지에 도달하느냐였다. 미국의 유명한 법학자이자 전 미국 이민국(USCIS) 수석 자문위원이었던 스티븐 레곰스키Stephen Legomsky는 이렇게 말한 바 있다.

"나라가 이주하는 게 아니라 사람들이 이주하는 겁니다."[20]

공산주의 이후 중·동유럽의 경우에는 그의 말이 틀렸다.

삶은 다른 어딘가에 있다

1981년 12월 13일, 보이치에흐 야루젤스키Wojciech Jaruzelski 장군은 폴란드에 비상사태를 선언했다. 반공산주의 '솔리다르노시치(연대)' 운동에 참여한 수많은 사람들이 체포돼 구금당했다.

1년 뒤 폴란드 정부는 충성 선서에 서명하고 다른 나라로 이주하겠다는 사람들을 풀어주겠다고 제안했다. 이 솔깃한 제안에 대한 반응으로 아담 미치니크는 감옥에서 두 통의 공개편지를 썼다. 한 통의 제목은 '당신은 왜 서명하지 않는가?'였고, 다른 한 통은 '당신은 왜 이민 가지 않는가?'였다.[21] 그의 서명 거부 주장은 상당히 직설적이었다. 솔리다르노시치(연대) 운동가들은 정부에 충성 맹세를 할 수 없었다. 정부가 폴란드와의 신뢰 관계를 깼기 때문이다. 그들은 서명할 수 없었다. 목숨을 부지하기 위해 서명한다는 것은 굴욕과 존엄성 상실을 의미했고, 서명을 함으로써 그들의 친구 및 이상을 배신한 사람들과 한통속이 되는 것이기 때문이다.

수감된 반체제 인사들이 왜 이민을 가서는 안 되는가 하는 문제는 미치니크에게 좀 더 미묘한 대답을 요구했다. 수십 년 전 유대계 폴란드인이자 폴란드의 1968년 3월 학생 저항운동의 지도자 가운데 한 사람이었던 미치니크는 가장 친한 친구 몇 명이 나라를 떠나는 것을 보고 괴로워했다. 그는 깨달았다. 정부는 이민 가는 사람들이 폴란드에 관심이 없기 때문에 떠나는 것이라고 대중을 설득하고 싶어 했다는 것을. 이민을 떠나는 것은 유대인뿐이다. 미치니크는 그것이 폴란드인 사이의 분열을 조장하는 정권의 방식이라고 생각했다.

1982년이 되자 미치니크는 1968년에 떠난 친구들을 더 이상 미워하지 않게 됐다. 솔리다르노시치(연대)의 탄생에 망명자 사회가 중요한 기여를 했음도 인정했다. 그러나 그는 이민이 개인의 자유를 표현하는 합법적인 방식임을 여전히 인정하면서도, 솔리다르노시치(연대) 활동가들은 망명해서는 안 된다고 강력히 주장했다. "이민 간다는 결정 하나하나는 모두 야루젤스키에게 바치는 선물"이기 때문이었다. 더구나 자유를 찾아 폴란드 국경을 넘어가는 반체제 인사들은 여전히 뒤에 남은 사람들, 특히 더 나은 폴란드를 위해 노력하고 기도하는 사람들을 배반하고 있었다. 반체제 인사를 없애면 사회를 진정시키는 데 도움이 되고, 민주화 운동을 약화시키며, 반대 행동 자체를 이기심과 국가에 대한 불충으로 몰아 정권을 안정시킬 수 있다. 그러므로 고통 받는 동포와의 연대를 과시하고 공산 당국의 정책에 저항하는 가장 효과적인 방법은 서방에서 개인의 자유를 누리게 해주겠다는 교활한 제안을 거절하는 것이었다.

그것은 거의 대부분의 폴란드인이 얻기 어려운 기회였다. 수감된 활동가들이 이민 가지 않기로 결정하는 것은 또한 이전에 이민을 선택하고 외국에서 폴란드의 저항을 지원했던 사람들의 결정에 의미를 부여하는 일이기도 하다고 그는 주장했다. 자유란 사람들이 스스로 원하는 것을 할 권리를 갖는 것을 의미한다. 그러나 1982년의 상황에서 "구금됐다가 망명을 선택했던 솔리다르노시치(연대) 활동가들은 항복이기도 하고 탈주이기도 한 행동을 저지른 것"이었다. 미치니크는 이 말이 가혹하고 편협하게 들릴 것이며, 누군가는 이것이 "이민 결정은 매우 개인적인 것"이라는 그의 믿음과 배치된다고 생각하리라는 것을 인정했다. 그러나 1982년에 이민을 떠날 것이냐 말 것이냐는 솔리다르노시치(연대) 활동가들에게 궁극적인 충성 검증이었다. 서방에서 자유를 누리는 유혹을 받아들이는 대신에 감옥에 남기를 선택함으로써만 그들은 동포들의 신뢰를 얻을 수 있었고, 자유로운 폴란드 사회의 미래는 거기에 바탕을 두어야 했다.[22]

이러한 성찰은 우리를 다시 앨버트 허시먼에게로 데려간다. 이번에는 이민과 민주주의와 공산주의의 종말을 다룬 그의 글들이다. 허시먼은 떠남과 저항 사이의 복잡한 관계를 연구하는 데 오랜 시간을 바쳤다. 감옥에 갇힌 미치니크를 사로잡았던 문제다.

허시먼은 그의 가장 유명한 책 《이탈과 발언, 그리고 충성심Exit, Voice, and Loyalty》(1970)에서, 사람들이 견딜 수 없는 상황에 맞닥뜨렸을 때 채택하는 두 가지 전략을 대비시켰다. 우선 사람들은 '이탈'할 수 있다. 다시 말해서 떠남으로써 의사 표시를 할 수 있다. 다른 곳으로 가서 하고 싶은 일을 함으로써 불쾌감을 표시하는 것이다. 아니면 그들의 관심사에 대해 '발언'을 하기로 결정할 수 있다. 그 자리에 머물러, 큰 소리로 말하고 안에서 개혁을 위해 싸우는 것을 선택할 수 있다.

경제학자들에게는 이탈이 생산자나 서비스 제공자들의 성과를 제고할 수 있는 더 나은 방법이다. 이는 보통의 소비자들이 택하는 전략이다. 소비자의 이탈은 상당한 수익 감소로 이어지기 때문에, 공급처를 바꾸겠다고 위협하는 소비자들은 회사 경영진에게 "놀라운 정신 집중"을 유도할 수 있다. 새뮤얼 존슨(1709~1784)이 처형 가능성 탓으로 돌렸던 것과 비슷한 것이다. 이탈(그리고 이탈 위협)이 기업 실적을 개선하는 데 도움을 줄 수 있는 것은 이 때문이다. 그러나 1930년대 유럽에서 정치적 폭압을 직접 경험했던 허시먼은 또한 미치니크와 마찬가지로, 억압적인 정권이 가장 목소리 크고 유명한 활동가들에게 이탈 기회를 허용함으로써 변화를 위한 내부적 압력을 줄일 수 있다는 사실을 알고 있었다.[23]

발언은 개인과 집단에게 기업, 조직, 국가의 행위에 영향을 미칠 수 있는 대안적 방법을 제시한다. 두 방법은 서로 다를 뿐만 아니라, 발언의 효과적인 구사는 이탈하지 않기로 선택한 사람들이 자기네가 구조 또는 개혁하고자 하는 조직에 깊이 헌신하고 있기 때문에 그렇게 했다는 사실을 전제로 하고 있다. 그들은 합리적인 소비자의 행동 양식대로 다른 서비스 제공자에게로 옮겨가는 대신에, 참여하고 아이디어를 제공하고 결정의 책임을 지고 있는 사람들을 공개적으로 비판하고 반대하는 일에 수반되는 위험을 떠안음으로써 자기네 조직의 성과를 향상시키려 노력한다. 따라서 발언은 이탈과 달리 충성에 바탕을 둔 행위다. 미치니크 같은 충성파에게 위협받는 상황에서 이탈하는 것은 일종의 항복이나 탈주로 보일 수밖에 없었다.

1990년 허시먼은 베를린에서 1년을 보낸 뒤 자신의 '이탈과 발언, 그리고 충성심' 이론을 다시 검토하기로 결정했다. 독일민주공화국(구동독)의 소멸을 이해하려는 시도였다.[24]

그는 우선 바르샤바조약기구(WPO) 회원국 가운데 유일하게 동독에만 열려 있던 독특한 탈주 가능성에 주목했다. 그들은 자기네가 서독 쪽으로 간다면 환영을 받고 상대적으로 쉽게 사회에 녹아들 수 있음을 알고 있었다. 이탈을 선택하는 경우는 드물었다. 몰래 국경을 넘는 것은 매우 위험했기 때문이다. 그러나 탈주자들이 거처할 곳을 찾지 못하고 고생하는 것은 아님을 누구나 알고 있었기 때문에, 그들은 동독 안에서 시위를 할 의욕이 감퇴했다고 허시먼은 보았다. 자기 나라를 떠나는(탈출하는) 데 성공한 동독인들은 같은 처지의 폴란드인들과 달리 언어적으로 고립된 망명자도 아니고, 민족 반역자로 낙인찍히지도 않는다. 동독은 허시먼이 보기에 정권에 불만을 가진 사람들 대부분이 자신들의 불만을 집단적으로 표출하기 위해 조직화하기보다는 개인적으로 탈주하는 것을 꿈꾸었기 때문에 1956년이나 1968년, 1980년과 같은 사태가 일어나지 않았다.

이런 생각은 1989년에 바뀌었다. 그해에 탈출은 개별적인 장벽 넘기의 형태가 아니라 집단 탈주의 모습을 연출했다. 그러나 이주라는 '안전판'이 시민 참여의 에너지를 약화시킬 것이라는 예상과 반대로, 이탈자의 규모 자체가 정권에 대한 압박을 줄이기보다는 늘리는 쪽으로 작용했다. 실제로 그것은 자기네 나라에 남아 있던 수백만의 환멸을 느낀 사람들을 거리로 몰아내 변화를 요구하게 만들었다. 그렇게 하면 동포들에게 떠나지 않아도 된다는 확신을 주리라는 희망을 품은 것이었다.

동독의 몰락은 대량 탈주와 그것이 계속될지도 모른다는 공포가 내부에서 전 사회적인 목소리 분출과 정치개혁 요구를 촉발한 사례였다. 이경우에는 이탈이 발언을 억누르기보다는, 남아 있는 사람들을 의도치 않게 자기네 나라를 더 매력적인 곳으로 만들기 위한 정치적 저항과 행동으로 밀어붙였다. 그러나 이 이탈과 발언의 초기 상승효과가 가져온 결과는 동독의 신장개업이 아니라 붕괴와 서독으로의 병합이었다. 동독에서 일부가 떠나고 나머지가 남는 게 아니라 온 나라가 통째로 서방으로 옮겨갔다. 이 경우 공산주의의 종말은 동독과 서독이 '한 국민'이 되는 것을 의미했다. 적어도 당시 대중의 상상 속에서는 그랬다.

동유럽의 다른 나라들에서는 사태가 전혀 다르게 전개됐다. 오늘날 브라티슬라바와 부쿠레슈티에서 리스본과 더블린에 이르는 동유럽과 서유럽의 사람들이 자신들을 '한 국민ein Volk'으로, 정체성을 공유하는 하나의 민족으로 본다는 흔적은 없다. 그들이 모두 유럽의 정상성을 열망하고 있다고 생각되기는 하지만 말이다. "지금 함께하고 있는 사람들(독일민족의 두 부분)은 함께 성장한다"[25]는 빌리 브란트 전 독일 총리의 예견은 무슨 중력의 법칙 같은 것으로 해석됐고, 독일의 경우에조차도 지나치게 낙관적인 것으로 드러났다. 이를 전체 유럽에 적용하는 것은 너무 유토피아적이었다.

동방에서 서방으로의 이주는 중부유럽의 정치 및 경제개혁에서 진지한 노력을 자극하는 데 별다른 기여를 하지 못했다. 오히려 1989년 이후 "정상적인 정치생활"(하벨의 표현)을 누리려는 열망은 두뇌 유출과 건강하고 숙련되고 교육받은 젊은이들의 국적 이탈로 이어졌을 뿐이다. 동독에서는 이탈 뒤에 발언이 뒤따랐지만, 중·동유럽 전체적으로는 발언 뒤에 이탈이 이어졌다. 당초 공산주의의 붕괴에 따른 도취감이 다른 급진적인 개선도 임박했다는 기대를 불러일으켰다. 일부 사람들은 중·동유럽에서 공산당 관리들이 자리에서 물러나는 것만으로, 이전과 다르고 보다 자유롭고 보다 부유하며 무엇보다도 보다 서방적인 나라로 변신할 수 있을 것이라고 생각했다. 급격한 서방화가 마법처럼 현실화하는 데 실패하자 또 다른 해법이 환심을 사기 시작했다. 가족을 데리고 서방으로 떠나는 것이 많이들 선택하는 방식이 됐다.

1989년 이후 미치니크처럼 서방 이주를 반역적 항복이나 탈주로 치부하는 것은 더 이상 타당하지 않았다. 서유럽으로 이주한다는 개인적 선택은 국가에 대한 불충 행위로 비난할 수 없었다. 자기네 나라는 이제 서방에 매끄럽게 통합되기 위해 애쓰고 있었다. 주요 목표가 서방화라고 규정한 혁명은 서방으로의 이민을 반대할 설득력 있는 이유를 제공할 수 없었다. 이 지역의 민주주의로의 이행은 기본적으로 서방으로의 '집단' 이주 형태였고, 따라서 선택할 수 있는 것은 오직 일찍 개별적으로 이주하느냐 아니면 나중에 집단적으로 이주하느냐의 문제일 뿐이었다.

혁명은 대체로 사람들로 하여금 경계를 넘어가게 한다. 도덕적 경계, 경우에 따라서는 국가 간의 경계까지도 말이다. 프랑스 혁명이 발발했을 때 그 적들 상당수는 외국으로 흩어졌다. 러시아에서 볼셰비키가 정권을 잡자 수백만 명의 백계 러시아인들은 나라를 떠나 여러 해 동안 망명생활을 했다. 그들은 볼셰비키 독재정권이 결국 붕괴할 것이라는 희망 속에 여행 가방을 풀지 않았다. 공산주의의 종말과는 극명한 대비였다. 1789년 이후, 그리고 다시 1917년 이후 패배한 혁명의 적들은 자기 나라를 떠나게 됐다. 1989년 이후에는 벨벳혁명들의 패자가 아니라 승자들이 떠나는 것을 선택했다. 자기네 나라가 변하기를 가장 바랐던 사람들은 또한 자유로운 시민 생활을 누릴 수 있기를 가장 고대했던 사람들이었고, 따라서 공부하고 일하고 살기 위해 가장 먼저 서방으로 간 사람들이었다.

볼셰비키 혁명이 승리한 뒤에 레온 트로츠키(1879~1940)가 공부하기 위해 옥스퍼드대학에 입학했으리라고는 상상하기 힘들다. 그러나 오르반 빅토르 같은 사람들은 그렇게 했다. 이런 비유는 적절치 않을 것이다. 그들이 처한 상황이 근본적으로 달랐기 때문이다. 그러나 이 대비는 가장 흥미로운 차이 중 하나에 관심을 집중하는 데 도움이 된다. 프랑스와 러시아의 혁명가들은 그들이 왕, 귀족, 사제로 이루어진 구질서에 반대하는 새로운 문명을 만들어가고 있고 파리와 모스크바가 그러한 미래가 만들어지는 세계의 새로운 중심이라고 확신했지만, 이와 달리 1989년의 혁명가들은 서방을 여행하려는 강한 동기를 갖고 있었다. 자기네 나라에서 그들이 건설하기를 희망했던 정상 사회라는 것이 실제로 어떻게 작동되는지를 아주 가까이에서 살펴보기 위해서였다.

1989년 이후 서쪽으로의 여행은 물론 1940년대에 공산주의자들이 동유럽에서 소련을 향해 동쪽으로 밀려든 것과는 전혀 달랐다. 후자는 고국에 공산주의 국가를 건설하는 방법을 배우기 위해 모스크바에 보내진 것이었다. 그들은 자기네 정부의 명령에 따라 갔고, 나중에 돌아와야 한다는 명시적 요구를 받고 있었다. 1989년 이후에는 그런 일이 일어나지 않았다. 공산주의가 붕괴한 이후 자유주의 사상을 가진 사람들의 서방 이주는 조직화되지 않은 개인적 선택의 결과였다. 그들 대부분은 공부하거나 약간의 돈을 번 뒤 고국으로 돌아가기 위해서가 아니라 서방으로 영구히 이주할 생각으로 떠났다. 독일이 폴란드의 미래였다면(모든 혁명가는 미래에 살기를 원한다) 가장 진실한 혁명가들은 짐을 꾸려 독일로 이주해도 좋았을 것이다.

1989년 이후 중·동유럽인들에게 거의 거부할 수 없는 것이었던 해외 이주 유혹을 파악하려면 서방과 동방 사이의 현격한 생활수준 차이와 이동 시 물류의 편의성뿐만 아니라 공산주의의 유산 가운데 가장 덜 이야기된 것 가운데 하나를 염두에 두어야 한다. 바로 거주지를 옮기는 데 관료주의 때문에 얼마나 어려웠었는지에 대한 기억이다.

공산 당국은 사람들을 시골에서 도시로 이주하게 한 뒤 거주지를 옮길 자유를 엄격하게 제한하기 시작했다. 농촌 지역에서 도시로의 이주 허가는 사회적 승진이라는 경험이 쌓였다. 노동자가 되는 것은 농민이 되는 것에 비해 훨씬 좋았다. 그러나 공산당 치하에서 돈을 더 많이 벌 수 있는 일자리를 찾아 한 도시에서 다른 도시로 이주하는 것은 오늘날 해외 근무를 위해 이주하는 것보다 더 어려웠다. 특히 수도에 가서 살며 일하기 위해 이주하는 것은 더욱 그러했다. 공산주의는 문화적·정치적 주변부에서 문화적·정치적 중심으로 이주하는 것을 쉽게 얻을 수 없는 특혜로 바꿈으로써 지역 간 이동을 탐나는 것일 뿐만 아니라 사회적 성공과 동의어로 만드는 데 중요한 역할을 했다.

과거 공산주의 국가들이 유럽으로의 집단적 회귀를 꿈꾸게 되자 해외로 탈주한다는 개인의 선택은 논리적이고 정당한 것이 됐다. 폴란드와 헝가리의 젊은이가, 자기네 나라가 언젠가 독일 같은 나라가 되기를 기다릴 이유가 어디 있는가? 내일 당장 독일에 가서 일하며 가족을 건사하는 일을 시작할 수 있는데 말이다. 자기네 나라를 바꾸는 것보다 국적을 바꾸는 것이 더 쉽다는 사실은 비밀도 아니다.

1989년 이후 국경이 열리자 발언보다는 이탈을 선택하는 사람이 많았다. 정치개혁은 여러 조직화된 사회적 이해관계를 지속적으로 협력시키는 일이 필요하지만, 이주한다는 선택은 기본적으로 한 사람 또는 한 가족의 일이기 때문이다. 물론 예금 인출 사태와 마찬가지로 한꺼번에 몰려들게 될 수도 있지만 말이다. 민족에 대한 충성을 믿지 않고 유럽이 정치적으로 통합될 가능성을 보인 것도 자유주의 사상을 가진 많은 중·동유럽인들로 하여금 이민을 정치적 선택으로 만드는 데 일조했다. 이것 역시 공산주의에 반대하는 반체제 인사의 소멸과 함께, 이민에 대한 미치니크의 격렬한 비난이 1989년 이후 도덕적·정서적 울림을 완전히 잃어버린 이유다.

냉전 이후 시기에 이 지역에서 많은 사람들이 떠나면서(특히 많은 젊은 이들은 행동으로 의사 표시를 하기 때문이다) 심각한 경제적·정치적·심리적 결과를 초래했다. 의사 한 사람이 고국을 떠나면 그는 나라에서 그의 교육에 투자했던 모든 자원을 함께 가져가고, 고국에서는 그의 재능과 야망을 더 이상 이용할 수 없게 된다. 그가 나중에 고국의 가족에게 돈을 보낸다 하더라도 그가 고국에서 살며 기여하지 못하는 손실을 보상하기는 어렵다.

교육받은 젊은 사람들의 탈주는 또한 자유주의 정당들이 선거에서 승리할 가능성에 상당한(어쩌면 치명적인) 타격을 가했다. 젊은이들의 탈주는 이 지역 여러 나라에서, 유럽연합이 자금을 댄 멋진 놀이터에서 아이들이 놀고 있지 않은 이유를 설명해준다. 자유주의 정당들이 해외 투표자들의 표를 가장 많이 얻고 있다는 것은 흥미로운 일이다. 예를 들어 독일계 자유주의자 클라우스 요하니스Klaus Johannis는 2014년 루마니아 대통령으로 당선됐는데, 해외에 살고 있는 30만 명의 루마니아인들이 대거 그에게 표를 주었기 때문이다.

대부분의 젊은이들이 이민을 동경하고 있는 나라에서 고국에 남아 있다는 것은 그 사실만으로도 스스로를 패배자로 생각하게 만든다. 아무리 성공했더라도 마찬가지다. 이것은 또한 이들이 모방에 의한 서방화를 민족에 대한 배신이라고 비난하는 반자유주의적 선동가들에게 환호를 보내게 되는 이유다.

틈입자

이민과 인구 감소 문제는 2015~2016년 유럽을 덮쳐 반자유주의의 불길에 기름을 부었던 난민 위기 문제로 이어진다.

2015년 8월 24일, 앙겔라 메르켈 독일 총리는 수십만 명의 시리아 난민을 독일에 받아들이기로 결정했다. 불과 열흘 뒤인 9월 4일 V4, 즉 비세그라드^{Visegrád} 그룹인 체코, 헝가리, 폴란드, 슬로바키아는 난민들을 유럽 전역에 분배하는 쿼터제를 "받아들일 수 없다"[26]라고 선언했다. 중·동유럽인들은 메르켈의 인도주의적 발언을 믿지 않았다. 오르반 빅토르 헝가리 총리의 최고 브레인인 마리아 슈미트는 "헛소리"라고 치부하면서 이렇게 덧붙였다.

"(메르켈은) 이번에 독일인들이 좋은 사람들이라는 것을 입증하길 원했습니다. 그리고 그들은 인도주의와 도덕성에 대해 모든 사람에게 설교할 수 있습니다. 독일인들에게는 세계의 다른 나라들에게 설교하는 내용이 중요하지 않습니다. 그들은 그저 누군가에게 설교하는 것만이 필요합니다."[27]

그러나 이번에 중부유럽인들은 이웃 독일인들이 거들먹거리며 설교하는 데 대해 고분고분하게 순종할 생각이 없었다. 국가의 주권은 모든 나라가 자기네 스스로의 흡수 능력을 결정할 권리를 가진다는 의미다. 이때가, 문화적 다양성을 극진히 환대하는 메르켈의 결정에 대한 반응으로 중부유럽의 대중주의자들이 독립 선언을 발표한 순간이었다. 유럽연합으로부터, 더 극적으로는 서방 자유주의와 세계에 대한 개방성이라는 신조로부터의 독립이었다.

공포감을 조성하는 중부유럽의 대중주의자들은 난민 위기를, 자유주의가 적대적인 세계로부터 스스로를 지켜내는 국가의 능력을 약화시켰다는 결정적인 증거라고 해석했다. 하룻밤 사이에 모든 아프리카인과 서아시아인, 심지어 중앙아시아인들까지 '일제히' 서방으로 몰려듦으로써 동유럽식 '혁명가들'을 모방하기로 결정했다고 그들은 말했다. 과도하게 연결되어 있으면서도 매우 불평등한 '장벽 없는 세계'에서 국경을 넘는 이주는 20세기에 간간이 일어났던 식의 혁명을 대체했다고 그들은 주장한다.

사람들이 국가 간 경계를 넘어 자유로이 이동하는 것은 이제 경제적으로 희망이 없고 정치적으로 억압적인 환경에서 온 사람들과 그 가족들을 해방시키는, 가장 널리 이용할 수 있는 기회를 제공한다. 이런 관점에서 보면 20세기의 대중 봉기는 과거의 일일 뿐이다. 현재 상태를 지키고자 하는 사람들은 이제 21세기의 격동에 직면하고 있다. 봉기한 노동계급이 아니라 더 나은 생활을 추구하는 비서방인들의 대규모 유럽 이주로 인해 초래된 것이다. 전개되고 있는 위기에 대해 오르반은 이렇게 설명하고 있다.

우리는 서아시아 나라들에서 쏟아져 들어오는 사람의 홍수에 맞닥뜨려야

합니다. 그리고 아프리카의 깊숙한 곳에서도 시동을 걸고 있습니다. 수백만의 사람들이 떠날 준비를 하고 있습니다. 전 세계적으로, 사람들이 자기가 태어난 곳이 아닌 다른 어느 곳에서 삶을 이어나가려는 욕망과 충동과 압력이 늘어나고 있습니다. 이것은 역사상 가장 큰 인간의 물결 가운데 하나이며, 이는 비극적 결과를 초래할 위험을 안고 있습니다. 이것은 현대의 전 지구적 대량 이주이며, 그 끝은 보이지 않습니다. 경제적인 이유로 이주하는 사람들은 더 나은 삶을 희망하며, 난민과 떠도는 대중들은 한데 뒤엉키고 있습니다. 이는 통제되지 않고 규제되지 않는 과정입니다. (…) 이것의 가장 정확한 정의는 '침략'입니다.[28]

오르반이 과장했듯이 북쪽으로 향하는 주민 이동이 조직화된 혁명 정당들에 의해 부추겨지거나 조종된 것은 아니다. 여기에서 집단행동의 문제는 별로 없다. 그것은 대체로 서로 연결되지 않은 수많은 개인과 가족들이 내린 자발적 선택의 계획되지 않은 결과이기 때문이다. 그들은 이데올로기적으로 색칠된 찬란한 상상 속의 미래에 대한 그림에 고무된 것이 아니라 경계 반대편의 '정상 생활' 사진에 고무된 것이다. 어렵사리 그곳에 안전하게 도착한 사람들은 정치적 박해의 표적이 되지 않고, 빈민가에 처박혀 여생을 보내지 않는다.

의사소통의 세계화는 세계를 한 마을로 만들었다. 그러나 이 마을은 국제 비교라는 독재정권의 통치를 받고 있다. 북미와 서유럽 이외 지역의 사람들은 더 이상 자신들의 운명을 이웃들의 운명하고만 비교하지 않는다. 그들은 자기네 생활수준을 지구에서 가장 잘사는 사람들의 생활수준과 비교한다. 위대한 프랑스 정치철학자이자 사회학자인 레몽 아롱 Raymond Aron은 50년 전에 예지력 있게 말했다.

"통합으로 가는 과정에서의 인간애와 함께, 민족 사이의 불평등은 한때 계급 간 불평등이 지녔던 중요성을 지니고 있다."[29]

자식들의 미래가 경제적으로 보장되기를 바라는 후진국 주민들이 할수 있는 최선의 일은 아이들이 독일, 스웨덴, 덴마크나 차선책으로 폴란드나 체코에서 태어날 수 있도록 하는 것이다. 이 이주민의 '봉기'는 논리 정연한 이데올로기나 응집력 있는 정치운동, 영감을 주는 지도자를 필요로 하지 않는다. 그저 경계를 넘어가는 단순한 일일 뿐이다. 공개적으로든 은밀하게든, 합법적이든 불법적이든 말이다.

사실 오늘날의 많은 '이 땅의 천벌 받은 자들Damnés de la Terre'(프란츠 파농의 책 제목을 빌려온 것이다—옮긴이)에게 유럽연합은 어떤 유토피아보다도 더 매혹적이다. 언론인 스티븐 스미스Stephen Smith는 얼마 전에 나온 책《유럽으로의 쇄도La ruée vers l'Europe》에서 아프리카로부터의 대량 탈출을 예측했다. 30년 안에 유럽 주민의 20~25퍼센트가 아프리카계일 것이라는 주장이다. 2015년에는 불과 1.5~2퍼센트였다.[30] 이는 대중주의자들에게 매우 훌륭한 먹잇감이다.

오르반과 카친스키는 그들의 공통된 정치적 접근을 "반혁명 운동가"[31]라고 표현했다. 그들이 스스로 말하는 반혁명이 역사적으로 독특한 점은, 그것이 두 가지의 완전히 다른 '혁명적' 과정에 동시에 반대한다는 것이다. 반자유주의적 선전가들이 정치적 목적을 위해 하나가 되는 데 성공한 과정이다. 이 두 가지는 1989년 이후 중·동유럽 국가들의 집단적인 유럽연합 편입과 아프리카 및 서아시아인들의 무질서한 서유럽(국경을 통제하기 위해 발버둥치고 있는)으로의 이주다. 이 상상 속의 쌍두 혁명에 대한 반혁명적 대응은 자연히 문화적 다양성에 대한 자유주의적 관용과 개방 사회라는 생각 자체를 정조준하고 있다.

이 '반혁명 운동가들'에 따르면, 정치적 자유주의의 근본적인 약점은 서방이 내국인과 외국인의 차이를 진지하게 생각할 수 없고, 그래서 내·외국인 구분에 실질적인 의미를 부여하는 국경을 강화하는 데 적극적으로 투자하는 데서 드러난다. 서로 다른 민족 및 문화 집단이 유럽 문명으로 동화될 수 있다는 자유주의자들의 안이한 낙관주의는 서방 몰락의 원인임이 입증되고 있다고 그들은 주장한다. 이 반자유주의적 관점에서 볼 때 비유럽계 이민을 환영하는 탈민족적 정체성을 가진 사회는 일방적으로 무장해제되고, 남아 있는 문화적 통일성을 모두 잃을 위험성을 안고 있다.

굴복으로서의 이민

2015년부터 2018년까지 중부유럽에서 폭발한 인구학적 공황 상태는 다소 진정되고 있다. 그러나 결코 사라진 것도 아니고, 이 지역에 국한된 것도 아니다.[32] 어쨌든 우리는 왜 그것이 사실상 이민자가 거의 유입되지 않는 중·동유럽에서 그렇게 정치적으로 폭발력이 큰 요소가 됐는지를 물어야 한다.

두 가지 요인이 작용했다.

첫째는 이미 언급한 해외 이주다. 이민자들에 대한 불안은 동화가 어려운 외국인들이 들어와 민족 정체성을 희석시키고 민족의 결속을 약화시킬 것이라는 공포에 기인한다. 이런 공포는 다시 인구 격감에 대한 선입견에 의해 확산된다. 1989~2017년에 라트비아는 인구의 27퍼센트를 잃었고, 리투아니아는 22.5퍼센트, 불가리아는 21퍼센트 가까이를 잃었다. 200만 명의 동독인들(1989년 이전 이 나라 인구의 14퍼센트에 해당한다)이 일자리와 더 나은 삶을 찾아 서독으로 갔다. 340만 명의 루마니아인들(거의 대부분이 40세 이하다)이 이 나라가 유럽연합에 가입한 2007년 이후 나라를 떠났다. 인구 노령화와 낮은 출생률, 끊이지 않는 해외 이주의 물결이 합쳐져 아마도 중·동유럽의 인구학적 공황 상태를 일으켰을 것이다.

망국적인 인구 감소의 공포를 공개적으로 이야기하는 경우는 드물다. 아마도 높은 국적 이탈률을 공개하면 모방자들을 부추길 수 있기 때문일 것이다. 그럼에도 불구하고 그것은 사실이고, 아프리카와 서아시아에서 온 이민자들이 이 지역 국가들의 존속을 위협한다는 터무니없는 주장 속에 아마도 간접적으로 표현돼 있을 것이다. 유엔의 예상에 따르면, 불가리아의 인구는 2040년이 되면 지금보다 27퍼센트 감소할 것으로 보인다. 이 나라 영토의 거의 5분의 1이 '인구 사막'이 될 것으로 예측되고 있다.

불가리아는 근대에 들어 전쟁이나 기근이라는 요인 없이 가장 큰 폭의 인구 감소를 겪은 나라가 됐다. 이 나라에서는 매일 164명이 감소했다. 일주일에 천 명 이상, 1년에 5만 명 이상이다.[33]

2008~2009년 금융위기의 여파로 중·동유럽에서 자기 나라를 떠나 서유럽으로 간 사람이 시리아 내전의 여파로 이 지역으로 들어온 난민보다 많다.

유럽의 문화들이 끊임없이 교류되고 있고 뉴미디어 환경 덕분에 고국과의 끈을 놓지 않은 채 해외에서 살 수 있는 국경 개방의 세계에서, 중·동유럽인들이 마주친 위협은 베를린 장벽이 만들어지기 전에 동독 사람들이 마주쳤던 것과 비슷하다. 그것은 한창 일할 나이의 사람들이 서방에서의 더 나은 삶을 찾아 고국을 떠날 것이라는 점이다. 결국 독일 같은 나라의 기업들은 필사적으로 노동자들을 구하고, 반면에 일반적인 유럽인들은 아프리카와 서아시아에서 영구 정착하기 위해 들어오는 비유럽인들을 갈수록 꺼리게 된다.

따라서 있지도 않은 이민의 중·동유럽 침입에 따른 공포(그것 아니고는 설명이 안 된다)는 바탕에 깔려 있는 보다 현실적인 공포가 뒤틀려 반복된 것으로 이해할 수 있다. 가장 능력 있는 젊은이들을 포함해서 나라 인구의 상당 부분이 나라를 떠나 영구히 외국에 머물 것이라는 공포다. 1989년 이후 중·동유럽에서 빠져나간 엄청난 이민자 수는(국가 소멸의 공포까지 불러일으켰다), 이 지역의 나라들에는 난민이 거의 배정되지 않았음에도 2015~2016년 난민 위기에 대해 매우 적대적인 반응을 보인 이유를 설명해준다.

더 나아가 이민 유입이 거의 없는 지역의 반이민 정책은 심리학자들이 말하는 '전위轉位'의 한 사례라는 가설도 세울 수 있다. 이 경우 전위는 이성적으로 받아들일 수 없는 공포를 무의식적으로 덮어버리고 이를 심각하지만 다루기 쉬운 것으로 대체하는 방어 기제다. 나라에 넘쳐나려고 하는 유입 이민(존재하지는 않는다)에 대한 히스테리는 감히 입으로 발설할 수 없는 실제 위험인 인구 감소와 인구 생태계의 붕괴를 환상 속의 위험인 유입 이민으로 대체했음을 나타낸다. 이른바 비유럽계 이민자의 높은 출생률에 대한 공포는 인구치환人口置換 수준 이하의 원주민 출생률과 계속되는 이민 유입이 겹쳐지는 데 대한 무언의 불안을 반영한다. 이는 분명히 추측에 불과하지만 동유럽이 세계에서 가장 빨리 인구가 줄어드는 지역이라는 사실을 감안하면 어느 정도 타당성이 있다. 오르반은 이렇게 말하며 비밀을 누설한다.

"이민은 우리에게 항복입니다. (…) 우리는 헝가리인 아이를 원합니다."[34]

그의 출산 장려 정책은 헝가리 정부의 진짜 걱정이 무엇인지를, 이민 유입이 없는 상태에서의 반이민 담론보다 더 잘 보여주는 지표다.[35] 있지도 않은 이민 '침입'(그것은 국경에 군대를 투입하면 성공적으로 봉쇄할 수 있다)에 대한 대중의 공포를 자극하는 것은 이 지역의 대중주의 정치가들이 민족 소멸에 대한 유권자들의 공포를 이용하는 한 가지 방법이다. 민족 소멸은 지난 수십 년 동안 이어져온 완만한 인구 감소 과정의 연장이며, 국경 강화와 외국 출생 주민들에 대한 차별로도 분명히 막을 수 없다.

인구 급감에 대한 감춰진 두려움, 이 지역의 오래된 언어와 문화적 기억들이 동로마제국처럼 역사책에서 지워져버린 세계라는 악몽은 지금 세대 노동자들이 훈련받은 일자리들을 점차 폐기하고 있는 자동화 혁명에 의해 악화됐다. 모든 사회를 서방의 노선에 따라 개조한다는 유토피아적 계획에 의해 불붙은 다양성에 대한 공포와 변화에 대한 공포는 이렇게 중·동유럽 대중주의의 중요한 공헌자다.

이 지역이 작고 오래됐지만 민족적으로 동질적인 사회들로 이루어졌다는 사실은 또한 민족주의적 정서의 갑작스러운 과격화를 설명하는 데 도움을 준다. 오늘날 폴란드 주민의 겨우 1.6퍼센트만이 폴란드 밖에서 태어났고, 이슬람계 폴란드인은 전체 주민의 0.1퍼센트도 되지 않는다. 그럼에도 불구하고 이 지역의 과열된 정치적 상상력 속에서 민족적·문화적 다양성은 실존적 위협으로 생각됐다.[36] 그리고 폴란드에 사는 폴란드인은 이슬람교도와 접촉할 일이 없지만 영국에 사는 폴란드인은 그들과 접촉하며, 이러한 접촉은 이슬람교도와 영국 중산층 사이의 접촉보다 더 빈번하고 위험하다. 이는 영국에 사는 폴란드인들이 흔히 이슬람계 이민자들과 같은 지역에 이웃해 살며 같은 일자리를 놓고 경쟁하기 때문이다. 따라서 역사뿐만 아니라 서유럽에서 일하는 중부유럽인들의 태도(소셜미디어를 통해 고국에 전해진다) 또한 이 지역의 지나친 반이슬람적 태도에 분명하게 기여했다.

인구 감소와 심지어 '민족 소멸'에 대한 경고는 당연히 소규모 민족들에게 가장 크게 느껴져, 그 주민들이 표면적으로 보편적이고 따라서 쉽게 옮겨가거나 모방할 수 있는 가치들을 내세워 자기네의 독특한 전통을 평가절하하는 것으로 보이는 개혁 제안들에 저항하도록 만들었다. 퓨Pew 연구소의 최근 조사는 동유럽인들이 서유럽인들에 비해 자기네 문화의 우월성을 더 확신하고 있음을 보여준다. 사해동포주의cosmopolitanism 윤리를 받아들이는 데 훨씬 더 주저하고 있는 것이다.[37] 밀란 쿤데라는 이렇게 말했다.

"작은 나라는 어느 순간에나 그 존재 자체가 의문에 싸여 있는 나라다. 작은 나라는 사라질 수 있고, 그들은 그것을 알고 있다."[38]

우리는 아프리카와 서아시아의 젊은이들이 군대처럼 조직돼 유럽으로 가는 문을 차서 무너뜨리고 헝가리를 지도에서 지워버리려 위협하고 있다고 오르반이 흥분에 차서 주장하는 것을 분석할 때 이를 유념해야 한다. 이 지역에서 사람들이 쏟아져 나온 일의 트라우마는 다른 방식으로는 이해할 수 없는 것을 설명해준다. 공산주의 이후의 정치적·경제적 변화로부터 상당한 이득을 얻은 나라들에서조차 제기된 강한 상실감이다. 마찬가지로 유럽에서 지난 수십 년 동안 인구 급감을 겪었던 지역은 극우 반자유주의 정당들에 투표하는 경향이 가장 강했던 나라들이다. 오르반의 출산 장려 정책 역시 중부유럽의 비자유주의로의 선회가 이 지역의 인구 유출(특히 젊은 층의)과 '국적 이탈'이 남긴 유산인 인구 감소 불안에 깊숙이 뿌리박고 있음을 강력하게 시사한다.

이 지역에 아프리카와 서아시아 이민자들의 '침입'은 없었지만, 중·동유럽인들은 선정적인 텔레비전 보도를 통해 서유럽을 괴롭히는 이민 문제를 늘 접하고 있었다. 그 결과는 유럽 대륙 양쪽 절반 사이의 근본적 차이에 대한 재해석이었다. 동방은 여전히 동질적이고 단일 종족이지만, 서방은 반자유주의 정치가들이 보기에 생각 없고 자살적인 이민 정책의 결과로 이질적이고 다인종적인 사회로 변했다는 것이다.

이 급진적인 가치관의 재평가는 주목할 만하다. 서유럽인들은 많이 앞서 있고 중·동유럽인들은 많이 뒤떨어져 있는 것이 아니다. 외국인을 혐오하는 대중주의자들의 과장에 따르면 서유럽인들은 이제 문화적 정체성을 잃은 것으로 묘사된다. 대중주의자들의 상상 속에서 서유럽은 '아프리카권'과 '서아시아권'의 주변부가 됐다. 서방이 난민들로 인해 정체성 위기에 몰려 있다는 이런 묘사는 "분노"가 항상 "상상 속의 복수 행위에서"[39] 표현된다는 니체의 명제를 확인해주고 있는 듯하다.

대중주의자들의 선전물 속에서 서유럽은 더 이상 중·동유럽인들이 한때 감탄하면서 모방하기를 염원했던 문화적으로 우월한 서방의 모델이 아니다. 이른바 서방의 몰락은 이 지역의 대중주의자들에 의해 과거의 고통 유발자들에 대한 자기만족적인 응징의 어조로 표현되고 있다. 모방자에 대한 모델의 우월성이라는 생각은 마침내 종말을 맞았다.

서유럽의 개방 사회는 외국(그리고 특히 이슬람교도) '침략자들'에 맞서 국경을 방어할 수 없기에, 이제 부정적인 모델이 되고 있다. 중·동유럽인들이 가장 피하고자 노력했던 사회 질서의 살아 있는 그림이다. 이것이 100만 명에 가까운 난민을 독일에 받아들이겠다는 메르켈의 결정을 오르반과 카친스키가 반복적으로 비난하는 이유다. 독일의 여론에 귀 기울이지 않고 비민주적으로 내려진 결정이라는 것이다. 피데스와 피스는 자기네들의 주장이 메르켈과 달리 참으로 충실한 민의의 대변임을, 메르켈의 '자유주의적 가부장주의'가 뒷받침한다고 주장한다.

공산주의 폭정에 대한 용감한 저항은 과거의 일이고 이 지역의 모든 나라들이 지금 서방화를 진행하고 있기 때문에, 인구 격감의 공포에 시달리는 동유럽 정부들은 불만스러워하는 자기네 국민들, 특히 젊은이들이 왜 짐을 싸서 서유럽으로 이주하기를 멈춰야 하는지에 대한 합당한 이유를 찾고 있다. 오르반은 때로 이민을 나가는 것이나 들어오는 것 모두를 강압적으로 거부하는 쇄국정책을 펴고 있는 것처럼 보이기도 한다. 그러나 그는 그런 일을 할 방법이 아무것도 없기 때문에 헝가리 청년들에게 이민 가지 말라고 사정하는 신세가 됐다. 허둥지둥하는 속내는 오르반이 외국에 나가서 살고자 하는 헝가리 청년들이 제기하는 위협에 대해 이야기하는 방식에서 분명하게 읽을 수 있다.

젊은이 여러분, 여러분은 아마도 이 세상이 여러분 마음대로 손에 넣을 수 있는 것이라고 생각할 것입니다. (…) 그러나 여러분은 살아가면서 여러분에게 한 장소와 언어와 집이 필요하다는 사실을 깨닫는 순간이 올 것입니다. 자립적이고 안전하고 사랑에 싸인 곳, 자신의 삶을 누릴 수 있는 곳입니다. 우리가 되돌아갈 수 있는 곳, 삶이 의미 있다는 것을 느낄 수 있는 곳, 그리고 마지막 순간에도 허무감에 빠지지 않을 수 있는 곳입니다. (여러분은) 천 년 된 창조물 위에 새로운 것을 더하고 건설할 것입니다. 우리가 그저 '조국'이라고 부르는 헝가리인들의 조국입니다. 자랑스러운 헝가리의 젊은이 여러분, 여러분의 조국은 지금 여러분을 필요로 하고 있습니다. 조국에는 여러분이 필요합니다. 와서 우리와 함께 싸웁시다. 여러분이 고국

을 필요로 하게 될 때 여러분이 고국의 품에 있을 수 있도록 말입니다.[40]

그러나 헝가리 젊은이들이 서방에서 더 나은 '조국'을 찾지 못할 것이라고 어떻게 납득시킬 수 있을까? 특히 오르반 자신의 정책이 이 나라 안에서 보람 있고 창조적인 삶을 꾸릴 기회들을 망가뜨리고 있는데 말이다.

공산주의의 유명한 문제점은 그들이 약속한 이상사회가 결코 존재하지 않았다는 점이다. 그것이 존재하리라고 진정으로 믿은 사람도 없었다. 서방화 혁명은 정반대의 문제를 안고 있었다. 그들이 만들어내려 한 고대했던 사회 체제는 정말로 존재했고, 따라서 찾아가 가까이서 볼 수 있었다. 그러나 실망스럽게도 이전에 보이지 않던 결점에 초점이 맞추어졌다.

사회주의의 유토피아는 이룰 수 없었는지 모른다. 그러나 영원히 손에 닿을 수 없다는 것은 꿈을 좇는 숭배자들을 실망시킬 일이 없다는 의미다. 그것은 또한 안심할 수 있을 정도로 변치 않는 특성을 지니고 있다. 이와 대조적으로 서방 자유민주주의는 현세의 일이 모두 그렇듯이 카멜레온임이 드러났다. 그것을 모방하려는 사람들의 눈앞에서 수시로 변한다. 더욱 좋지 않은 것은 정상적인 사회 발전의 속도가 오늘날 기술 혁신에 의해 엄청나게 가속됐다는 점이다. 그리고 이에 따른 서방 사회의 모든 변화가 서방을 기준으로 정상성을 규정하는 사람들에게 무엇이 정상인가에 대한 새로운 인상을 심어주었다. 따라서 기존의 서방의 정상성을 내세운 혁명은 어떤 상상 속의 유토피아를 내세우는 혁명에는 없는 문제에 직면한다. 그들이 재건하려 하는 사회의 비전을 확정하거나 정확히 밝힐 수 없게 되는 것이다.

이 딜레마는 탈공산주의 사회에서 특히 심각하다. 그것은 1989년에 반체제 인사들이 자기네 동포들에게 모방하라고 다그쳤던 서방이 30년이 지난 지금 더 이상 존재하지 않기 때문이다. 그들의 모델인 사회는 전 세계를 지배하고 단호하게 반공산주의적인 냉전 시기의 서방이었다. 그러나 중·동유럽의 나라들이 반공산주의적 서방에 합류할 수 있도록 한 과정 자체는 반공산주의가 더 이상 서방의 본질을 규정하는 이데올로기가 아님을 확신하게 해주었다. 우리는 이것이 미끼 상술의 확대판이라고 생각할 수 있다. 물론 의도적이거나 계획된 것은 결코 아니지만 말이다. 어쨌든 1989년에 서방을 모방하고 서방에 합류하려고 가장 열심이었던 사람들은 범대서양주의가 소멸돼가고 있고 유럽과 미국이 동시에 경제적·정치적 위기로 고생하고 있는 수십 년 뒤의 서방화에 대해 다르게 생각할 수밖에 없었다.

이 지역의 대중주의자들은 이제 미치니크 같은 반체제 인사들이 한때 해외 이주자에게 붙였던 도덕적 비난을 부활시키는 새로운 전략을 찾아냈다. 그들에게는 헝가리, 폴란드와 이 지역의 다른 나라들이 서방을 충실하게 모방해야만 정치적·경제적으로 성공할 수 있다는 주장을 거부하는 것이 필수적이었다. 이런 관점에서 보자면 반이민 주장은 아마도 인구 손실을 멈추게 하고 중·동유럽 사람들이 자기네 나라를 떠나는 것을 막을 충성심의 성벽을 건설하려는 필사적인 시도처럼 보인다. 달리 말하자면 폴란드와 헝가리의 대중주의자들은 서방의 난민 위기를 동방의 이미지 창출 기회로 전환시킨 것으로 보인다.

서방이 그 매력을 잃어야만 서방을 향해 떠나는 사람들을 멈추게 할 수 있다. 서방을 비난하고 그 제도가 "모방할 가치가 없다"고 선언하는 것은 분노에 의해 이루어진 상상 속의 복수라고 설명될 수 있다. 그러나 그것은 이민을 말리는 데 도움을 줌으로써 이 지역의 최우선 정책에 기여하는 부수적인 이득도 있다. 서방이 기회의 땅이고 서방 자유주의가 발전한 사회·경제 체제의 표준임을 부정하는 것은, 들썩거리는 주민들에게 그것이 미치는 마법적 호소력을 줄이는 데 도움을 준다. 서방을 모방하는 것은 아마도 번영으로 가는 길이 될 수 없을 것이다. 그것은 불가피하게 서방의 이른바 자살적 이민정책을 모방하는 일을 수반하기 때문이다. 대중주의자들은 서유럽이 아프리카인과 서아시아인을 맞아들이는 방식을 공개적으로 비난한다. 그러나 그들의 진짜 불만은 서방의 유럽연합 회원국들이 자기네 중·동유럽 사람들에게 문을 활짝 열어 이 지역에서 가장 생산성 높은 사람들을 빼내갈 가능성이 있다는 점이다.

이런 모든 논의는 현대의 비자유주의라는 핵심 개념으로 이어진다. 현대의 많은 이론가들과 달리[41] 대중주의자들의 분노는 다문화주의보다는 탈민족적 개인주의와 사해동포주의로 더 향하고 있다. 이는 정치적으로 중요한 부분이다. 이것이 받아들여진다면 그것은 대중주의가 자유주의적 개인주의를 내세워 정체성 정치$^{identity\ politics}$(전통적인 정당 정치 대신 성·종교·민족 등 차별받는 집단 정체성을 바탕으로 하는 정치―옮긴이)를 버림으로써 대적할 수 없음을 의미하기 때문이다. 중·동유럽의 비자유주의적 민주주의자들에게 유럽의 백인 기독교도 주류의 생존에 가장 중대한 위협은 서방 사회들이 스스로를 방어할 능력이 없다는 점이다. 그들이 스스로를 방어할 수 없는 이유는 공동체주의에 대한 자유주의의 편견이 그 지지자들로 하여금 그들이 당면하고 있는 위협에 눈멀게 하기 때문이다.

비자유주의적 민주주의는 시민의 개안開眼을 약속한다. 1990년대의 자유주의적 공감대가 개인의 법적·제도적 권리(출판의 자유, 직업 선택권, 주기적인 선거에서 통치자를 뽑을 권리, 여행의 자유 등을 포함한다)에 관한 것이었다면, 오늘날의 반자유주의적 공감대는 백인 기독교도 주류의 권리가 치명적인 위협을 받고 있다는 것이다. 이 포위된 다수의 취약한 지배를 유럽연합과 아프리카의 음험한 동맹으로부터 보호하기 위해 유럽인들은 그들 위에 슬그머니 내려앉은 희미한 탈민족주의를 강력한 정체성 정치를 포괄하는 사해동포주의적 자유주의나 그들 스스로의 집단적 배타주의로 대체할 필요가 있다. 이것은 오르반과 카친스키가 자기네 국민들의 인종 혐오적 민족주의를 부채질해 이른바 절멸 위기에 처해 있다는 백인 기독교도 주민들만을 대상으로 한 반자유주의적 보호권(R2P)을 만들어 내는 데 동원했던 논리다.

위협받는 다수는 지금 유럽 정치를 엉망으로 만들고 있다. 과거 지배력을 지녔던 다수 민족 구성원들은 전 세계 이민 규모의 확대를 실망스럽게 바라보고 있다. 그들은 자기네 나라로 배치될 것으로 보이는 사람들이 서로 다른 문화 전통에 물든 사람들임을 알고 있다. 또한 영국의 정치철학자 데이비드 밀러David Miller가 말한 이런 내용도 알고 있다.

"(오늘날 유럽에서) 사람들은 프랑스인이나 스웨덴인이 된다는 것이 무슨 의미인지 잘 모르고 있고, 또한 그러한 정체성을 인정하고 그에 맞게 행동하는 것이 얼마나 도덕적으로 받아들일 만한지에 대해서도 잘 모르고 있다."[42]

유럽은 이제 더 이상 물려받은 생활방식으로 살아남는 것이 당연하다고 생각할 수 없는 위협받는 다수가 사는 곳이다. 이곳에서 대중주의 지도자들은 그들이 생각하기에 자유주의자들이 순진하게 조장한 다문화주의에 맞서, 다수파인 토착민이 자기네 나라에 얼마나 많은 이민을 받아들일 것인지, 그리고 어느 나라 출신을 받아들일 것인지를 결정할 권리를 가지고 있다고 주장한다. 그들은 다수의 문화를 분명하게 받아들이는 것이 시민권을 얻는 전제조건이 돼야 한다고 단호하게 주장한다. 그런 부담스러운 기준을 내세워야 이민을 근본적으로 제한할 수 있다고 생각하기 때문이다.

오늘날 유럽을 배회하는 유령은 두 가지다. 반자유주의자들은 '모범이 되는 정상성'의 유령을 두려워한다. 유럽의 생활방식이 모든 세계의 표준이라고 칭송하면, 의도적인 것은 아니지만 전 세계에 대고 이민을 와서 그 혜택을 누리라고 초청하는 셈이 된다. 반면에 자유주의자들은 '역모방逆模倣'의 유령을 두려워한다. 즉 어떤 면에서 1989년 이후 모방 게임의 참여자가 위치를 바꾸고 있다는 것이다. 적어도 일부 사례에서는 모방자가 모방 대상이 됐고, 반대의 경우도 있다. 중·동유럽 대중주의자들의 서방 자유주의에 대한 궁극적인 복수는 단순히 앞서 받아들였던 '긴요한 모방'을 거부하는 것이 아니라 그 관계를 뒤집는 것이다. 우리는 진정한 유럽인이라고 오르반과 카친스키는 반복해서 주장한다. 서방이 스스로를 구하려면 동방을 모방해야 한다. 오르반은 2017년 7월 한 연설에서 이렇게 설명했다.

"27년 전에 이곳 중부유럽에서 우리는 유럽이 우리의 미래라고 생각했습니다. 그런데 오늘날 우리는 우리가 유럽의 미래라고 생각합니다."[43]

1989년 자유주의자들의 지혜를 빌려 그는 '역사'가 반자유주의 쪽으로 넘어왔다고 주장한다.

탈식민화가 한창일 때 이전 서방 식민지 대변인들은 서방에 대한 모방을 거부하는 것이 민족의 존엄을 되찾는 열쇠라고 주장했다. 식민 종주국 모방에 대한 적대감은 외국인을 자기네 땅에서 몰아내기 위한 무장 해방 투쟁의 일부였다. 카리브해 출신의 프랑스 철학자이자 혁명가인 프란츠 파농은 《이 땅의 천벌 받은 자들》이라는 책에서 아프리카의 서방을 모델로 한 "역겨운 모방"에 대해 쓰고, 아프리카의 유럽 모방자들은 "불쾌한 모습"이 될 수밖에 없다고 말했다. 그는 이어 이렇게 말했다.

"우리는 지금 모든 것을 할 수 있다. 우리가 유럽을 모방하지 않는 한 말이다. (…) 유럽을 모방하지 않겠다고 결심하자. 우리의 힘을 새로운 방향으로 돌리자."[44]

장벽 붕괴 이후 처음 20년 동안에 탈공산주의 중·동유럽에서 프란츠 파농의 짝은 나오지 않았다. 이와 반대로 이 지역의 정치 엘리트들은 거의 모두가 서유럽과 미국의 '정상성'을 모방하는 데 열심이었다. 그들은 자기네 나라를 집단 개종 체험으로 인도하고자 하는 선의의 개종자였다.

그러나 21세기의 첫 10년이 끝나가면서 서방을 모방하는 데 대한 적대감이 대중주의 봉기의 핵심 주제가 됐다. 이 지역의 반자유주의자들은 반식민주의 운동에 전형적인 서방의 강요에 대한 분노를 공유하면서도 결코 파농처럼 말하지 않았다. 그들에게 서방의 동방 전도는 서방의 남방 전도와 비슷했고, 또 한편으로는 달랐다. 이는 유럽연합이 중·동유럽 사람들을 '유럽화'하는 계획을 시작하기 전에 그들 스스로 이미 완전한 유럽인이라고 생각했기 때문이다. 따라서 이 계획은 쓸데없이 모욕적인 경험이 됐다.[45] 이것이 오르반식의 대중주의를 민족자결 욕구로 불타오른 비유럽 반식민주의 운동과 구분해주는 요소다.

1989년의 벨벳혁명들은 소련의 지배에 대한 반식민주의적 거부였지만, 서방에 관해서는 친식민주의적이었다. 그렇기 때문에 그 조직자들과 지도자들이 러시아인들처럼 냉소적인 '흉내쟁이'가 아니라 야심 찬 '개종자'로 분류될 수 있었다. 그 결과 처음에는 서방의 방식과 표준을 모방하는 가증스러운 범죄에 반대하는 굵직한 목소리들이 이 지역에서 나오지 않았다.

그리고 오르반과 카친스키는 서방 자유주의를 공격하면서 스스로는 '유럽적'임을 내세웠다. 중부유럽이 진실한 유럽일 뿐만 아니라 유럽의 마지막 방어선이라면서 말이다. 파농은 아프리카의 과거 프랑스 식민지에 대해 이런 식의 말을 한 적이 없다. 폴란드 피스 정부는 얀 소비에스키Jan Sobieski 3세(재위 1674~1696) 치하의 폴란드-리투아니아연방이 한 용감한 역할을 자주 언급한다. 폴란드는 1683년 무슬림들의 빈 포위를 풀도록 해서 이슬람교도의 마지막 대규모 유럽 침략을 격퇴하는 데 도움을 주었다.

실제로 오르반과 카친스키는 모두 스스로를 카를 슈미트Carl Schmitt (1888~1985)가 말한 '선봉대forestaller'라고 대중 앞에 내세웠다. 바로 불안스럽게 다가오는 이슬람교도들의 유럽 정복에 용감하게 저항하는 사람이다.[46] 중·동유럽의 비자유주의적 민주주의자들은 이제 서유럽인들이 거리낌 없이 팽개쳤던 반이슬람이라는 역사적 사명에 나설 태세가 돼 있다고 그들은 말한다. 오르반은 자신이 2015년 헝가리-세르비아 국경에 세운 울타리를 언급하며 이렇게 말했다.

"우리는 헝가리 남부 국경에서 유럽을 향해 시작된 이민자의 침입을 저지했던 사람들입니다."[47]

어떤 사람들에게는 당혹스럽겠지만, 이것이 중·동유럽인들이 단호하게 스스로를 친유럽이라고 선언하는 이유다. 그들은 동시에 지독하게 반유럽연합적임을 주장하면서 말이다.

시계는 되돌릴 수 없다. 종족적·문화적 동질성은 회복할 수 없다. 이에 따라 과거 유럽의 주변부는 스스로를 유럽의 새로운 핵심으로 부르고 있다. 서유럽의 동방 확장 반대자들은 흔히 '지리는 운명이다geography is destiny'라는 진부한 슬로건을 다시 꺼내들며 중·동유럽의 민주화 가능성을 깎아내린다. 오늘날의 신랄한 대중주의자는 이렇게 응수한다. 아니, 지리geography가 아니라 인구demography가 운명이야.

역사적인 핵심부가 주변부를 모방하기 시작했든 아니든, 그러한 '대역전Great Reversal'의 가능성은 중부유럽 대중주의자들의 마음과 연설 속에서 크게 울려 퍼지고 있다. 서방이 그 영향력을 동쪽으로 확대하는 대신에, 동방이 그 영향력을 서쪽으로 확대한다고 떠벌리고 있다. 그들은 그렇게 믿고 있고, 일리가 없는 것은 아니다. 미국을 비롯한 각지의 비자유주의적 대중주의자들은 오르반의 비자유주의를 흉내 내고 있는 듯하다. 미국과 서유럽의 일부에서 반동적 토착민주의가 동시에 대두하는 현상을 비자유주의 사조의 재부상으로 해석하는 것은 수긍할 만한 부분이 있다. 그러나 그들은 또한 이런 질문에 대답해야 한다.

"왜 지금인가?"

가능한 대답 중 하나는 '전염성 모방'이다. 서방인들은 이제 야심 찬 표절자가 됐다.

그러나 이민자들이 자기네 나라에 질병을 가지고 들어온다고 카친스키가 말하는 것은, 트럼프가 그렇게 말하는 것과 별개의 문제다. 카친스키는 오르반에게 "당신들은 사례를 제공했고, 우리는 당신들의 사례에서 배우고 있다"[48]라고 오르반에게 말했지만, 스티븐 배넌Stephen Bannon이 오르반을 '영웅'이고 자극이며 "지금 이곳에서 가장 중요한 사람"[49]으로 묘사하는 것은 더 심각하고 불길하다. 오르반의 반유럽연합 정책에 대한 무시할 수 없는 정도의 공감을 서유럽의 거의 모든 나라에서 발견할 수 있다. 이것이 유럽연합에서 헝가리와 폴란드에 보조금을 주는 것에 대해 비판적인 사람들이 유럽연합을, 오르반과 카친스키에게 서방의 목을 조를 밧줄을 준다(레닌의 말을 변형한 것이다)고 비난하는 이유다.[50]

서방의 정치가들이 이제 동방의 이방인 혐오적 민족주의를 받아들이고 있다는 사실은 복수의 마지막 반전을 배태하고 있다. 서방이 비유럽 이민자들에게 문을 열고 있는 것은 동방을 모방하려는 그들의 시도가 실패할 것임을 보증하고 있다. 중부유럽인들은 서방이 30년 전 그들에게 보냈던 이중의 메시지를 똑같이 보내고 있다.

"우리는 당신들을 초대합니다. 그러나 (고백하건대) 우리는 당신들을 들어오게 하지 않을 것입니다."

참을 수 없는 정상성의 모순

서방식 정상성의 유토피아에 대한 대중주의자들의 반란은 중·동유럽에서 매우 성공적인 것으로 드러났다. 인구 감소에 대한 공포 때문이기도 했지만, 지난 30년 동안 탈공산주의 사회가 정상성의 결점과 이면 몇 가지를 보게 됐기 때문이기도 했다.

우선, 평범한 '정상성'을 내세운 흥분되는 혁명에는 역설적인 부분이 있었다. 이 문제는 처음 반체제 인사들의 개인적인 삶에서 불거져 나왔다. 2007년 77헌장 Charta 77 (체코슬로바키아에서 공산주의 정권 시절 하벨 등의 발기로 만들어진 반체제 운동을 상징하는 문서—옮긴이) 30주년을 기념하는 자리에서 바츨라프 하벨은 "30년 전 우리를 하나로 만들었던 모든 연대와 '단결심'과 투쟁 정신"은 "우리 싸움의 목표였고 오늘날 우리가 누리고 있는 '정상' 민주주의의 분위기 속에서"[51] 완전히 사라졌다고 공개적으로 한탄했다. 하벨은 반체제 인사들이 박해받고 추방되던 1989년까지 거슬러 올라가는 그리운 시절에 대한 향수를 고백한 뒤, 이어진 공산주의 이후 생활의 따분한 정상성에 대한 실망감을 덧붙였다. 반체제 거물들 가운데 일부는 처음에 정상성으로 '복귀'한 데 대해 환호했지만, 결국 영웅이 사라진 시대의 단조로움에 환멸을 느끼고 말았다. 공산주의 치하의 삶에서 자본주의 치하의 삶으로 재적응하는 과정에서 받는 심리적 부담은 모든 사람에게 영향을 미쳤다. 그러나 스스로를 엄청난 역사 드라마의 용감한 주역으로 생각했던 반체제 인사들은 조금 다른 경우였다. 미치니크의 말을 빌리자면 그들은 "정상성과 음모 없는 생활에 수치감"[52]을 느꼈기 때문이다.

이것이 그들의 정상성을 위한 혁명 참여를 더욱 부조리하게 만들고 환멸로 끝날 가능성이 더 높게 만들었다. 그러나 그러한 개인적인 부적응은 우리에게 "정상성을 위한 혁명"의 실패에 대해 거의 말해주지 않는다. 더 깊숙한 고찰을 위해서는 1989년 이후 이 지역에 사는 주민들이 어떻게 해서 그들이 모방하고자 했던 '정상성'의 중층적 의미에 희생당했는지를 살펴볼 필요가 있다.

우선 우리는 1989년으로부터 20년 전에 체코어 '노르말리자체normalizace'(정상화)라는 단어에 담긴 일차적인 의미를 상기해볼 필요가 있다. 이 말은 1968년 '프라하의 봄' 진압 이후 하벨의 모국에 강요된 정치적 숙청, 검열, 경찰의 잔혹성, 이데올로기적 순응 등과 관련이 있다. 이것이 '이전 상태status quo ante'의 회복이라는 의미에서의 '정상화'였다. 알렉산데르 둡체크Alexander Dubček의 개혁 이전의 체코슬로바키아 상황으로 돌아가는 것이다.

이제 공산주의에 인간의 얼굴을 입히는 시도 따위는 더 이상 없었다. 소련식 공산주의가 '유일한 방안alternativlos'이었기에 착오 없이 모방할 필요가 있었다. 미치니크는 1985년 헝가리의 카다르 야노시Kádár János와 체코

슬로바키아의 구스타우 후사크^{Gustáv Husák}의 '정상화'에 대해 이렇게 썼다.

(그것은) 본질적으로 모든 독립 기관의 완전한 파괴를 의미했다. 소련이 침공하고 40개월 뒤에 헝가리는 정치적 묘지를 방불케 했다. 체코슬로바키아는 40개월의 정상화를 통해 루이 아라공^{Louis Aragon}의 적절한 표현대로 유럽의 문화적 비아프라(1967~1970년 사이에 일시 나이지리아에서 분리 독립했던 나라로, 내전 등으로 수백만 명이 굶어 죽어 비참함의 대명사가 되었다―옮긴이)로 변모했다.⁵³

여기서 우리가 볼 수 있는 것은 분명하고 대립적인 두 가지 정상성에 대한 그림 사이에서 벌어지는 자의식의 충돌이다. 이 반체제 인사들이 반소련적이고 친서방적인 정상성을 갖추기 위해 왜 비폭력 혁명을 받아들였는지를 이해하는 그럴듯한 방법은 그것을 저항 행위, 즉 지독하게 억압적인 정상성을 폭력적으로 강요한 소련에 대한 의도적인 뒤집기로 보는 것이다.

더구나 반체제 인사들이 서방식 정상성을 정치혁명의 주요 목표로 삼은 것은 중·동유럽인들이 자신들의 미래를 어떻게 상상했는지, 그리고 그들이 탈출하고자 했던 공산주의 사회를 어떻게 보았는지까지 살펴볼 수 있는 귀중한 기회를 제공한다.

동방과 서방에서 공통적으로 되풀이되는 일반적인 이야기는 공산주의 체제를 '감옥'으로 묘사한다. 그러나 중·동유럽의 정상성에 대한 집착은 조금 다른 것을 시사한다. 특히 반체제 인사들에게 과거 공산주의 체제는 교도소가 아니라 정신병원 같은 곳이었다. 공산주의 체제하에서 사람들은 감금됐을 뿐만 아니라, 그들 생활 속의 모든 것이 뒤죽박죽이었다.

공식적인 선전에 따르면 사람들은 사회의 이익을 위해 일하고, 개인적인 관심이나 희망은 전혀 생각지 않는 것으로 생각됐다. 평등은 가장 중요한 원칙이었다. 적어도 공식적으로는 그랬다. 그러나 개개 구성원의 노력도, 보상도 평등하지 않았다. 그리고 공산 당국은 엉망진창인 그들 사회의 뒤틀린 논리에 따라 반체제 인사들을 범죄자가 아니라 '개혁적 망상'을 품은 정신적으로 불안정한 사람으로 취급했다. 그들은 정신병원에 가두고 진정제로 치료해야 했다.

1989년 이후 공산주의 시대의 정상성에 대한 두 가지 이미지(하나는 소련의 것이고, 다른 하나는 서방의 것이다) 사이의 이런 대비는 과거의 일이 됐다. 그러나 정상성에 대한 상충하는 두 가지 생각 사이의 전쟁은 곧바로 다른 형태로 다시 불붙었다. 그리고 이 두 번째 충돌은 지금까지도 이어지고 있다. 이는 서방에서 정상이라고 생각되는 것과 이 지역에서 정상이라고 생각되는 것 사이의 병적인 단절을 수반한다.

프랑스의 철학자이자 의사였던 조르주 캉길렘Georges Canguilhem은 《정상과 비정상Le Normal et le Pathologique》(1966)에서 '정상성'이라는 개념이 이중의 의미를 지니고 있다고 설명한다. 하나는 기술記述적인 것이고, 다른 하나는 규범적인 것이다. '정상'은 실제로 널리 퍼진 관행 또는 도덕적으로 이상적인 관행을 가리킬 수 있다. 이는 정확하게 우리가 여기서 생각하고 있는 양면가치는 아니지만, 서방의 도덕적 이상이 공산주의 붕괴 이후 규범이 됐다는 널리 퍼진 믿음을 생각할 때 충분히 가깝다고 할 수 있다. 1989년 이후, 추정상 정상적인 것과 정상성의 실제 기술적 의미 사이의 차이는 한편으로 서방인들과 다른 한편으로 중·동유럽인들 사이의 복합적인 실수와 오해의 근원이 됐다.[54]

예를 들어 국제통화기금(IMF)에서 소피아나 부쿠레슈티에 온 방문객이 뇌물을 주고받는 것은 '비정상'이라고 설명할 때 상대인 불가리아인이나 루마니아인이 도대체 무슨 말인지 이해하지 못한다고 해도 무리는 아닐 것이다.

유명한 루마니아 영화감독 크리스티안 문쥬^{Cristian Mungiu}의 2016년 영화 〈바칼로레아^{Bacalaureat}〉(한국에는 〈엘리자의 내일〉이라는 제목으로 알려져 있다—옮긴이)는 자기네 지역 환경의 초라함에 적응한다는 의미에서 '정상'이 되는 것과 서방에서는 당연시되는 기대를 갖는다는 의미에서 '정상'이 되는 것 사이의 비극적인 차이를 강렬하게 그려내고 있다.[55]

이 이야기의 주인공은 현지 병원에서 일하고 있는 중년의 의사 로메오 알데아다. 그는 루마니아 서북부의 도시 클루지나포카의 음산한 차우셰스쿠(1918~1989) 시대 주택단지의 초라한 아파트에서 아내와 딸과 함께 살고 있다. 그는 자신이 살고 있는 작은 지방도시라는 세계에서는 성공한 사람이었지만, 다른 곳에 가서 살았으면 하는 바람을 가진 것은 분명하다.

알데아와 그의 아내는 딸을 몹시도, 거의 필사적이라 할 수 있을 정도로 자랑스러워한다. 딸은 영국의 유명 대학으로부터 심리학 공부를 위해 장학금을 주겠다는 제안을 받고 있었다. 고등학교 졸업 시험에서 좋은 성적을 거둬야 한다는 조건이 붙어 있었다. 일이 순조롭게 진행된다면 딸 엘리자는 일류 교육을 받고 부모가 늘 바랐던 대로 정상적인 삶을 영위하게 된다. 그러나 시험 전날, 엘리자는 괴한의 습격을 받아 강간을 당할 뻔했다. 신체 부상은 크지 않았지만, 심리적 충격으로 시험을 제대로 볼 수 있는 상태가 아니었다.

상황을 수습하기 위해 필사적이던 알데아는 부정한 거래에 동의한다. 엘리자의 성적을 '상향 조정'하는 대가로 그의 의사 지위를 불법적으로 이용한 것이다. 그는 원칙대로 하자면 다른 사람에게 가야 할 간 이식을 지역 정치인이 먼저 받을 수 있도록 해준다. 하지만 이 불법행위가 계획대로 되려면 딸도 자발적으로 참여해야 했다. 이 영화의 하이라이트는 알데아가 딸에게 눈을 떠야 한다고 설득하는 장면이다. 서방은 그렇게 도덕적으로 비열한 흉계가 필요 없지만 루마니아는 다르다는 것이다. 딸이 정상적인 사회에서 살기를 원한다면 먼저 자신이 태어난 나라에 만연해 있는 치욕스럽게도 비윤리적인 정상성에 몸을 숙여야 한다.

공산주의 정권이 무너지자 어휘는 제자리를 찾았다. 예를 들어 뇌물수수에는 이제 '비정상'이라는 딱지가 붙어야 했다. 마찬가지로 법은 당연히 '불편부당'한 것이 됐다. 그러나 그런 서방의 전제가 명령에 따라 쉽게 모방될 수 있다는 사실이 그것을 더 이상 동방의 현실과 어울리게 만들지는 못했다.

공산주의 이후 서방의 기대와 동방의 현실 사이의 격차를 검토해보면, 중·동유럽에서 외국판 정상성을 수입 또는 모방하는 것을 목표로 한 혁명에 의해 초래된 정신적 스트레스의 중요한 근원을 발견할 수 있다. 무엇이 걸려 있는가를 분명히 하기 위해서는 수평적 조정과 수직적 일치를 구분할 필요가 있을 것이다. 교통 법규처럼 사회관계를 지배하는 일상적인 규범은 사회 구성원들 사이에서의 일상적인 조정을 가능케 하는 약속으로 가장 잘 이해할 수 있다. 그러한 현지의 기대와 행동 양식에 적응하는 것이 어느 사회에서나 성공적으로 행동하고 교류할 수 있는 필요조건이다.

따라서 중·동유럽의 탈공산주의 엘리트들은 통치를 하기 위해서는, 적어도 처음에는 그 나라의 보편적인 관행들에 적응하는 것 말고 다른 도리가 없었다. 예를 들어 루마니아 안에서 일하는 루마니아인들은 자신의 행동을 동포들의 통상적인 처신에 맞춰야 했다. 바로 그런 이유로 뇌물 주기를 완강하게 거부함으로써 자신의 청렴성을 지키고자 하는 불가리아의 사업가는 곧 '전직' 사업가가 된다. 동시에 그런 국가 엘리트들은 서방의 감시 아래서 세계적 정당성을 추구한다. 이것은 그들의 처신이 서방에서 정상으로 인식되는지에 달려 있다. 예를 들어 뇌물을 주거나 받기를 거부하는 일 같은 것이다. 다시 말해서 중·동유럽 엘리트들은 그들의 행동을 서방 친구들의 높은 기대에 맞추기 위해 자기네 나라에서 만연한 기대에 등을 돌리도록 압박을 받고 있었다. 그 반대 역시 마찬가지였다. 그들은 자기 행동을 가까운 이웃 및 친척과 조화시키기 위해 서방의 조언자 및 친구들의 기대를 무시해야 했다.

이렇게 공산주의 이후의 엘리트들은 유능해지려면 국내적으로는 뇌물을 받고 동시에 세계에 대해서는 부패 척결을 외쳐야 했다. 지역주의와 범세계주의의 두 가지 정체성에 양다리를 걸치면서 그들은 어느 쪽에서도 마음이 편했을 것 같지 않다. 무엇이 정상인지에 대한 서로 상충하는 생각을 결합하려고 헛된 노력을 하면서 그들은 만성적으로 허황되다는 생각을 하거나 심지어 정신 분열을 느끼기 시작했고, 결국 국내와 국외 양쪽에서 불신을 받는 경우도 생겼다.

나중에 밝혀지듯이 정상성을 내세운 혁명은 정신적 동요뿐만 아니라 정치적 트라우마의 몫까지 만들어냈다. 서방 모델 자체에 해를 가한 급격한 변화는 동방의 그 예비 모방자들 사이에서 고통스러운 자기부정을 촉발했다. 평론가들은 이런 경향을 연구하면서 다당제 선거나 독립적인 사법부 같은 정치제도로부터 사회 관습으로 초점을 옮길 수밖에 없었다.

예를 들어 냉전 시기 보수적인 폴란드인의 눈에 서방 사회는 정상이었다. 공산주의 체제와 달리 그들은 전통을 소중히 여기고 신을 믿었기 때문이다. 그러나 오늘날 폴란드인들은 갑자기 서방의 '정상성'이 세속주의와 다문화주의, 동성결혼을 의미한다는 것을 깨달았다. 일부 중·동유럽인들이, 그들이 모방하고자 했던 보수 사회가 사라지고 현대화의 급류에 쓸려 내려간 것을 발견했을 때 '속았다'고 느낀 것을 두고 놀라워해야 할까?

서방의 관점에서 볼 때, 이제는 초월한 성차별주의와 인종주의, 그리고 편협한 형태의 서방이라는 모델에 따라 정치체제를 개조하려는 탈공산주의 국가들의 비자유주의적 노력들은 시곗바늘을 되돌리려는 헛된 시도 정도로 그치는 것이 아니라고 말할 수 있을 것이다. 이러한 노력들은 또한 서방이 어렵게 얻은 '도덕적 진보'에 대한 공격으로 보이고, 따라서 반서방적 반감의 표현이라고 대대적으로 비난받는 것이다.

많은 중·동유럽인들이 서방화를 배신과 연결시키는 두 번째 방식이 있다. 유럽의 양쪽 절반 사이에서 계속되고 있는 문화전쟁의 중요한 측면은 공산주의 이후 세대들 사이의 걱정스러운 관계에 관한 것이다.

단극적 '모방 시대'의 학생들은 역할 모델로 서쪽만, 오직 서쪽만 바라보도록 교육받았다. 공교육 개혁의 한 가지 결과는 그들이 자기네 부모를 모방하는 것을 점점 더 달가워하지 않음을 발견했다는 것이었다. 특히 1989년 이후에 태어난 사람들은 자기네의 태도와 행동을 서방 표준과 '일치'시키기가 쉬웠고, 마찬가지로 집에서 자기네 기대를 이전 세대들의 기대와 '조정'하는 것은 내키지 않았다. 그 결과 탈공산주의 사회에서 부모들은 자기네 가치관과 태도를 자손들에게 전수할 능력을 잃어버렸다. 부모들이 어떻게 살았고 무엇을 이루었고 공산주의 치하에서 어떤 고생을 했는지는 물질적 측면에서나 도덕적 측면에서나 더 이상 중요하지 않았다. 젊은이들은 1968년의 서방에서처럼 부모들에 대해 정말로 역겨움을 느끼는 것은 아니었다. 그 대신 부모들에게 미안함을 느끼거나 그렇지 않으면 그들을 무시하기 시작했다. 소셜미디어의 대두 역시 주로 같은 세대 집단 안에서만 교류가 이루어지는 결과를 낳았다. 국경을 넘는 연결이 세대 간 대화보다 더 쉬워졌다.

아이들에게 자기네 가치관을 심어줄 수 없게 되자 이 지역의 부모들은 나라에서 그들 대신 이 일을 해줘야 한다고 요구하기 시작했다. 다소 병적인 태도였다. 음흉한 서방 납치범의 손에서 아이들을 구해내기 위해 정부 구조반이 파견돼야 했다. 이런 '탄원'은 애처로워 보일지 모르겠다. 그러나 이는 이 지역의 비자유주의적 대중주의자들이 대중에게 호소하는 내용에 또 하나의 중요한 자료가 된다. 아이들은 집에서 듣기 싫어하던 것을 학교에서 의무적으로 들어야 했다. 부모의 영향력 붕괴는 사실 모든 혁명에서 나타나는 특징이지만, 여기서는 완전히 서방의 책임이 됐다. 서방은 유럽연합의 손을 빌려 국가의 교육을 접수했고, 이를 통해 아이들을 오염시켰다. 실제로 중·동유럽에서 문화전쟁이 가장 치열하게 불붙은 곳은 학교에서의 성교육 문제였다.[56]

우리에게 다른 대안이 없기 때문에 서방식 정치·경제제도에 도전해서는 안 된다는 교조적으로 들리는 주장은 체코의 몇몇 저명한 서방화 비판자들로 하여금 1989년 이후의 시기를 '신新정상화' 가운데 하나로 묘사하도록 만들었다. '신정상화'는 '정상화'라는 말을 의도적으로 가져다 썼다는 의미에서 매우 경멸적인 말로 여겨지며, 체코 역사에서 가장 억압적인 시기를 나타내는 데 사용됐다.[57] 1989년 이후 유럽연합의 현지 요원에 의한 지배는 1968년 이후 소련의 현지 요원에 의한 지배에 비해 분명히 덜 강압적이었다. 그러나 대중주의자들에 따르면 그 정당성 주장은 오직 한 가지 측면에서만 다를 뿐이었다. 후자는 공산당 독재가 서방이 제공하는 그 어떤 것보다도 우월한 '정상성'으로 가는 길을 제공했다는 허울에 바탕을 두고 있었다. 전자는 반대로 유럽위원회의 지시가 오로지 자유주의 노선에 따라 규정된 유일하게 정당한 '정상성'으로 가는 단 하나의 길을 제공했다는 탈脫경쟁의 주장에 바탕을 두고 있었다.

오르반과 카친스키 같은 반체제 인사 출신들은 스스로를 반혁명파라고 표현할 수 있다. 그들이 보기에 1989년의 정상화 혁명은 탈공산주의 사회의 민족 유산과 전통을 절멸 위기에 빠뜨린 사회체제를 만들었기 때문이다. 서방식 도덕성을 모방하라는 요구는 문화적 자살로 이끄는 초청장이었고, 그것은 유럽연합이 서방으로의 이주를 위해 만든 장려책 때문만은 아니었다. 비자유주의적 대중주의자들은 하벨 자신이 탈공산주의 사회에서 사라졌다고 한 '전투정신'을 회복하기 위해 그들이 불합리한 "자유민주주의의 '정상 상태'에 대한 믿음"[58]이라고 생각하는 것을 맹렬히 비난했다. 이상하게 들리겠지만, 이것이 반체제와 반혁명이 구분할 수 없게 합쳐지는 방식이다. 그리고 이것이 서방에게는 충격적이고 실망스럽게도 서방화 혁명이 반서방 반혁명을 촉발할 수 있는 방법이다.

정상성의 이중적 의미가 초래할 수 있는 마지막 부작용을 여기서 간단히 언급해야겠다. 중·동유럽의 문화적 보수주의자들은 때로 '정상'(널리 퍼져 있고 습관적이라는 뜻이다)이라는 관념을 서방에서 규범적으로 의무화된 것과 일치시키기 위해 동방에서 널리 퍼진 것이 서방에도 곳곳에 있다고 주장하며 서방의 나라들을 '정상화'하고자 한다. 물론 그들에 따르면 서방 사람들은 위선적으로 자기네 사회가 다른 척하지만 말이다. 대중주의 지도자들은 다음과 같은 주장으로 자기네 지지자들이 동방에서 살아남기 위해 뇌물을 주는 것과 서방에서 받아들여지기 위해 부패 척결을 부르짖는 일 사이의 규범적 불일치를 해소하는 데 도움을 준다. 즉 고전적인 분노의 표현으로, 서방도 동방만큼이나 부패했지만 서방 사람들은 이를 부정하거나 그저 추악한 진실을 숨기고 있을 뿐이라는 것이다.

헝가리와 폴란드 정부는 유럽연합에 대해 자주 비판했던 합법적인 야바위와 정실에 따른 정치를 같은 방식으로 변호한다. 그들은 자기네가 하고 있는 것이 서방에서도 공통적인 관행이며, 서방 사람들은 이를 고백할 태세가 되어 있지 않다는 것을 보여주려 노력한다. 여기서 '모방 시대'의 또 다른 역설을 볼 수 있다. 중·동유럽 대중주의자들은 자기네가 사실 서방 방식의 완벽하게 충실한 신봉자임을 내세우며(그들만큼이나 서방도 나쁘다는 의미다) 자기네의 도발적인 비자유주의를 정당화한다.

새로운 독일 이데올로기

서방식 자유민주주의가 인간 존재의 궁극적인 규범이자 방식이라는 주장에 의해 외교정책의 세계가 완전히 바뀐 지 30년이 지났다. 오늘날 독일의 가장 저명한 정책통인 토마스 바거Thomas Bagger는 미네르바의 부엉이(로마 신화에서 미네르바와 항상 함께 다니는 신조神鳥로, 지혜의 상징이다—옮긴이)처럼 이제는 일반적으로 매장된 것으로 간주되는 지적 체계를 뒤돌아보고, 미국인이 아니라 유럽인이 자유주의가 다른 모든 대안 이데올로기를 꺾고 최종적 승리를 거두리라는 것을 진정으로 믿는 사람들이라고 주장한다. 같은 이유로 유럽인들과 특히 독일인들이 지금 진행되고 있는 자유주의 체제 붕괴에 가장 취약한 사람들임이 드러났다.

바거는 역사의 종언 패러다임에서 유럽인들과 특히 독일인들을 매료시킨 것은, 이제 그들이 과거의 짐과 미래의 불확실성 모두로부터 해방된 것이라고 주장한다.

독일은 두 번 역사를 거스르는 쪽에 섰던 기억을 가지고 있는 세기가 마감되면서 마침내 자기네들이 역사의 흐름에 맞는 쪽에 서 있음을 깨닫게 됐다. 수십 년 동안 불가능해 보이고 심지어 생각조차 할 수 없는 것으로 보였던 일이 갑자기 현실일 뿐만 아니라 정말로 불가피한 것으로 생각됐다.[59]

중·동유럽 국가들이 의회민주주의와 시장경제로 가시적으로 변신한 것은 인류가 자유를 추구하면서 서방식 자유민주주의 이상의 것을 바라볼 필요가 없다는 대담한 주장의 타당성을 경험적으로 입증하는 것으로 받아들여졌다.

독일의 관점에서 더욱 좋은 것은 사적인 대행자나 카리스마 있는 정치인이 더 이상 결정적인 요소가 아니라는 것이다. 역사는 자유민주주의 쪽으로 구부러지게 되어 있었다. 파멸적인 '퓌러Führer(총통)'에 의해 형편없이 불타버려 '지도자'라는 말이 더 이상 순수하게 독일어로 번역될 수 없는 나라로서는, 더 크면서도 추상적인 힘이 역사의 전반적인 방향을 보살핀다는 것은 매우 안심이 되는 일이었다. 개인은 오직 주변적으로만 중요할 것이다. 그들의 임무는 올 수밖에 없는 일의 도래를 관리하는 것으로 제한됐다.[60]

무적의 서방식 자유민주주의 모델을 모방한다는 도덕적 의무에 의해 통치되는 세계에서는 어떤 나라도 그들의 과거에 발목 잡히거나 미래에 대해 책임지도록 강요당할 필요가 없다. 이 아주 잘 돌아가는 '슈퍼모델' 이데올로기를 성공적으로 모방하는 것으로 정치생활을 한정하는 것은 인류 전체와 특히 독일인들에게 과거와 미래 모두를 하나의 가격으로 제공했다.

이 고무적인 '독일의 꿈'에, 우리는 '긴요한 모방'이 중·동유럽에서 경험 또는 상상됐듯이 독일이 감탄스러운 모방을 위해 제시된 진짜 모델이었음을 암묵적으로 의미했다는 점을 보텔 수 있다. 독일이 자유민주주의로의 '개종자' 가운데 최고였기 때문에 탈공산주의 국가들에게 모방이 어떻게 작동될 것으로 기대되는지를 보여줄 곳은 독일이었다.[61] 그렇다면 동방의 새로이 해방된 나라들을 위한 역사적·지리적으로 근접한 모델은 미국이 아니라 과거에 미국을 가장 성공적으로 모방한 나라 독일이었다. 2차 세계대전이 끝나고 불과 20년 후인 1965년에 서독은 강력한 민주주의 국가였을 뿐만 아니라 유럽에서 가장 부유하고 가장 생산성 높은 나라였다. 따라서 서독의 기적은 1989년 이후 중·동유럽인들의 마음속에서 가장 중요한 위치를 차지했다.

탈공산주의 정치개혁의 암묵적 모델인 독일의 역할은 중요하다. 서방 모방에 대한 동방의 반발은 밖으로부터 수입된 우월하다는 탈민족적 정체성을 위해 자신의 문화적 정체성(선택적으로 기억된)을 버려야 한다는 정치적으로 조작된 느낌뿐만 아니라, 중·동유럽이 자기네의 험난한 역사를 마주하게 되면서 독일(그들의 존더베크Sonderweg(특별한 길)는 누가 봐도 알 수 있게 분명했다)이 갔던 길을 따르도록 요구받고 있다는 사실에도 바탕을 두고 있기 때문이다. 2차 세계대전 이후 서독(저돌적인 권위주의가 국가적 재앙을 불러일으켜, 결국 군사적으로 점령된 나라였다)의 민주화 과정과 1989년 이후 중·동유럽의 민주화 사이에는 근본적인 차이가 있다. 중·동유럽이 독일을 모방하도록 독려하려는 시도(하지만 무산됐다)는 실망스럽게도 탈공산주의 세계 곳곳에서 종족적 민족주의의 대두를 부채질하는 또 하나의 요인이 됐다.

불가리아의 예술가 루체자르 보야디에프Luchezar Boyadjiev는 유럽 역사의 '최종 단계'에 대한 유럽연합의 공식 견해를 완벽하게 시각화했다. 〈휴가On Holiday〉라는 제목의 작품은 베를린의 운터덴린덴가에 있는, 프로이센 왕 프리드리히 2세(재위 1740~1786)가 말을 타고 있는 모습의 유명한 조각상을 바탕으로 하고 있다. 다만 그의 작품에서는 말을 타고 있는 왕이 없다. 예술가는 인상적인 지도자인 인간을 말에서 내리게 함으로써 이 국민 영웅 기념비를 기수 없는 말 조각상으로 바꾸어버렸다. 중요하지만 도덕적으로 논란이 많았던 과거 인물에 붙어 있던 모든 복잡한 일들이 갑자기 제거됐다. 보야디에프가 담아내려 했던 유럽에 대한 생각은 '역사로부터 휴가를 받은' 유럽, 지배의 희망이나 억압의 공포가 없는 유럽이었다.

적어도 어떤 사람들에게는 21세기 초에 진정으로 유럽인이 된다는 것은 당당하게 반영웅적이며 또한 반민족주의적임을 의미한다. 그리고 오늘날 독일인들은 그 두 가지를 갖추는 방법에 관한 으뜸가는 본보기다. 결국 그들은 권위주의에서 자유민주주의로 이행하는 데서 유례없는 성공을 거두었고, 그들의 나라는 부러워하는 바깥사람들의 눈에 서방적 감각으로 "유난히도 정상적"인 나라로 비쳤다.[62]

오늘날 동유럽을 교란시키고 있는 정체성 정치는 1989년에 시작돼 수십 년 동안 이어진 정체성 부정 정치(다른 말로 서방화라고 알려진)에 대한 지연된 반발에 해당한다. 과열된 배타주의는 보편주의의 결백성을 과대선전하는 데 대한 자연스러운 반응이다. 그 한 가지 결과는 곳곳의 대중주의자들이 보편주의를 부자들의 배타주의로 즐겨 폄훼한다는 것이다.

1989년 이전 포로국가들captive nations(비민주적 정권의 통치를 받는 국가를 가리키는 말로, 냉전 시기 소련 등 공산당이 통치하던 나라들을 지칭한다—옮긴이)이

자유주의적 서방에 합류하려는 초기의 열망은 적어도 자유주의적 가치와 제도에 대한 뿌리 깊은 헌신에 못지않게 소련의 40년 패권에 대한 민족주의적 분노에 기인했다. 1989년 이전 폴란드 반공산주의 운동의 슬로건은 '자유와 독립'이었고, 독립이란 소련으로부터의 독립을 의미했다. 그러나 1990년대의 지적인 분위기 속에서 종족적 민족주의를 받아들일 수 없게 된 것이 많은 사람들이 원했던 '정상성'의 이상을 만들어냈다. 종족적 민족주의는 또한 피비린내 나는 유고슬라비아의 전쟁들과 연결됐다. 더구나 탈민족적 화제는 유럽연합에 의해 동쪽으로 열심히 수출됐다. 이러한 요인들은 과거 공산주의 국가들의 서방 합류 러시 속에서 민족 감정의 역할에 대해 완전히 솔직해지는 데 영향을 미쳤다.

자기네 동포에게 '독일의 교훈'을 주려던 중부유럽의 비교적 소수의 자유주의적 개혁가들의 시도는 역효과를 낳았다. 자유주의적 엘리트들은 계속해서 보편적 권리의 언어로 말했지만, 상대인 민족주의자들은 결국 민족의 상징과 민족 서사를 손아귀에 넣었다. 민족주의적 우파의 위협 증대에 직면한 자유주의자들은 현명하게도 상징과 징후의 심리적 기능에 관한 루마니아 소설가 미하일 세바스티안Mihail Sebastian의 경고에 귀를 기울이게 됐다.[63]

자유민주주의로 이행한 독일을 모방하려면 종족적 민족주의를 철저히 부정하는 일이 필요했다. 나치가 폭력의 화신이 돼서 세계를 그 속에 처박았기 때문이다. 반동적인 토착민주의자들은 이 가운데 어느 것도 지닐 수 없었다. 그들은 그 대신 민족적 희생자 의식과 부당한 고통에 초점을 맞추었다. 민족주의적 대중주의자들의 특징은 자기네 나라가 전체 역사 속에서 했던 어떤 일에 대해서도 결코 사과하지 않는다는 것이다. 악당처럼 행동하면서 스스로를 희생자로 내세우는 것이 그들의 전형적인 행태다.

　민주주의로의 이행이라는 틀 속에서는 파시즘과 공산주의를 전체주의라는 동전의 양면으로 보는 것이 보통이다. 두 이데올로기 및 그와 연관된 정권들이 흉악한 결과를 가져올 가능성이 있다는 점을 고려하면 이는 완전히 정당한 비교다. 그러나 공산주의와 파시즘을 쌍둥이로 보는 것은 민주주의 시대에 민족주의(그 가운데 파시즘은 극단적인 형태이고 왜곡된 것이다) 자체가 결국 사라질 것이라는 오해를 줄 수 있다. 1989~1991년 공산주의가 사라진 것처럼 말이다. 그러나 이는 결코 현실적이지 않았다. 그 이유는 공산주의가 상속될 수 있는 사유재산을 폐지하는 데 바탕을 둔 급진적인 정치실험이었던 반면에, 민주주의는 경계가 있는 정치 공동체의 존재를 전제로 하며 따라서 태생적으로 민족주의적이기 때문이다. 민족주의는 공산주의처럼 자유민주주의의 등장과 함께 사라질 수 없다. 민족에 대한 충성심은 안정적인 자유민주주의 국가에 필요한 전제조건이기 때문이다.

　1990년대에는 러시아가 민주주의 건설에 실패하고 있고, 반면에 폴란드·헝가리는 성공하고 있다는 것이 일반적인 인식이었다. 폴란드와 헝가리에는 소련의 점령에 대한 저항으로 응집력이 생겼던 반면에 소련에는 그게 없었기 때문이다. 어쨌든 자유주의와 달리 민주주의는 전적으로 민족적인 사업이다. 이것이 결국 샤를 드골의 '모국들의 유럽Europe of fatherlands'(전 프랑스 대통령 드골의 유럽 협력 구상으로, 통합된 단일 국가를 만들기보다 개별 주권국들이 모여 협력하는 방안이다—옮긴이)이 개별 회원국들의 정체성을 없애고 하나의 공통적인 탈민족 정체성을 형성하자는 모든 압박에 저항했던 이유다.[64] 자유주의는 내재적으로 인권의 보편성에 친연성이 있기 때문에 민주주의에 비해 초국가적인 세계화에 더 호의적이다.

그러나 자유주의 역시 정치적으로 경계가 있는 공동체라는 상황 안에서 가장 효율적이다. 결국 세계에서 가장 효율적인 인권 조직은 자유주의적 국민국가다.

1945년 이후의 독일이 역사를 다룬 방식을 모방하는 것은 적어도 네 가지 측면에서 중·동유럽인들에게 문제가 있었던 것으로 드러났다.

첫째로, 2차 세계대전 이후 독일 민주주의는 얼마간, 무한히 뻗어나 갈 여지가 있는 민족주의가 점차 나치즘을 부활시킬 것이라는 우려에 바탕을 두고 건설됐다('민족주의는 파시즘으로 이어진다Nationalismus führt zum Faschismus'). 유럽연합은 위험성을 내포하고 있는 독일의 주권 재천명을, 이 나라를 경제적으로 유럽의 나머지 국가들에 통합시키고 서독에 '탈민족적' 정체성을 부여함으로써 차단하려는 계획에 따라 탄생했다. 그 결과 2차 세계대전 이후 서독의 대부분의(모두는 아니고) 정치 지도자들은 게르만 민족혼Rassenseele 같은 신비적인 생각뿐만 아니라 종족적 민족주의 일반까지도 부인했다.[65]

반면 중·동유럽 국가들은 민족주의에 대해 그렇게 포괄적으로 부정적인 견해를 공유하기 어렵다는 것을 깨달았다. 우선은 이 나라들이 1차 세계대전 이후 다민족 제국들이 해체되고서 생긴 민족주의 시대의 산물이기 때문이었고, 둘째로 반러시아 민족주의가 기본적으로 비폭력적이었던 1989년의 반공산주의 혁명에서 필수적인 역할을 했기 때문이었다.

동유럽에서는 역사적인 이유로 민족주의와 자유주의가 상충적이기보다는 상보적인 것으로 받아들여지고 있는 듯하다. 대부분의 폴란드인들은 히틀러(1889~1945)와 스탈린(1878~1953)에 맞서 폴란드를 지키려다 목숨을 잃은 민족주의 지도자들에 대한 숭앙을 중지하는 것이 불합리하다고 생각할 것이다. 공산당의 선전이 민족주의를 비난하는 데서 매우 교조적이라는 사실은, 중·동유럽인들이 물려받은 종족적 민족 공동체 성원 자격으로부터 국가의 시민권을 분리하려는 독일 자유주의 엘리트들의 바람을 경계하는 또 다른 이유다.

1990년대 동안 유고슬라비아 전쟁들로 인해 중·동유럽을 포함한 유럽의 정치 지도자들은 전반적으로 종족적 동질성과 이방인 혐오적 토착민주의를 정당한 민족자결권과 분리해서 생각하게 됐다.[66] 그러나 결국에는 자유주의와 반민족주의의 내재적 연관성이 이 지역에서 자유주의 정당들에 대한 국민의 지지를 치명적으로 약화시켰다.[67] 탈민족주의적 자유주의자들은 종족적 민족주의(즉 현재의 시민들은 그 생물학적 조상들과 어떤 신비적이고 도덕적인 연관성을 갖고 있다는 믿음)를 원시적이고 불합리한 것으로 보는 경향이 있다. 이런 종류의 반민족주의적 보편주의는 완전히 인도적이고, 인도주의적으로 취할 수 있는 자세다. 그러나 그것이 반드시 좋은 정치를 만들어내지는 않는다. 지극히 민족주의적인 정서와 애착을 가진 유권자들의 입장에서 보면 탈민족주의적 헌정애국주의constitutional patriotism(민족 문화나 국제 사회가 아닌 다원적 자유민주주의 헌법의 규범과 가치에 정치적 애착을 형성해야 한다는 생각—옮긴이)는 유럽의 동쪽 변두리를 멸시하고 독일의 이익에 맞게 유럽 전체를 통치하려는 새로운 '독일 이데올로기'인 것처럼 보인다.[68]

둘째로, 전후 독일 민주주의는 선거를 통해 권력을 장악한 나치의 방식에 대응해 조직됐다. 이것이 연방헌법재판소나 독일연방은행 같은 비다수결 기관이 강력할 뿐만 아니라 독일에서 가장 신뢰받는 기관 가운데 하나인 이유다. 1989년 직후 중·동유럽인들은 오랫동안 빼앗겼던 자주권을 회복해 흥분했지만, 처음에는 자기네의 선출된 정부에 대한 통제를 국민들이 스스로를 통치하는 권리를 제한하려는 시도로 보지 않았다. 어느 시기에 헝가리 헌법재판소는 "세계에서 가장 강력한 최고 재판소"[69]로 생각됐다. 처음에는 폴란드 헌법재판소 역시 비교적 효율적이고 독립적이었다. 그러나 결국 대중주의적인 재직자들이 그들의 권력에 대한 여러 '반다수결주의적' 제한 해체를 정당화하기 위해 인민의 자주 의지를 들먹였다.

1차 세계대전 이후 중·동유럽의 신생국들은 문화민족^{Kulturnation}, 즉 문화 공동체로서의 민족이라는 전통적인 독일 관념과 간섭주의적이고 중앙집권화된 나라라는 프랑스의 관념을 뒤섞어 만들었다.[70] 물론 이 먼 시대의 유산은 시간이 지나면서 희미해졌지만, 이 지역의 정치적 감수성에서 완전히 사라지지는 않았다. 그것은 1989년으로부터 20년 뒤에 서서히 커져가고 있는, 이 나라들을 두 가지 외래 모델에 맞추어 개조하려는 데 대한 국내적 저항을 설명하는 데 도움을 준다. 분권화한 나라라는 새로운 독일의 관념과 미국식 다문화주의다. 둘 모두에 대한 거부 반응은 다가오는 반자유주의적 반혁명의 첫 번째 격동에 해당한다. 그 혁명의 지지자들은 작동하는 민주주의를 헌정적인 견제나 이민 흡수의 어느 것과도 연결시키지 않고 문화적 동질성과 집행 권력에 연결시켰다.

셋째로, 독일인들은 자기네가 전후 서방에 편입된 변신의 경험을 탈공산주의 국가들과 공유하면서 함정에 빠졌다. 그들은 자기네가 전체주의 사회에서 모범적인 민주주의로 이행하는 데 성공한 사실에 대해 자부심을 가지고 있었다. 그러나 동시에, 많은 경우 그들은 중·동유럽인들에게 그들이 1950년대와 1960년대에 했던 것을 본받지 말고 그들이 그때 했어야 한다고 스스로 생각한 것을 하라고 조언했다. 독일 민주주의는 2차 세계대전 직후에 이루어진 것으로서, 나치라는 이 나라의 과거와 복잡한 관계를 맺고 있었다. 나치즘은 전쟁 뒤에 공식적으로 폐기됐지만, 그것은 독일인들이 더 이상 자세하게 토론하고자 하는 주제가 아니었다. 우선 전후 서독 엘리트들 가운데는 나치 전력자들이 많이 있었다.

그러나 동독이 통일된 자유민주주의 독일에 편입될 때가 되자 접근법은 정반대가 됐다. 조용하게 대하던 것이 소란해졌다. 독일에서는 전 공산당원들에 대한 대대적인 숙청이 일상이 됐고, 이제 극우 아에프데^{AfD}에 기꺼이 투표하려는 많은 동독인들은 1989년 이후의 '정화' 과정을 역사적 정의에 대한 진지한 탐색이 아니라 서방이 동방을 지배하려는 방법으로 보았다. 오시^{Ossi}(동독인) 엘리트들을 인정사정없이 자리에서 몰아내 서방 사람들의 고용 기회를 열려 했다는 것이다.

넷째로, 독일은 과거나 지금이나 자기네의 사회보장제도와 노동조합이 기업 지배구조에 중추 역할을 하는 공동결정제도에 매우 자부심을 갖고 있다. 그러나 이것들은 서독이 동방에 수출해달라고 유럽연합을 압박한 적이 없는 그들 정치 시스템의 일면이었다. 그들이 내놓은 공식적인 이유는 동유럽인들이 그것을 할 수 있는 형편이 아니라는 것이었지만, 아마도 그들은 또한 중·동유럽 노동자와 시민들에 대한 국가의 보호가 약화되면 서독 기업들에 좋은 투자 기회가 만들어질 것이라고 기대했을 것이다. 물론 다른 다양한 요인들 역시 개재돼 있었다. 특히 전 세계를 지배하고 있는 미국 자본주의의 형태가 공포로부터의 자유를 약속했던 프랭클린 루스벨트(1882~1945)의 보다 친절하고 온화한 뉴딜$^{New Deal}$에서, 사람들을 당황하게 하고 일자리 불안을 느끼게 하며 연금을 빼앗아가는 로널드 레이건(1911~2004)의 규제를 철폐한 시장으로 변화한 것 따위다.

노동조합의 경제적 중요성을 옹호하고, 한편으로 마거릿 대처(1925~2013)류의 시대정신을 완전히 따름으로써 새로 들어온 나라들의 정치적 안정성에 크게 투자하기를 총체적으로 거부하는 것은 2차 세계대전 이후 서독에서 기본적으로 친노동적이던 동맹국의 정책에서 근본적으로 벗어나는 것이었다. 이런 변화의 가장 중요한 원인은 아마도 공산주의의 위협이 사라진 것과, 노동자의 시스템 전반에 대한 충성을 유지하기 위해 아무런 특별한 노력도 필요치 않았다는 결론이었을 것이다.

오래된 독일의 문제는 독일이 세계에 나서기에는 너무 작고 유럽에서는 너무 크다는 생각을 둘러싼 것이었다. 그러나 새로운 독일의 문제는 다르다. 냉전 이후 세계에서 독일이 자유민주주의로 이행한 것은, 그들의 최근 역사로 미루어 볼 때 탈민족 사회라는 생각 자체가 마뜩치 않은 나라들이 모방하기에는 매우 독특하고 경로 의존적이었음이 드러났다. 중·동유럽의 이전 공산주의 국가들은 반쯤 억눌린 과거에 대한 참회의 감정을 중심으로 새로운 민족 정체성을 수립하기를 거부했다. 이는 적어도 탈역사화된 탈민족주의와 문화적으로 무미건조한 헌정애국주의라는 '새로운 독일 이데올로기'에 대한 그들의 저항을 설명하는 데 어느 정도 도움이 된다.

자유주의자 출신의 비자유주의

전기傳記로 쓰이지 않은 것은 아무것도 아니다Co nie jest biografią- nie jest w ogóle.
- 스타니스와프 브르조좁스키의 일기(1911)

1949년 말에 나온 《파산한 신The God that Failed》은 냉전 시대의 지성사에서 하나의 전환점을 이루었다. 여섯 명의 유명 지식인이 어떻게, 그리고 왜 공산주의자가 됐고 결국 어떻게, 그리고 왜 공산주의에서 떨어져 나왔는지에 대한 개인적인 회상을 모은 책이다. 필자 가운데 한 사람인 아서 케스틀러Arthur Koestler는 이렇게 썼다.

"결국 우리 과거의 공산주의자들만이 (…) 도대체 그것이 무엇인지를 아는 사람들이었다."[71]

이제까지 내부자였고 과거에 진실한 신봉자였던 사람들만이 그 억압적이고 가증스러운 체제 내부의 작동 방식에 대한 열쇠를 쥐고 있었다. 이런 주장의 타당성은 왜 과거 공산주의자들이 소련 체제의 정당성을 무너뜨리는 데서 핵심적인 역할을 했는지를 설명하는 데 도움을 준다. 한때 지지자였다가 이전의 믿음을 잃어버린 사람들은 적을 잘 알고 있고, 그들이 한때 열렬하게 옹호했던 이데올로기를 깎아내리고 꺾어야 할 강한 개인적 동기를 갖고 있다.

오늘날 중·동유럽의 변절한 자유주의자들은 1989년 이후 이 지역의 자유주의 체제를 깎아내리는 데서 비슷한 역할을 했다. 이들 과거 자유주의자들의 눈을 통해 탈공산주의 사회의 발전을 보는 것은 그렇게 많은 중·동유럽인들이 왜, 그리고 어떻게 탈냉전 세계에서 심각하게 소외됐는지를 이해하는 데 긴요하다.

우리는 중·동유럽의 가장 열정적인 보수주의 지식인들 가운데 일부가 왜 게이 아들의 자유주의적 어머니가 되고(언론인이자 역사가인 앤 애플바움Anne Applebaum의 표현이다) 왜 동유럽에서 반자본주의 정서가 때로 폭력적인 반공산주의의 형태를 띠는지를 파악하지 못하면 이 지역 자유주의의 수수께끼를 풀 수 없을 것이다. 여론 조사[72]를 믿는다면 오늘날 헝가리에서는 공격적으로 반공산주의적인 피데스당 지지자들 상당수는 1956년부터 1988년까지 이 나라 공산당의 지도자였던 카다르 야노시에 대해 호의적인 시선을 보내는 경향이 있다. 공산주의의 가장 극악한 범죄는 전환기에 과거 공산주의자들이 했던 역할이라고 그들은 믿는 듯하다. 공산주의자들은 때로 1970~1980년대에 그들이 했던 일보다는 1990년대에 그들이 비정한 자본주의자로 변신한 무책임성 때문에 더 비난을 받는다.[73]

오르반 빅토르의 정치적 이력은 과거 자유주의자의 특성을 살펴볼 최선의 기회를 제공한다. 그는 자유주의를 사랑한 정력적이고 잔인하며 재능 있는 신참자였지만, 결국 자신의 절대권력의 노예가 됐다. 그는 1963년 부다페스트에서 서쪽으로 약 50킬로미터 떨어진 초라한 마을 얼추트도보즈Alcsútdoboz에서 태어났다. 그의 어린 시절은 온통 가난뿐이었고, 혁명적 낭만성이라고 할 만한 것은 전혀 없었다. 어느 시기에 오르반의 페르père(아버지)는 공산당원이 됐지만, 그의 전기를 쓴 파울 렌드버이Paul Lendvai가 말했듯이 아버지는 전형적인 '호모 카다리쿠스Homo Kádáricus'였다. 자신과 가족의 더 나은 삶을 꿈꾸는 근면한 실무가였다는 말이다.[74] 오르반의 가정에서는 혁명의 꿈이나 정치적 열정 같은 것이 중요한 역할을 한 적은 없었다. 신문을 읽는 사람도 없었고, 진짜 열정이 행했던 곳은 정치가 아니라 축구였다.

젊은 오르반은 군대 시절 정치에 관심을 가졌고, 공산당 정권의 적이됐다. 그곳에서 그는 헝가리 비밀경찰과의 협력을 거부해 강인한 성격을 드러냈다. 그는 대학 시절에 이 반골 기질과 그런 생각을 확고히 했다. 그러나 그가 처음 대중의 관심을 끈 것은 1989년 6월 16일, 살해된 1956년 봉기 지도자 너지 임레Nagy Imre 면례緬禮 때 했던 연설 때문이었다. 일부 반공산주의 급진파들은 이 행사에 참석하는 것을 역겨워했다. 그들에게 이는 혁명을 가장한 국가 대사였다. 그러나 오르반은 그의 6~7분 연설이 생중계돼 온 나라 사람들이 보게 될 것을 알았다. 그리고 그는 옳았다.

이 젊은 학생 지도자가 자신의 정치적 페르소나를 규정하는 특성을 처음으로 보여준 것은 너지의 면례 때였다. 대중의 정서를 파악하는 재능과 중요한 순간을 포착하는 과단성을 말이다. 면례에 앞서 반대파의 연설 예정자들은 소련을 자극하지 않기 위해 이 나라에서 소련 군대를 철수하라는 요구를 하지 않기로 합의했다. 그러나 오르반은 무대에 올라서자 바로 그 요구를 했다. 헝가리 대중이 처음으로 그를 보고 기억한 것이 바로 이 순간이었다.[75] 그는 용감하고 젊고 진보적이었다. 그는 이어 젊은 세대의 정당인 피데스를 창설했다. 이 당의 첫 번째 당헌은 35세 이상은 입당할 수 없다고 규정했다.

오르반이 자유주의와 결별한 것은 흔히 순전한 기회주의(그는 표가 있는 곳을 따라 우익으로 옮겼다) 때문이라거나, 헝가리의 자유주의 지식인들을 점점 더 경멸하게 된 결과로 설명되고 있다. 그는 처음에 이들을 존경했지만, 그들은 명백한 우월감을 나타내며 그를 멸시했다. 오르반의 헝가리 자유주의자들(그들은 오르반과 달리 헝가리 도시 지식 계급 출신이었다)과의 긴장된 관계를 가장 잘 보여주는 순간은 유명한 자유민주동맹(SZDSZ) 국회의원 허러스티 미클로시Haraszti Miklós가 한 연회에서 다른 손님들처럼 옷을 입은 오르반에게 다가가 거만한 태도로 그의 타이를 매만졌다는 널리 보도된 이야기다. 그 자리에 있던 사람들은 오르반이 얼굴을 붉힌 채 눈에 띄게 허둥거렸다고 기억한다. 이 젊고 야심 찬 정치 지도자는 시골에서 온 천박한 친척 취급을 받고 굴욕감을 느꼈다. 스탕달이라면 이 젊은 시골뜨기가 이 순간 어떻게 느꼈을지를 묘사하는 방법을 알았을 것이다.

그렇다면 자유주의에 대한 오르반의 실망을 정치적 편의주의나 헝가리의 자유주의 지식인들이 그를 거만하게 대하는 데 대한 개인적인 분노로 치환하는 것이 솔깃할 것이다. 그러나 이는 그보다 더 심각하다. 사실 이는 권력 행사에 대한 자유주의의 체계적 모순을 포함한 정치에 대한 자유주의적 이해의 핵심을 찌르고 있다. 헝가리의 자유주의자들이 인권, 견제와 균형, 자유 언론, 사법권 독립(이 모두는 권력을 제한하는 것이기 때문에 소중하게 여겨진다)에 몰두했다면, 오르반은 정치체제를 뒤엎기 위해 권력을 사용하는 데 관심이 있었다. 헝가리의 자유주의자들은 논쟁에서 이기고 싶어 했지만, 그는 선거에서 이기고 싶어 했다. 축구에 대한 그의 열정은 어떤 경기에서든(그것이 정치든 스포츠든) 중요한 것은 공격 본능과 확고한 충성심이라는 것을 가르쳐주었다. 특히 중요한 것은 때로 지는 경우에도 추종자들은 함께한다는 것이다. 모범적인 지도자는 현명하게 모두에게 공평한 사람이 아니라 자신의 팀이나 종족을 고무하고 동원하는 사람이다.

오르반은 지지자들을 결집하기 위해 한결같이, 그가 주장하는 비굴한 자유민주주의 모방자들이 저지른 자유주의의 죄악 표준 목록을 되풀이했다. 그들은 1989년 이후 20년 동안 헝가리를 잘못 통치해왔다. 우선 영적으로 텅 빈 생산자와 소비자의 연결망이라는 자유주의의 사회상은 헝가리 민족의 도덕적 깊이와 정서적 연대를 담아낼 수 없다. 자유주의자는 기본적으로 민족의 역사나 운명에 무관심하다. 오르반의 상투적인 반자유주의 언설에 따르면, 인권과 시민사회, 법적 절차에 대한 자유주의의 언어는 냉담하고 포괄적이며 몰역사적인 것으로 묘사됐다. 자유주의자들은 이민에 매우 심드렁하다. 그들은 시민권과 민족적 혈통을 분리하고, 실체적 정의와 공익을 절차적 정의, 법의 지배, 개별적 효용 등 무미건조하고 추상적인 관념으로 대체했기 때문이다.

대중주의자의 관점에서 볼 때, 민족적 유대감에 대한 사해동포주의의 불신은 헝가리의 방대한 다수 민족 성원들로 하여금 자기네 나라에서 외국인인 듯이 느끼게 만든다. 이것이 보편주의가 연대를 깨는 방식이다. 모두가 당신의 형제라면 당신은 외아들이다. 이것이 원칙을 가진 자유주의자라면 나라 밖에서 살고 있는 헝가리인들의 운명에 진정한 관심을 가질 수 없다고 헝가리의 반동적 토착민주의자들이 주장하는 이유다.

모든 반자유주의자들은 이렇게 말한다. 그러나 오르반의 교리 문답 암송은 또한 몇 가지 지역적 특수성을 가진 관심을 반영한다. 예를 들어 자유주의가 개인의 권리에 초점을 맞추는 것은 탈공산주의 헝가리에서 가장 중요한 형태의 정치적 폐해, 즉 이전 정권 내부자들에 의한 **공적** 재산의 사유화를 덮어준다. 이는 엄청난 규모의 부패로, 개인의 권리를 전혀 침해하지 않고 개인의 권리 창출에 의해 사유재산을 소유하는 것이라고 정말로 생각됐던 일이었다.[76] 이것은 오르반이 다음과 같은 연설을 하면서 의미한 바였다.

> 헝가리에서 자유민주주의는 국가를 유지하는 데 필수적인 **공적** 재산을 보호할 능력이 없었습니다.[77]

그는 또한 자유주의는 사회적 문제를 무시하고, '자유로운' 개인은 스스로 해결해야 한다고 주장하며 시민에 대한 국가의 가부장적 보호를 해제한다고 주장한다. 이는 그가 1989년으로부터 20년 뒤에 이렇게 주장한 이유다.

> 우리는 약자가 짓밟히고 있음을 끊임없이 느꼈습니다. (…) 주택 융자에 대한 이자를 얼마나 내야 할지를 지시하는 것은 언제나 강한 쪽, 은행이었습

니다. 그들은 시간이 지나면 자기네 마음대로 이자율을 바꿉니다. 나는 지난 20년 동안 다른 사람들에 비해 경제적 보호를 덜 받은 취약하고 힘없는 가정이 겪어야 했던 일들을 낱낱이 들 수 있습니다.[78]

헝가리에서 '긴요한 모방'으로 인식된 것의 한 결과로서 나타난 널리 퍼진 경향이 있었다. 저소득 가정들이 스위스프랑으로 돈을 빌리는 것이다. 그들은 서방의 소비 행태를 모방하기 위해 그렇게 한 것으로 보인다. 서방의 생활수준을 따라잡고 흉내 내려는 무분별하고 헛된 시도 속에서 가계 부채는 치솟았다. 불행하게도 헝가리 통화의 급격한 평가절하 이후 부주의한 대출자들은 가치가 떨어진 자국의 포린트화로 매달 급등한 상환금을 내야 했다. 정부 통계에 따르면 거의 100만 명의 사람들이 외국 통화로 대출을 받았고, 외국 통화 대출의 90퍼센트는 스위스프랑이었다. 이는 오르반이 다음과 같이 말할 때 염두에 두고 있던 것이었다.

"자유주의의 헝가리 국가는 나라가 빚더미에 빠지는 것을 막지 않았습니다. (…) 그들은 많은 가정들이 빚에 묶여 노동하지 않도록 보호하는 데 실패했습니다."[79]

이러한 엄청난 부담은 세계 경제 체제에 통합되는 것이, 자유주의 옹호자들이 애초에 약속했던 대로 자유와 번영을 가져다주는 것이 아니라 퇴보와 빈곤을 초래한다는 생각을 강화했다.

더구나 자유주의가 능력주의의 신화를 치장해 경제적 불평등을 정당화하는 것은 사회 안에서의 부의 자의적 분배에서 행운이 중심적 역할을 한다는 사실을 가리고 있다. 이런 은폐는 경제적 도박의 승자가 자기네의 성공을 우월한 능력과 더 많은 개인적 노력 덕분임을 내세우도록 부추김으로써 패자에게 굴욕감을 준다. 능력주의 신화는 이 지역의 역사적인 맥락에서 볼 때 더욱 모욕적이다. 1989년 이후 경제적으로 성공할 수 있는 길이 이전의 억압적 체제에서 정치적으로 중요한 자리를 차지했던 사람들에게 특권적으로 제공됐기 때문이다.

1989년을 이전의 다른 모든 혁명과 구별 짓는 것은 표면상으로 '권좌에서 물러난' 엘리트들이 그들의 권력과 영향력을 성공적으로 보전하기가 쉬웠다는 점이다. 그 이유는 매우 단순하다. 옛 엘리트들이 이전 체제를 해체하는 데 참여해 평화적 성격의 이행에 크게 기여했다. 그 결과로 그들은 자신들의 상징적 자산을 금융 및 정치적 자산으로 돌려놓는 데 가장 좋은 위치를 차지한 사람들이 됐다. 그들은 더 많은 교육을 받고 연줄이 더 좋았으며, 서방에 대해 누구보다도 잘 알았다. 심지어 서방에 대해 영원한 사랑을 맹세한 반대파 지도자들보다도 말이다.

한스 마그누스 엔첸스베르거는 1970년대 말 헝가리를 방문해 이 나라 집권층의 일원인 한 공산주의자와 긴 대화를 나누었다. 그는 1990년대에 헝가리의 새로운 경제계 엘리트가 될 사람이었다. 그 남자는 50대였고, 아르마니 재킷을 입었으며 이데올로기적 신념에서 매우 유연했다. 그는 서독에서 온 방문자에게 "당黨은 우리에게 사회적으로 출세하는 길"이라면서, 그것이 "하버드 경영대학원보다 낫다"라고 말했다.

"그런 면에서 당은 경쟁 상대가 없습니다. 대안이 없어요. (…) 미국이 병사들을 부다페스트에 보내는 날이 오면 나는 가장 먼저 레닌주의 타도를 외칠 겁니다."[80]

이 일은 꼭 그대로 일어났다. 그 결과 중·동유럽에서는 사유재산과 자본주의를 지킨다는 것이 옛 공산당 엘리트들이 불법적으로 손에 넣은 특권을 지킨다는 의미가 됐다.

이 지역의 대중주의자들은 권력을 잡으면서 사유재산에 대한 전쟁을 선포하지 않았다. 그들이 자유에 대해 싫어했던 것은 그보다, 선거의 패자들이 다음 선거 때까지 승자를 비판하고, 유권자들을 자기네 관점에서 설득하려 노력하고, 살아남아 다음 선거에서 경쟁할 수 있는 권리였다. 정치적 반대파들은 그들의 것을 승자들이 차지할 때 도망치거나 망명하거나 지하로 숨을 필요가 없었다. 자유민주주의는 야당이 다음 번 선거에서 집권자를 쫓아낼 기회를 보장함으로써 정권의 실패를 견딜 수 있는 힘을 제공하고 예측할 수 없는 혁명적 폭력으로부터 체제를 지켜낸다.

이 모든 것은 완벽하게 훌륭해 보인다. 그러나 이런 방식의 설명에는 덜 주목받는 이면이 있다. 자유민주주의에는 잠정적인 승리밖에 없다. 이는 선거의 승자에게 완전하고 최종적인 승리의 기회를 주지 않는다. 그것은 폴란드에서 카친스키가 맞서 싸웠던 '합법적 개혁 불가능론imposybilizmu prawnego'에 대한 불만을 증대시킨다. 자유민주주의의 최종적이고 결정적인 승리(일시적이고 애매한 승리가 아니라)의 거부는 1989년 이후 자유민주주의 자체의 이른바 완전하고 최종적인 승리를 변칙적이고 문제가 많은 것으로 보이게 만들었다. 계속적인 경쟁과 이데올로기적 대안, 그리고 그저 일시적일 뿐인 승리를 찬양하는 정치 이데올로기가 어떻게 이 셋 모두를 없앴다고 주장할 수 있느냐고 대중주의자들은 묻는다. 피스 지도자의 지적 동맹자 가운데 한 사람인 안제이 노바크Andrzej Nowak는 이렇게 말했다.

"카친스키는 폴란드가 1989년 이후 혁명적 변화가 부족해 매우 비싼 대가를 치렀음을 인식했습니다."[81]

가증스러운 자유주의 좌파를 상대로 한 오르반의 성전의 한 가지 역설은 그의 정치적 전략이 상당 부분 좌파의 영향을 받았다는 것이다. 젊은 시절의 오르반은 이탈리아의 마르크스주의 철학자이자 활동가인 안토니

오 그람시(1891~1937) 숭배자였고, 피데스가 야당 생활 8년 끝에 2010년에 다시 정권을 잡은 것은 그람시가 영감을 준 시민사회 전략에 뿌리를 둔 것이었다. 출발점으로 시민 동호회를 만든 것이 그 한 예다. 그러나 자유주의자와 좌파가 소수자의 권리에 대해 이야기할 때, 오르반은 역사와 다수파의 권리에 대해 이야기하고 있었다.

오르반의 반자유주의는 대체로 헝가리의 정체성에는 아무런 관심이 없는 탈민족주의적 유럽연합에 대한 민족주의적 분노로 인한 것이었다. 난민을 유럽연합 회원국에 배분하는 쿼터제에 대한 오르반의 공격에 배어 있는 계산된 분노는 그가 트리아농조약 철회를 꿈꾸는 대중에게서 풍부한 정치적 지지의 원천을 발견했음을 시사한다. 1920년에 맺은 이 평화협정은 유럽 열강이 헝가리 영토의 3분의 2를 잘라냄으로써 이 나라를 징벌한 것이었다.

여러분, 지금 우리에게서 나라를 빼앗아가려는 사람들이 있습니다. 100년 전 트리아농에서 일어났던 것처럼 펜대를 한 번 놀려서 빼앗는 것이 아닙니다. 지금 저들은 우리가 자발적으로 나라를 남에게 넘기길 바라고 있습니다. 수십 년에 걸쳐서 말입니다. 그들은 우리가 나라를 다른 대륙에서 온 외국인들에게 넘기길 원하고 있습니다. 그들은 우리 말도 할 줄 모르고, 우리 문화와 우리 법과 우리 생활방식을 존중하지도 않습니다. 그들은 우리 것을 자기네 것으로 바꾸고 싶어 하는 사람들입니다.[82]

2020년이면 조약 체결 100주년이다. 그러니 유럽연합을 철저하게 부숴버리는 것 같은 달콤한 복수를 맛보는 것보다 더 나은 축하 방법이 있을까.

오르반의 역사적인 2014년 7월 26일 연설(여기서 그는 헝가리에서 비자유주의 국가를 건설하는 일에 대한 자신의 공격적인 헌신을 다시 확언하고 있다)을 읽으면 승리와 패배 사이의 경계를 애매하게 하려고 애쓰는 사람들에 대한 그의 뚜렷한 경멸을 느낄 수 있다.[83] 그는 자유주의자가 "논쟁에서 자신조차 편들 수 없는 사람"이라는 로버트 프로스트의 조롱 섞인 정의에 전적으로 동의할 것이다. 오르반은 자유주의와 그 타협 정신에 실망했을 뿐만 아니라 그것을 단호하게 물리치기를 원했다. 절충도 있을 수 없었고, 선의의 협상도 있을 수 없었다. 게다가 그가 추구하는 승리는 일시적인 것이 아니라 최종적인 것이어야 했다. 이것이 1989년의 자유주의의 **결정적 승리**라는 것에 대한 그의 똑같은 대답이었다.

그는 또한 미국의 지원 아래 유럽연합이 관리하고 있는 자유민주주의 제국을 무너뜨림으로써, 소련의 패권에 대한 자객으로 젊은이다운 데뷔를 했던 일을 재연하려 하고 있었다. 이 틀에서 봤을 때 피데스가 선거에서 승리한 것은 그저 한 정당이 다른 정당에 대해 거둔 일시적인 승리가 아니었다. 그것은 "자유민주주의의 시대가 끝났다"[84]는 신호였다. 오르반이 관심을 갖고 있는 것은 경쟁자의 완전한 굴복과 패배를 수반하는 종류의 승리다. 이는 열렬한 정치적 정체성을 만들어내고 강화하는 유형의 승리다. 아마도 오르반은 그의 격렬한 자유주의 거부를, 그의 거듭난 비자유주의의 공허함과 따분함을 보상하기 위해 이용하고 있는 듯하다.

그것이 장기적으로 어떤 정치적 결과를 낳든, 중부유럽에서 지금 나타나고 있는 비자유주의의 변종에 지적 독창성이 결여된 것은 정상성을 내세워 일어났던 1989년 혁명의 지적 빈곤에 그 뿌리를 두고 있다.

합창

헝가리 영화감독 데악 크리슈토프Deák Kristóf의 〈합창Mindenki〉이 2017년 아카데미 최우수 단편영화상을 받았다. 이 영화는 1989년 이후 중부유럽의 민주화 이행기에 특징적이었던 욕망과 굴욕의 교착交錯을 성공적으로 그려냈다.

이 영화에서 극화한 사건은 1990년대 초 부다페스트에서 일어났다. 막 새 학교로 전학해 온 어린 조피는 상을 받은 이 학교 합창단에서 노래를 할 수 있다는 희망에 설레었다. 음악 선생 에리커는 조피가 합창단에 들어오는 것은 허락했지만, 노래를 부를 때 소리를 내지 말고 입만 움직이라고 했다. 조피의 서투른 목소리가 합창단의 전체 공연에 흠집을 낼까 염려한 것이었다.

조피는 실망했지만 마지못해 받아들였다. 그러나 제일 친한 친구 리셔가 알고서는 항의했고, 에리커는 합창단이 스웨덴 여행을 위해 경쟁하고 있다며 단원들은 모두 가장 잘 부르는 사람들만 목소리를 내기를 바라고 있다고 대답했다. 그저 입만 벙긋거리는 사람은 함께 무대에 서는 기회를 얻은 것만으로도 감사해야 한다고 했다. 나중에 알게 됐지만 조피 혼자만 실망한 것이 아니었다. 에리커가 노래를 부르지 못하게 한 학생은 여러 명이었다. 사실 잘하는 사람한테만 크게 노래를 부르게 하는 것이 이 선생의 승리 비법이었다.

그러나 노래를 못하게 된 아이들에 대한 모두의 동정은 선생의 승리 집착에 대한 전 합창단원의 공개적인 반발을 불러일으켰다. 경연 날 무대에 오른 합창단 전원은 조피에게 맞추어 소리를 내지 않고 입만 벙긋거렸다. 당황한 에리커가 절망에 빠져 무대에서 도망친 뒤에야 그들은 모두 함께 맘껏 노래를 불렀다. 오르반과 카친스키 같은 중부유럽의 대중주의자들은 자기네가 한때 받아들였으나 지금은 혐오하는 '긴요한 모방'에 대한 자신들의 저항을, 이 농간을 부리는 교사에 대한 학생들의 저항과 비슷한 것이라고 즐겨 묘사한다. 그들은 중부유럽의 목소리를 회복했다고 주장한다.

이것은 틀림없이 아전인수격의 해석이다. 그러나 유럽연합은 자화자찬적인 시각에서 유럽연합 확장을 이전 복속 국가들에 대한 너그러운 포용 행위로 보는 경향이 있는 반면에,[85] 중·동유럽의 많은 사람들은 그것을 연성軟性 식민지화로 보게 됐다는 것 또한 사실이다.[86] 이 지역의 이전 공산주의 국가들은 소련 제국주의의 손아귀에서 빠져나와 정치적으로 동등한 파트너로서 자유주의 세계에 합류할 수 있다는 약속을 받았지만, 그들이 비서방의 '나머지'에 속한다는 듯한, 진짜 '유럽인'은 전혀 아니라는 듯한 심드렁하고 가식적인 예절로 대하고 있음을 느꼈다. 아프리카나 아시아 사람들과 같은 부류로 묶여야 한다는 듯이 말이다.[87]

그런 관점의 취급을 당하는 심리적 이면을 이해하기 위해서는 유럽 밖의 식민지 사람들이 식민지 시대의 '긴요한 모방'에 대해 느꼈던 분노를 상기할 필요가 있다. 우리는 이미 이 주제에 관해 프란츠 파농을 인용했지만, 그는 그저 서방의 형식과 규범을 의무적으로 모방하는 데 대한 비서방의 분노의 가장 잘 알려진 사례일 뿐이다. 레바논 태생의 프랑스 학자 아민 말루프Amin Maalouf는 19세기에 유럽을 모방했던 이집트에 대해 쓰면서 모방의 트라우마를 다음과 같이 설명했다.

그들은 자기네 방식이 낡은 것이고, 그들이 만드는 것은 모두 서방이 만든 것과 비교해 가치가 없는 것이고, 그들의 전통 의약에 대한 애착은 미신적이고, 그들의 군사적 영광은 그저 기억일 뿐이고, 그들이 자라면서 존경하도록 배운 시인·학자·군인·성자·여행가 등의 위인들은 나머지 세계에서 무시당하는 사람들이고, 그들의 종교는 야만적인 것으로 의심되고, 그들의 언어는 이제 소수의 전문가들만이 공부한다는 사실을 받아들여야 했다. 반면에 그들이 살아남고 일하고 나머지 인류와 계속 접촉하길 원한다면 다른 민족의 언어를 배워야 했다.[88]

서론에서 이야기했듯이, 그리고 서방 것의 '역겨운 모방'에 대한 파농의 언급이 확인해주듯이, 모방자의 삶은 불가피하게 무능과 열등, 의존과 정체성 상실, 본의 아닌 불성실 등이 뒤섞인다. 서유럽 열강에 대한 반식민주의 저항은 북아프리카와 중부유럽의 사례에서, 비교가 너무도 피상적으로 보일 정도의 다른 모습밖에 보이지 않는다. 그러나 우리는 적어도 중부유럽의 사례에서 특별한 자극제가 작동하고 있다고 말할 수 있다. 모방자들이 모방 대상과 같은 문화 공간에 속한다고 믿고 있고, 그들이 이웃 유럽인들과 대등한 지위에서 '자유세계'에 합류하도록 초청받았다고 생각하고 있기 때문이다. 우리가 오늘날 중·동유럽을 휩쓸고 있는 권위주의적 이방인 혐오 물결의 여러 원인들 가운데, 탈공산주의 이후 처음 10년 동안에 서방에 대한 '전염성 모방'(가브리엘 타르드의 표현이다)이라는 지루한 과정을 거쳐 배양된 자기부정의 감정을 강조하도록 만든 것은 바로 이 요인들의 결합이다.

역사적으로 독특하고 사회적으로 고통스러운 모방 정치에 대한 반발에 초점을 맞추는 것은 중·동유럽 대중주의자들의 반혁명에 접근할 때 이 지역의 이른바 '지울 수 없는' 반민주적이고 편협한 토착민주의 전통이 근저에 있는 힘임을 과장하는 것보다 실효성 있는 방법이라고 생각한다. 그러나 우리는 왜 이 지역이 대중주의로 돌아선 것에 대해 자유주의 자체에 대한 실망의 표현이라고 좀 더 단순한 방식으로 설명할 수 없을까? 시민들은 처음에는 그것이 예컨대 번영을 가져올 것이라고 믿고 민주주의적이고 자본주의적인 모델을 받아들였는데, 그렇게 되지 않자 등을 돌려버린 것이다. 이런 설명은 이론적으로는 그럴 듯하지만 사실과 맞지 않는다.

폴란드의 사례는 중부유럽의 우익 변신이 "바보야, 문제는 경제야"(1992년 미국 대통령 선거에서 민주당 후보 빌 클린턴이 내세웠던 구호다―옮긴이) 식으로 책임을 물을 수 없음을 시사한다. 폴란드는 경제적으로 비교적 성공을 거두었지만 그것이 유권자들로 하여금 대중주의자의 호소에 대한 면역력을 갖게 하지는 못했다. 폴란드 사회학자 마치에이 그둘라 Maciej Gdula가 보여준 바와 같이, 폴란드에서의 친자유주의자와 반자유주의자의 정치적 태도는 이 나라의 탈공산주의 경제 변신에서 누가 이기고 누가 졌는지로 설명할 수 없다.[89]

야로스와프 카친스키의 당파 기반은 개인 생활에 완전히 만족하고 이 나라 번영의 많은 부분을 공유하고 있는 것으로 보이는 사람들을 다수 포함하고 있다. 그들이 자유주의 체제를 반대하는 것은 자유주의의 수용이 자기부정처럼 느껴지기 때문이다. 보수적인 가톨릭교도들은 낙태와 동성결혼을 합법화하는 데 광적으로 반대한다. 게다가 '정체성'은 기본적으로 죽은 조상과의 협약이다. 그리고 이 협약은 헝가리인들과 폴란드인에게 그들의 "독자적인 생활방식"을 버리도록 강요하는 데 열중하고 있는 세력에 의해 위협받고 있다.[90] 이 세력들 가운데 가장 가증스러운 것은 유럽연합에서 온 관리들이다. 많은 헝가리인과 폴란드인에 따르면, 그들은 아프리카와 서아시아에서 온 이민자들과 함께 모종의 음흉한 모략을 꾸미고 있다.

2018년 3월, 폴란드의 안제이 두다^{Andrzej Duda} 대통령은 이 나라 서남부 지역에서 열린 폴란드 독립 100주년 기념행사에서 연설하면서, 유럽연합 가입을 프로이센, 오스트리아, 러시아 같은 외세에 점령당했던 이전 시기들과 비교했다. "1795년에서 1918년 사이에 (…) 폴란드인들은 멀리 떨어진 수도에 있는 점령국에게 순응"했고, 그들이 "우리에게 필요한 결정을 내렸다"라고 그는 말했다. 그는 이어, 탈공산주의 폴란드는 오늘날 비슷한 형태의 외세 통치와 착취를 경험하고 있다고 말했다. 폴란드의 국가 주권과 가톨릭 유산은 이 나라를 탈민족적이고 반종교적인 연방에 집어넣으려는 유럽연합의 계획에 의해 지워지고 있다. 이런 뒤죽박죽의 관점에서 보면 공산당 독재와 자유민주주의 사이의 실질적인 차이는 없다. 둘은 모두 신을 믿지 않는 외국 소수자의 의지를 "정상적인 폴란드인"에게 "강요"한다. 탱크를 동원하고 동원하지 않고의 차이는 있지만 말이다.[91]

그러므로 운동 지도자들의 증언을 받아들인다면, 중부유럽 비자유주의의 등장은 1989년 이후 동방의 개혁이 모방을 목표로 하면서 생긴 억눌린 원한의 탓이 컸다. 공산주의자와 민주주의자 사이의 냉전적 분할이 1989년 이후 모방자와 모방 대상 사이의 분할로 대체되면서 도덕적 위계가 만들어졌고, 그것은 엄청난 불안정 요인임이 드러나게 된다. 마리아 슈미트는 오르반의 헝가리를 다룬 서방 매체의 보도에서 논평하면서, 그들이 "식민지에 대해 했던 것처럼 윗사람이 아랫사람에게 하듯이 일방적으로 이야기한다"[92]라고 말했다.

비서방 세계에서 있었던 식민지 지배와 착취의 역사를 탈민족주의 유럽연합에 조화롭게 편입되는 부담을 받아들이기로 한 중부유럽의 자발적인 결정과 동일시하는 것은 잘못일 것이다. 그러나 두 경우 모두 서방의 규범과 제도를 자발적으로 받아들인 것은 때로 부담스러운 의무와 책임을 받아들이는 일뿐만 아니라 순종과 심지어 예속까지도 암묵적으로 받아들이는 일을 수반하는 것이었다. 이 지역의 반자유주의 운동은 틀림없이 서방에 같은 유럽인으로서 환영받을 것으로 기대했던 사람들에게 매우 화가 나는 굴욕적인 예속에 대한 반동이다.

중부유럽 지도자들은 지금 모방자와 모방 대상의 관계에 내재된 위계를 뒤집기 위해 동방과 서방의 핵심적인 차이점이 다시 한 번 바뀌었다고 말한다. 그것은 공산주의자 대 민주주의자나 모방자 대 모방 대상이 아니다. 그 대신에 그것은 종족적으로 동질적인 사회와 종족적으로 다원적인 사회 사이의 차이, 전통적인 다수가 지배하는 나라와 소수자의 '잡탕'이 다수의 의지를 꺾는 나라 사이의 차이가 됐다. 순혈과 잡종 사이의 이 상상된 대조는 분명히 상황을 역전해 중부유럽을, 발버둥치는 백인 기독교도 정체성을 보존하기 위한 마지막 싸움을 벌이는 진정한 유럽으로 발돋움시키고자 함을 의미한다.

국가 또는 지역 규모의 모방을 그렇게 넌더리나게 만드는 것은 모방자가 도덕적·문화적·인간적으로 모방 대상에 비해 열등하다는 함의뿐만이 아니다. 모방하는 국가는 법적으로 인가된 표절자이므로 간접적으로 빌려다 쓰고 있는 정치적·경제적 처방의 저작권을 가지고 있는 자들에게 꼬박꼬박 축복과 승인을 구해야 한다. 그들은 또한 자기네가 서방의 기준에 부응하고 있는지 아닌지를 평가하기 위한 서방 사람들의 권리를 군소리 없이 받아들여야 한다.

유럽연합이 폴란드와 헝가리 모두에서 사법 및 언론의 독립을 난폭하게 침해하는 것을 보면서도 놀랍도록 수동적인 것은 이것이 실질적인 문제가 아니라 상징적인 문제임을 의미한다. 그것은 그러한 서방의 판단이 심리적으로 덜 중요하다는 것은 결코 아니다. 서방의 강제와 강요가 없더라도, 한 나라에 대한 깊은 지식이 없는 외국의 심판자들로부터 꼬박꼬박 평가를 받는다는 것은 분노의 정치를 폭발시킬 수 있다.

탈공산주의 시기의 서방 모방이 동방의 자유로운 선택이기는 했지만, 그것은 서방에 의해 권장되고 지도된 것이었다. 우리가 말하고자 하는 것은 서방이 수수방관하면서 아무것도 하지 않았다면 이 지역이 정치적으로 잘됐으리라는 것이 아니다. 우리가 설명하고자 애써온 것은 처음에는 원했던 외국의 표준을 채택한 것이 왜 결국 합의되지 않고 강요된 일의 경험으로 끝나버렸는가 하는 점이다. 이 지역의 새로운 형태의 반자유주의에서 가장 중요한 것은 국가 주권의 침해라기보다는 국가의 존엄성에 대한 모욕이다.

중·동유럽에서 권위주의적 쇼비니즘과 이방인 혐오가 대두한 것은 정치철학이 아니라 정치심리학에 그 근원을 두고 있다. 대중주의가 지배하는 곳에서는 지적인 지배가 없다. 어떤 대중적인 요구든 그것은 1989년 이후 '긴요한 모방'과 거기에 수반된 모든 모욕적이고 굴욕적인 함의를 인식한 데 따른 뿌리 깊은 혐오감에서 나온 것이다. 그리고 그것은 서방에서 1968년 저항의 뒤를 이어 나타난 소수자 중심의 문화적 변혁에 대한 거부로 인해 불길이 거세어졌다. 따라서 중·동유럽 비자유주의의 기원은 정서적인 부분에 있고, 이데올로기와는 관계가 없는 것이었다. 외국 문화가 자기네 것보다 훨씬 우월하다는 것을 인정하도록 요구하는 수십 년 된 계획에 수반된 "난도질에 의한 굴욕"에 대한 저항에 뿌리를 둔 것이었다.

철학적인 의미에서 비자유주의는 '식민지적' 의존성과 서방화라는 계획 자체가 암시하는 열등성을 떨쳐내기 위해, 널리 공유된 본능적인 욕구에 지적 위신이라는 품위를 부여하려는 가면이다. 카친스키가 "자유주의"를 "국가라는 개념 자체에 반하는 것"[93]으로 비난하고, 마리아 슈미트가 "우리는 헝가리인이고 우리는 우리 문화를 보존하기를 원한다"[94]라고 했을 때, 그들의 과열된 토착민주의는 외국의 표준에 따라 외국인들에 의해 평가받는 것에 대한 거부를 포함하고 있다. 반이민 향수에 대한 오르반 빅토르의 말에 대해서도 같은 이야기를 할 수 있다.

"우리는 다양성도 원하지 않고 뒤섞이는 것도 원하지 않습니다. (⋯) 우리는 1100년 전 이곳 카르파티아분지에 자리 잡았던 때처럼 되고 싶습니다."[95]

이것은 대중주의자들이 자기 나라의 과거들 가운데 하나를 골라 그것이 나라의 **진정한** 과거, 서방 근대성의 오염으로부터 구해야 할 것이라고 주장하는 좋은 사례다(물론 헝가리 총리가 1100년 전 헝가리인들이 어떤 모습이었는지를 그토록 생생하게 기억한다는 것은 놀라운 일이다). 그리고 그는 서방인들에게 '우리'는 '당신들'을 모방하려 애쓰지 않고 따라서 외국인들이 헝가리인들을 자기네의 저급하거나 설익은 모방품으로 생각하는 것은 얼토당토않은 일이라고 말하면서, 또한 스스로의 먼 조상(자취도 거의 남아 있지 않다)을 모방하는 데는 스스로의 모습을 찾는 것 외에는 별다른 노력이 필요하지 않다고 말하고 있다.

비자유주의 정치인들의 정치적 성공은 표준이라고 하는 외국 모델 앞에서 굽실거리며 20년을 보낸 데 대한 대중의 불만에 덕을 보고 있다. 이는 대중주의자들의 과장된 연설에서 유럽연합과 소련이 비슷한 것으로 취급받는 이유를 설명해준다.[96] 1940년대 후반의 소련과 1990년대 후반의 유럽연합은 모두 "동유럽에 지리적으로 인접한 한 무리의 복제 정권을 창설"[97]했다. 이러한 비유가 부자연스럽다는 것은 강조할 필요가 없다. 소련 공산주의 모방은 강요된 것이고, 유럽 자유주의 모방은 초대된 것이기 때문이다. 그러나 그럼에도 불구하고 대중주의자들은 그들을 도덕적으로 같은 부류라고 치부한다. 그들이 보다시피 소련과 유럽연합은 모두 '속국'에게 복종의 형식을 요구했으며, 그 목표는 민족 전통을 말살하는 것이기 때문이다.

그러나 일반적으로 인정된 '긴요한 모방'에 대한 민족주의적 저항은 의도하지 않았던 나쁜 결과를 낳았다. 동유럽 대중주의자들은 전통이 모방의 문제에 대한 해결책이라고 열렬하게 주장함으로써 자기네 나라 역사를 자주 고쳐 쓸 수밖에 없었다. 냉전 시기에 중부유럽인들은 소련 모델을 모방하라는 요구에 저항하면서 자기네 전통이 근본적으로 자유주의적이고 유럽적이라고 표현했다. 그것은 너른 서방 문명의 흐름에서 또 하나의 조류였을 뿐이다. 반면에 오늘날 그들은 자기네의 의지에 반해 자유주의적 서방으로 편입되는 데 반대하는 것을 정당화하기 위해 "자기네의 전통"을 들먹인다. 이 놀라운 반전은 그러한 "그들의 전통"[98] 같은 것은 정말로 없다는 것을 분명히 보여준다. 이미 말했듯이 모든 나라는 많은 과거와 많은 전통을 가지고 있고, 그 전통들은 때로 서로 모순되기도 한다. 대중주의자들의 말잔치 포석은 헝가리와 폴란드 같은 나라의 과거에서 가장 덜 유순하고 가장 편협한 부분을 뽑아내 자의적으로 이를 서방의 해로운 영향으로부터 보존해야 할 진정한 과거의 위치로 올려놓는 일이 포함된다.

결론적으로 이는 우리에게 메리 셸리의 《프랑켄슈타인》을 생각나게 한다. 미국 사회학자 킴 셰펠Kim Scheppele은 이 비유의 연장선상에서 오늘날의 헝가리(《프랑켄슈타인》의 등장인물인 빅토르 프랑켄슈타인과 같은 이름의 또 다른 빅토르가 통치하는 나라다)를 '프랑켄스테이트Frankenstate'로 묘사했다. 정교하게 꿰매어진 서방 자유민주주의의 요소들로 구성된 비자유주의 변종이다.[99] 셰펠이 매우 충분하게 보여주고 있는 것은 오르반이 산발적인 모방이라는 영리한 정책을 채택함으로써 그의 권력에 대한 위협을 회피하는 데 성공했다는 것이다. 그의 개혁이 비자유주의적 성격을 띠고 있다고 유럽연합으로부터 공격을 받을라 치면 헝가리 정부는 언제나 논란이 된 법적 절차와 규정과 제도가 회원국 가운데 한 나라의 합법적인 체제를 충실하게 모방한 것임을 재빨리 지적한다. 오르반 총리는 모방을 수동적으로 허용하는 대신 그것을 전략적으로 채택한다. 오르반은 선택적 모방을 통해 출판의 자유 및 사법권 독립에 대한 공격을 이유로 헝가리 정권에 벌칙을 과하려던 유럽연합의 시도들을 좌절시킬 수 있었다. 오르반은 자유주의적 부품으로 비자유주의적 완제품을 조립함으로써 서방의 '긴요한 모방'이라는 생각 자체를 노골적인 우스갯거리로 만들며 유럽연합을 패퇴시켰다.

오르반은 과거의 공산당 방식으로 언론을 검열하는 대신 날조된 경제적 이유를 들어 적대적인 신문들의 폐간을 강요했다. 그런 뒤에 돈 많은 자신의 친구와 동맹자들을 동원해 전국 또는 지방의 언론사를 사들여 텔레비전 채널과 신문들을 모두 국가 권력의 통제를 받는 기관으로 돌려버렸다. 이것이 그가 선거 조작과 엄청난 수준의 내부자 부패에 대한 공적인 검증을 피해온 방법이다. 그는 또한 법원을 충성파 판사들로 채움으로써 합법성과 합헌성을 분명히 갖추었다고 주장할 수 있었다. 따라서 그러한 체제의 합법성은 선거에서의 승리보다는, 자의적으로 설명된 '진정한 민족'을 내부 및 외부의 적들로부터 방어한다는 지배자의 주장에 더 의존한다.

동유럽에서 대두하고 있는 오르반식의 비자유주의 정권들은 이렇게 정치는 친구와 적 사이의 멜로드라마 같은 마지막 일전이라는 카를 슈미트의 이해를 자유민주주의의 제도적 외관과 결합시켰다. 오르반은 이런 숨바꼭질 놀이를 통해 스스로를 가치관 동맹으로 규정하고 있는 유럽연합 안에서 살아남을 수 있었을 뿐만 아니라, 유럽을 비자유주의 민주국가 연방으로 바꾸려는 목표를 갖고 있는 점점 더 강력해지는 범유럽 '프랑켄슈타인 연합체'의 지도자가 될 수 있었다. 그가 결국 실패할 것이라고 확신할 만한 이유는 별로 없다.

제2장

복수로서의 모방

가장 좋은 복제는 나쁜 원본의 문제점을 드러내 주는 복제다.[1]

– 프랑수아 드 라로슈푸코

1992년 1월 1일, 세계가 잠에서 깨어 보니 소련은 지도상에서 사라지고 없었다. 군사적 패배나 외국의 침략이 없었는데도 세계의 두 초강대국 가운데 하나였던 나라가 산산조각이 났다. 그런 놀라운 상황 변화를 어떻게 설명할 수 있을까? 이 해체는 모두의 예상을 깨고 일어난 일이었다. 소련 제국은 너무 커서 망할 수 없고, 너무 단단해서 무너질 수 없고, 핵무기가 너무 많아서 서방이 괴롭힐 수 없는 나라였다. 소련은 수십 년의 격동기를 지나면서도 거의 온전하게 살아남았다. 이 나라는 어떻게 해서 국민 대부분이 "나라가 무너지고 있다는 것조차 느끼지 못한"[2] 순간에 경고도 없이 안으로부터 무너진 것일까? 역사학자 스티븐 코트킨 Stephen Kotkin은 이렇게 묻는다.

"충성스러운 자국 군대와 무기로 완전무장한 소련의 수많은 엘리트들이 왜 사회주의도, 연방도 전력을 다해 지키는 데 실패했을까?"[3]

서방에게 '주적'(동시에 자유민주주의 정치·경제체제 모델에 대한 대안의 가장 중요한 구현체였다)이 사라진 충격적인 돌발 사태는 이데올로기 대립의 거대한 시기가 끝났음을 입증하는 것으로 보였다. 공산주의의 붕괴는 예상 밖이었고, 단순히 미국이나 서방이 아니라 '역사' 자체가 공산주의의 종말을 선언했다는 증거로 인용된 것은 바로 그 예상 밖이라는 성격이었다.

유일하게 가능성 있는 자유민주주의의 경쟁자가 사라졌으니, 이상적인 정부 형태에 대해 더 이상 놀라운 일은 있을 수 없었다. 서방의 생활 방식은 승승장구하고 있었다. 토머스 바거는 "삶을 변화시키는, 냉전의 종말 같은 완전히 예상치 못하고 비선형적인 사건의 경험으로부터" 서방이 "미래에 대한 완전히 선형적인 전망을 끌어냈다"는 것은 "무언가 매우 역설적"[4]이라고 말했다. 역설적이든 아니든, 러시아 역시 점차 자유민주주의로 나아가고 있다는 믿음은 당시 서방의 많은 러시아 전문가들이 공유하고 있었다.

냉전이 끝난 뒤 일부 낙관론자들은 심지어 러시아가 2차 세계대전 이후 독일의 발자취를 따라 다당제 정치를 도입하고 법적으로 규제되는 시장경제의 혜택을 누리게 될 것이라고 추정했다. 러시아는 서방의 제도와 정치 관행을 받아들이고, 냉전의 승자가 베푸는 재교육에 저항하고 스스로를 자유민주주의 정신의 반대자로 자리매김하는 대신 서방이 지배하는 세계 체제를 유지하는 데 협력하리라는 것이다. 왜 그렇게 되지 않았는지를 밝히는 것이 이 장에서 이야기하려는 목표다.

실제로 지난 10년 동안 러시아의 움직임은 전후 독일의 움직임과 비슷하다. 다만 1차 세계대전이 아니라 2차 세계대전 이후 독일의 움직임이다. 독일은 이때 '경제 기적'을 이루어 민주화에 대한 대중의 지지를 굳건히 했다. 푸틴의 러시아는 1차 세계대전 이후의 독일처럼 앵돌아선 수정주의 세력이 됐다. 유럽 질서를 파괴하는 데 초점을 맞추고 있는 듯했다. 그리고 러시아는 계속해서 미국을 모방했지만, 그들의 목표는 대화나 융합이 아니라 복수와 설욕이었다. 이는 러시아가 잃어버린 지위와 세력을 회복하는 데 거의 또는 전혀 도움이 되지 않음에도 추구한 것이었다. 러시아가 반서방(가짜 서방화에 대한 반대로서의) 활동을 위해 모방에 의존하고 있음을 잘 보여주는 사례는 2016년 미국 대통령 선거에서 러시아인 댓글 부대가 온라인에서 미국인을 가장해 혼란의 씨를 뿌리고 트럼프 당선 가능성을 높이며 이 나라에 내분을 일으키려 했던 일이다.

서방의 형식과 규범을 모방하는 것은 러시아의 냉전 이후 경험의 중심이었다. 모방의 형식은 시간이 지나면서 발전했지만, 개종이 현실적인 선택지였던 적은 결코 없었다. 러시아가 이전에 서방으로부터 정치 모델을 수입하려 했던(공업 생산에서 서방의 기술과 방법을 차용하는 데 대한 반대로서) 유일한 시도는 볼셰비키 혁명으로 인해 끝난 알렉산드르 케렌스키(1881~1970)의 단명한 집권기였다. 러시아의 신세대 반서방화론자들이 생각하듯이 거기에 교훈적인 이야기가 담겨 있다.

탈공산주의 러시아에서 모방의 정치는 세 개의 분명한 시기로 나뉘어 전개됐다. 정치인이 선거를 통해 시민들에게 책임을 지는 일은 1990년대에 이미 연출의 결과이자 환상이었다. 보리스 옐친(1931~2007) 정권이 책임성이 있었다면 1993년 최고회의에 포격을 가하지 않았을 것이고, 1996년 선거를 도둑질하지 않았을 것이고, 이고르 가이다르의 경제개혁 계획을 국민투표에 부치거나 러시아의 국부國富가 "옐친과 그의 '개혁가' 팀의 완전한 동의 아래 소수의 미래 올리가르히(신흥 재벌)들에게 약탈"[5]

당하도록 허용하는 일을 조심스럽게 피했을 것이다.

그럼에도 불구하고 민주주의를 가장하는 것은 러시아 정권이 서방 정부들 및 비정부기구(NGO)들로부터의 압력을 줄이면서 지도부가 대중적 지지가 거의 또는 전혀 없는 철저한 경제개혁을 추진하는 방편으로 유용하다는 것이 입증됐다. 푸틴의 친구인 블라디슬라프 수르코프^{Vladislav Surkov}는 이렇게 말한다.

러시아가 서방으로부터 받아들인 다층적 정치제도는 때로 반의례半儀禮적이고 '남들처럼' 보이기 위해 만들어진 것으로 보인다. 특이한 우리 정치문화가 이웃들로부터 지나친 관심을 끌지 않고, 그들을 자극하거나 겁먹게 하지 않도록 말이다. 그것은 다른 사람들을 방문할 때 입는 나들이옷 같은 것이고, 국내에서는 집에서 옷 입듯이 한다.[6]

이 속임수는 정권 내부자들이 격변의 10년에서 살아남는 데 도움을 주었다. 첫 시기에서 부드럽게 넘어가는 두 번째 시기는 21세기로 접어드는 무렵에 시작된다. 푸틴이 대통령 자리에 오르던 때다. 그는 여전히 선거를 치렀지만, 현재 국가권력을 행사하고 있는 사람 외에 가능한 대안이 없다고 러시아 국민을 설득하는 것이 주된 목적이었다. 보다 급격한 단절이 있었던 세 번째 시기는 2011~2012년으로 거슬러 올라간다. 대략 그 시기에 러시아 정권은 아래에서 논의할 이유들로 인해 전략을 바꾸었다. 서방 외교정책 실행의 선택적 미러링 또는 억지스러운 모방이다. 러시아의 공격에 직면한 서방의 약점을 드러내고, 미국이 이끄는 자유주의적 세계 체제의 규범적 토대를 허물자는 것이었다.

우리는 지금 이 세 번째 시기에 머물러 있다.

역사의 종언 이후의 삶은 더 이상 '중산층의 권태$^{bourgeois\ ennui}$'로 특징지어지는 '슬픈 시대'가 아니었고, 오슨 웰스의 고전 영화 〈상하이에서 온 여인〉(1947)에 나오는 상징적인 '거울의 방' 장면과 유사해지기 시작했다. 모두가 피해망상증에 걸려 있고, 공격성이 증가하는 세계다.

러시아 수정주의의 기원

뮌헨안전보장회의는 세계 각국의 국방부 장관과 국회의원, 그리고 국가안보 전문가들이 모이는 연례 회의다. 이 회의는 1960년대 초 충격적이고 급작스러운 베를린 장벽 건설 얼마 뒤에 시작됐다. 2007년 2월 10일 블라디미르 푸틴이 이 회의에서 연설했을 때, 객석에서 숨죽이고 있던 청중들은 1961년 8월의 그 운명적인 일요일 아침에 일어나 자기네 도시가 잔혹하게 둘로 나뉜 모습을 발견한 베를린 사람들과 거의 비슷하게 망연자실했다. 푸틴의 신랄한 이야기는 탈공산주의 시기 러시아의 서방 열강에 대한 존중이 끝났다는 신호를 보내기 위한 것이었다. 그는 불합리하게 자기만족에 빠진 청중에게, 자신이 연설하고 있는 동안 동방과 서방 사이에 비우호적인 의도로 가득 찬 새로운 장벽이 건설되고 있다고 말했다.[7]

연단에서 너무 가까운 앞줄 테이블에 나란히 앉아 결코 편안할 리 없었던 앙겔라 메르켈 독일 총리는 실망한 듯했고, 로버트 게이츠$^{Robert\ Gates}$ 미국 중앙정보국장은 당황한 듯했으며, 존 매케인$^{John\ McCain}$ 미국 상원의원은 분노한 듯했다. 서방의 정치 지도자들과 언론의 평론가들은 물론 푸틴 대통령이 단극적이고 미국이 지배하는 국제 질서에 대해 지나가는 불만을 표할 것이라고 예상하고 있었다. 그러나 그들은 지리정치학적 불바람을 정면으로 받게 되는 상황에 대해서는 전혀 준비가 돼 있지 않았다.

푸틴의 공격적인 연설은 마치 전쟁 선포 같았다. 그것은 서방 열강이 만들어놓은 지구촌 안보 구조에 대한 통렬한 공격이었다. 거기에는 서방 정부들에 선처를 호소하는 비서방의 탄원자들이 점잖게 행동하도록 요구되는 비공식 규범을 어기겠다는 매우 신랄한 혼잣말이 여기저기 박혀 있었다. 그는 나토의 팽창을 배신행위라고 비난하면서, 그러한 동방 잠식은 결코 허용되지 않을 것이라는 오랫동안 잊혔던 공식 약속을 한 구절 한 구절 그대로 인용했다.

그러나 서방에 대한 그의 불만 목록은 더욱 심원한 것이었다. 그는 미국이 "지구촌을 불안정"하게 하고 있으며, 노골적으로 "국제법을 무시"하고 있다고 비난했다. 세계의 "유일한 권위 중심, 유일한 권력 중심, 유일한 의사결정의 중심"이 돼서 다른 나라들에 허용되는 행위를 지정하려는 미국의 노력은 처참하게도 역효과를 낳았다. 미국의 "국제관계에서 절제되지 않은 힘(군사력)의 과도한 사용"은 "세계를 영원한 갈등의 심연으로 빠뜨리고 있다"라고 그는 설명했다.

푸틴의 이야기는 서방 밖에 있는 모든 나라가 서방의 "국제 인권 규범"을 받아들이도록 도덕적으로 강제되고 있다는 자신만의 견해를 언급할 때는 특히 공격적으로 변했다. 자유민주주의를 위해 노력해야 할 전 인류의 의무라는 것은 서방의 무례한 독단이었다. 미국인들은 "다른 나라의 내부 문제에 개입"하는 것을, 자기네 정치·경제체제가 전 세계적으로 바람직하고 모방할 수 있다는 점을 들어 정당화했다. 서방 지도자들은 인권과 민주주의, 그리고 다른 거창한 가치관들에 관해 설교를 늘어놓으면서 줄곧 자기네 나라의 지리정치학적 이익을 추구하고 있었다. 이때쯤 그러한 후안무치한 이중잣대에 대한 의존은 푸틴의 괴로운 강박관념 가운데 하나가 됐다. 이에 필적할 만한 것으로는 오직 '존중' 결여(그는 서방이 러시아를 일상적으로 그렇게 대했다고 생각한다)에 대한 그의 분노가 있을 뿐이다.

그가 보기에 냉전 이후 '모방 시대'는 사실 '서방의 위선 시대'였다. 이른바 "자유주의적 국제 질서"는 세계를 지배하려는 미국의 의지를 투영한 것일 뿐 어떤 고귀한 것은 아니라고 푸틴은 시사했다. 보편주의는 서방의 배타주의였다. 미국은 자기네의 영향권 확대를 자유의 변경 확대로 포장했다. 서방이 대중적 민주주의 혁명으로 찬양했던 것은 그저 서방이 후원한 쿠데타였다.

푸틴의 연설에서 눈길을 끈 것은 러시아가 냉전 종식 이후 얼마나 부당한 대우를 받았는지에 대한 러시아 당국의 일반적인 불평의 재탕이 아니었다. 청중들도 푸틴이 서방을 비난한 말의 강도에 충격을 받은 것이 아니었다. 그들을 깜짝 놀라게 한 것은 푸틴 대통령이 스스로 모든 것을 알고 있는 선지자의 외피를 쓰고 있었다는 점이었다. 냉전 기간 동안 소련은 자기네가 미래의 모습이 어떻게 될지 정확히 알고 있는 듯이 이야기했다. 뮌헨에서 푸틴이 취한 자세도 그와 비슷했다.

그러나 이전의 소련 사람들과 달리 그는 미래에 지구촌 문제를 주도할 것이라고 생각하는 이데올로기를 대표해서 말한 것은 아니었다. 반대로 그의 새로운 자기주장은 밝히지 않은 확신에서 나온 것이었다. 승자가 아니라 패자가 미래에 어떤 위험이 기다리고 있는지를 더 잘 알고 있다는 확신이다. 그의 주장은 1989~1991년 소련의 패배가 불행처럼 보이는 축복이었다는 것이다. 이 비극적인 사건은 그의 나라로 하여금 다가

올 매우 경쟁적이고 완전히 비도덕적인 세계에 대해 마음을 굳게 먹도록 만들었다.

패자가 승자보다 미래에 대해 분명한 그림을 가지고 있다는 생각은 새로운 것이 아니다. 독일의 한 유명한 지성사 연구자에 따르면, 국제 분쟁의 승자는 승리에 취해 통상 자기네의 성공을 정의의 승리이자 깊숙한 역사적 추세의 숙명적인 정점으로 본다. 역사에서 우연이 결정적인 역할을 한다는 것을 더 예리하게 인식하는 패자는 "설명할 수 있는 중장기적 요인을 찾고 아마도 예기치 못한 결과를 낳는 사건을 설명한다."[8]

이것이 푸틴의 2007년 뮌헨 연설이 국제정치에서 그렇게 결정적인 전환점이 되는 이유다. 러시아가 자신만만한 승자로 하여금 마침내 더 슬프지만 더 현명한 냉전의 패자에게 귀를 기울이도록 강제한 것이 바로 뮌헨에서였다. 러시아가 냉전의 종식이 러시아 인민과 서방 민주주의의 공산주의에 대한 동반 승리라는 찬양의 줄거리를 받아들이는 척하기를 그만둔 것이 바로 뮌헨에서였다. 그리고 푸틴이 러시아는 자신의 죄를 뉘우치고 올바른 행동을 배울 수 있는 서방 클럽에 받아들여달라고 간청한 1945년 이후의 독일처럼 행동하지 않을 것이라고 선언한 것 역시 바로 뮌헨에서였다. 1985년 독일 대통령 리하르트 폰 바이츠재커는 히틀러의 패배가 독일의 이웃들뿐만 아니라 독일 국민들에게도 '해방의 날'이었다는 유명한 말을 했다.[9] 푸틴은 이 말을 되풀이할 생각이 없었다.

그는 1989년 당시 동독 드레스덴의 KGB(국가보안위원회) 기지에 배속돼 장벽 붕괴를 민족 해방이 아니라 민족의 굴욕으로 경험했다.[10] 이에 따라 푸틴 대통령은 뮌헨에서 자신의 나라를, 돌발적으로 냉전에서 패했지만 반격을 모색하고 있는 강국으로 묘사했다. 그는 뻔뻔스럽게도 1차 세계대전 이후 승리한 열강들이 부과한 징벌적인 베르사유조약에 대한 더 오래된 독일의 유명한 분노를 되풀이했다. 그리고 그는 유럽의 가장 참혹한 20세기 비극의 중심에 모인 역사의식이 있는 청중들 앞에서 그런 말을 했다.

푸틴의 저항 메시지 전달 장소 선택에 숨어 있는 도발적 요소는 청중에 대한 감전 효과를 더욱 크게 만들었다. 1938년 히틀러에 대한 유화정책^{Appeasement}(새로운 전쟁을 두려워한 서방 열강이 뮌헨 회담을 열어 독일이 체코슬로바키아의 독일인 다수 지역인 주데텐란트를 합병하는 것을 승인한 일을 가리킨다—옮긴이)을 떠올리게 하는 '뮌헨'은 베를린 장벽 붕괴 이후 서방 외교정책 담론에서 가장 많이 이용된 비유 가운데 하나다. 나토는 자신들의 이전 유고슬라비아에 대한 군사적 개입을 정당화하기 위해 또 하나의 '뮌헨'을 용납하지 않겠다는 약속을 인용했다. 그리고 이는 또한 미국이 이라크에서 벌인 전쟁을 합리화한 방법이기도 했다. 이 역사적 비유의 돌출성은 푸틴의 뮌헨 연설의 충격을 증대시켰다.

러시아는 냉전 이후 자유주의 체제를 파괴할 각오를 다지고 있다고 푸틴이 서방 지도자들에게 알린 것이 바로 이 도시에서였다. 충격은 분명했다. 서방은 러시아가 반서방으로 돌아서는 일에 전혀 대비가 안 되어 있었다. 그들은 20년 동안 탈공산주의 러시아를 오해하고 있었던 것이다.

러시아 사회가 희망에 부푼 초기의 시간이 조금 지난 뒤 냉전의 종말이 러시아인과 서방인들이 함께 승리자가 되는 '무혈 변혁'이라는 생각을 받아들일 수 없고 받아들일 생각도 없었던 이유를 설명하기는 어렵지 않다. 처음에 동유럽에서 해방과 독립으로 상찬을 받았던 것(소련 군대의 철수로 가시화됐다)은 러시아에서 영토와 주민과 국제적 위상의 상실로 한탄의 대상이 됐다. 러시아 안에서 러시아연방이 소련으로부터 '독립'한 것은 씁쓸한 농담거리였다. 이것이 이미 1993년과 1995년 국회의원 선거(이 두 선거가 아니었다면 러시아인들이 어떤 통치를 원하는지 알기 어려웠을 것이다)에 출마한 '민주적 개혁가들'이 지독히도 인기가 없었던 이유 가운데 하나다.

우리는 냉전이 직접적인 군사 대결이 없는 경제적·정치적 경쟁이라고 생각해왔지만, 베를린 장벽 붕괴는 경제체제와 기대가 무너지면 사람들이 총을 쏘는 전쟁에서와 마찬가지로 냉혹하게 죽어간다는 사실을 보여주었다. 1990년대 러시아의 사회·경제지표는 막 전쟁에서 패한 나라의 것과 비슷했다. 공산주의 붕괴 직후인 1990년대 초 구소련과 동유럽의 기대수명은 가파르게 떨어졌다. 러시아에서만 1989년에서 1995년 사이에 조기 사망이 130만에서 170만 명에 달한 것으로 추정됐다. 평균 기대수명은 1989년 70세에서 1995년 64세로 곤두박질쳤다. 근인近因으로는 자살과 마약, 알코올 중독(심혈관 및 간 질환의 확산으로 이어졌다)이 큰 폭으로 증가한 것이 꼽혔다. 가장 큰 희생자들은 중년 남녀였다. 심층연구 결과 이러한 죽음들에 영향을 미친 것은 직접적인 박탈도, 의료 체계의 악화도 아니었다.[11] 오히려 이는 극심한 경제적 혼란으로 인한 심리적 스트레스가 원인이었다.

소련 해체 이후 러시아인들 가운데 2500만 명에 이르는 사람들은 갑자기 자기네가 외국에서 살고 있음을 발견했다. 그들은 발 묶인 디아스포라였다. 자기네 나라 국경이 뒤로 물러나면서 자신도 모르는 사이에 국외 거주자가 된 사람들이었다. 직장 생활과 개인적인 관계망이 망가졌고, 가족도 재정적으로나 도덕적으로 모두 붕괴됐다. 거의 10년 동안 혼란과 범죄가 넘쳐났다. 이행학transitology(한 정치체제에서 다른 정치체제로 넘어가는 변화 과정을 연구하는 학문—옮긴이)이 아니라 외상학traumatology이 이 시기의 인생 경험을 연구하는 데 가장 알맞은 학문이었다. 러시아 세계는 뒤집어졌다. 삶의 계획과 기대는 회복할 수 없도록 산산조각이 났다. 푸틴의 친구이자 협력자인 블라디미르 야쿠닌Vladimir Yakunin은 KGB 요원과 러시아철도 사장(2005~2015)을 지냈는데, 회고록에서 이렇게 썼다.

많은 사람들로 하여금 공산주의 시대를 호의적으로 돌아보게 만든 이 상실감과 상처를 다른 나라들은 결코 진정으로 인정한 적이 없었다.

그는 소련에 대한 향수를 부인하며 계속해서 이렇게 주장했다.

내가 생각하기에, 누군가 러시아를 당시(1991년 이후의 어려운 시절)의 상황 그대로 이해하려는 시도를 하지 않는다면 그는 러시아의 지금 상태에 관해 많은 부분을 이해하는 데 어려움을 겪을 것이다.[12]

마찬가지로 오늘날 냉전의 종식을 인류의 가장 숭고한 도덕적 열망의 승리로 묘사하는 사람 가운데 어느 누구도 러시아가 전략이 아니라 앙심에서 오늘날 반서방 전쟁으로 돌아선 것을 이해할 수 없을 것이다.

서방에서는 공산주의의 죽음과 소련의 종말이 하나의 사건인 것처럼 이야기하는 경우가 흔하다. 그러나 푸틴 충성파만이 아니라 대다수 러시아인들에게 이는 아주 다른 두 개의 이야기다. 대부분의 러시아인들은 소련 공산주의와 당 독재가 사라진 것을 반겼다. 그러나 그들은 원치도 않고 예상치도 못했던 소련의 해체에 비통한 마음이었다. 그것이 자기네 나라였고, 자기네가 태어난 곳이었으며, 자기네의 모국이었기 때문이다. 나라를 빼앗긴 데 대한 억눌린 분노는 왜 그렇게 많은 구소련인들이 소련의 종말이 20세기의 "가장 큰 지리정치학적 재앙"이라는 푸틴의 말에 기본적으로 동의했는지를 설명해준다.[13]

러시아의 대표적인 반체제 인사이자 반푸틴 활동가인 알렉세이 나발니Alexei Navalny는 이렇게 말한다.

"러시아 사람들은 완전히 멍청하고 무용한 서방과의 대결을 위해 정상적인 생활을 포기한다는 생각에 설득당했다."[14]

그의 말은 옳다. 그러나 왜곡이 있다. 많은 러시아인들은 멍청하고 무용한 소련의 붕괴가 어떻든 믿을 수 없는 서방이 파악하기 어려운 '정상성'을 내걸고 꾸며낸 것이라는 정부 당국의 설명에 정말로 설복당했다.

완전히 평화로웠던 1989~1991년 정치적 붕괴의 성격은 그것을 더욱 충격적으로 만들었다. 이 역설은 서방에 그리 좋게 받아들여지지 않았다. 소련은 공격을 받거나 싸움을 하지 않고 붕괴했다. 지구상의 생명체를 없애버릴 수 있는 군사 초강대국이 요술쟁이의 신기루처럼 사라졌다. 인류를 종말의 참화로 위협했던 핵미사일은 체제가 내부로부터 무너지는 것을 막는 데 아무 소용이 없음이 입증됐다.

이 '패배 없는 붕괴'가 주민들에게 왜 그처럼 격렬한 효과를 미쳤는지는 소련의 정체성이 엄청난 것이었음을 상기해보면 분명해진다. 그것은 미래에 대한 허무맹랑한 열망이 아니라 과거의 희생과 조국 방어에 초점이 있었다. 1941~1945년 대호국전쟁大護國戰爭(2차 세계대전에서 독일의 침략에 맞서 싸운 소련의 항전을 가리키는 옛 소련권의 독특한 용어다—옮긴이)에서 있었던 소련 인민의 위대한 투쟁에 대한 기억이 이 정체성의 핵심에 있었다. 실패한 1991년 8월 쿠데타(말로는 조국을 구하기 위해 벌인 일이었다)의 무모한 계획과 실행은 상처에 소금을 뿌렸다.

그렇게 많은 사람들이 그렇게 많은 희생을 치른 이 체제를 지키기 위해 아무런 진지한 노력도 기울여지지 않았다. 자살은 거의 없었다.[15] 소련을 위해 싸우기를 꺼려하는 지도층을 불명예스럽게 생각하는 사람이 분명히 많지 않았기 때문이다. 지도층의 그런 모습은 아마도 표면상 그들이 근거로 삼고 있다는 공산주의 신조가 이때는 거의 모든 사람이 더 이상 믿지 않는 공허한 의례가 돼버렸기 때문이었을 것이다. 어찌 됐든 옐친의 연방 해체 압박을 고르바초프가 묵인했을 때 이에 항의해 사퇴한 관리는 한 명도 없었다.

1920년대 말 이탈리아 작가 쿠르치오 말라파르테Curzio Malaparte는 소련의 러시아를 방문해 이렇게 썼다.

혁명에서 대중을 억압하는 고통은 배반에 대한 그들의 강박관념이다. 혁명 대중은 언제나 자기네 지도자의 배반을 두려워하는 병사들과 같다. (…) 그들은 적에게보다 자기네 지도자들의 배반에 더 큰 패배감을 느낀다. (…) 그들은 배반이 있게 되면 즉시 그것을 알아차린다.[16]

60년 이상 지난 1991년, 공산주의의 종말에 분개하는 러시아인은 많지 않았지만 더 많은 사람들은 군사적 패배도 없이 소련을 무너지게 만든 지도층에 대해 배신감을 느꼈다.

소련은 저항도 하지 못하고 냉전에서 졌다. 그 굴욕은 인류 공동의 승리라는 서방화 이야기로도 덮을 수 없었다. 패배 없는 붕괴라는 알 수 없는 미스터리를 설명할 필요는 탈공산주의 러시아에서 음모론의 대유행을 낳았다. 정치 엘리트와 지식인들 사이에서도 마찬가지였다.[17] 분명히 소련 붕괴의 중요한 원인이었던 공산주의 체제의 역사적 실패는 끝없이 반복되는 국내의 배반과 러시아 문제에 대한 외국의 간섭 이야기들에 가려졌다.

공산주의의 종말 이후 공산 중국이 강대국으로 올라서자 소련이 내부로부터 무너진 것은 역사적으로 불가피한 일이었다기보다는 서투른 정책 결정이 잇달아 생긴 의도하지 않았던 결과임이 입증됐다는 주장이 나왔다.

그런 결과를 초래한 것은 공산주의가 아니라 고르바초프와 다른 소련 핵심 지도자들의 나약함과 순진함이라는 것이다. 오늘날 러시아에서 '순진하다'는 것은 아마도 정치인에게 퍼부을 수 있는 가장 고약한 비난일 것이다. 그것은 부패했다거나 무자비하다는 것보다 훨씬 고약하다. 그리고 '순진하다'는 것은 숨은 동기가 없는 순결한 정치행위가 가능하다고 믿는 것, 또는 이전의 적이 어찌어찌해서 친한 친구가 될 수 있음을 믿는 것을 포함한다.

소련이 어렵게 얻은 초강대국 지위를 정치적 순진함 때문에 잃었다고 비난하는 것은 원칙 없는 냉소주의와 무자비함을 러시아의 지리정치학적 부활로 가는 길로 받아들이는 것이나 마찬가지다. 그것은 더 나은 미래를 만들어내는 데 특별하게 유망한 방법은 아니다. 모스크바 거리에서 반정부 시위가 한창이던 2011년 12월, 푸틴은 힐러리 클린턴이 러시아 정부를 전복하기 위해 시위자들을 부추기고 있다고 비난한 뒤 지지자들을 향해 이렇게 말했다.

"우리는 모두 여기서 자란 사람들입니다. 우리 모두는 조직자들이 잘 알려진 시나리오에 따라서, 그들의 돈벌이를 위한 정치적 이익에 따라 행동하고 있다는 것을 잘 알고 있습니다."[18]

러시아 국내의 불만은 정말로 미국의 음모다. 대부분의 러시아인들에게 예기치 못한 소련의 종말이 준 가장 기억할 만한 교훈은 역사가 비밀

작전의 연속이라는 얘기일 것이다. 동방이든 서방이든 분명히 혁명 대중이 아니라 비밀스러운 정보기관이 역사의 진정한 견인차다.

러시아인들은 동유럽인들과 달리 자기네 체제의 붕괴를, 공산 당국을 외세의 점령으로 치부함으로써 받아들일 수 없었다. 그들에게 공산주의는 외부에서 온 통치가 아니었다. 소련 붕괴의 생소함에 더해진 것은 그것이 이전 공산주의자들 가운데 한 집단이 다른 공산주의자 집단에 승리한 것을 수반하고 있다는 사실이다. 혁명의 지도자 보리스 옐친은 바로 전까지 공산당 정치국 후보위원이었다. 1991년 이후 러시아에서는 다른 것은 거의 모두 변하기 시작했지만, 지배 계층은 거의 그대로 남았다. 반공산주의자들이 아니라 이전 공산주의자들이 공산주의 체제의 종말로부터 가장 눈에 띄게 이익을 얻는 사람들이 됐다.

어떤 상황에서라면 러시아인들은 공산주의의 패배를 그들을 위한 승리로 볼 용의가 있었을 것이다. 그들이 폴란드인들처럼 외세의 지배로부터 해방된 것은 아니었지만 말이다. 그러나 이는 그들의 생활수준이 놀랄 만큼 개선되거나 그들의 방대한 제국이 유지되는 일에 달려 있었다. 후자는 1920년대에 일어난 일이었다. 볼셰비키는 한편으로 공산주의의 언어로 이야기하고 당국黨國은 러시아 제국 영토의 대부분(전부는 아니다)을 유지하는 데 성공했다. 그러나 나라의 영토 대부분을 유지하면서 정치체제를 새로운 것으로 바꾸는 이 기적은 1990년대에는 되풀이되지 않았다. 대부분의 러시아인들에게 생활수준의 상당한 개선 역시 뒷날로 미뤄졌다.

정치체제의 변화가 왜 특히 인기가 없었는지에 대한 한 가지 중요한 이유는 그것이 참혹한 영토 및 인구의 손실과 함께 이루어졌다는 것이다. 러시아인들은 한때 강대했던 나라가 지리적으로나 인구 규모로나 줄어든 데다 세계의 가난뱅이로 변해 생존조차 서방의 선의에 의존해야 한다는 사실을 깨닫고 충격을 받았다. 그 결과 러시아인들은 패자 없는 공동 승자라는 아전인수격인 서방의 1989~1991년 이야기를 인정하기를 거부했다. 루이 14세 같은 구체제 군주와 나폴레옹 보나파르트 같은 근대의 대중주의자 폭군을 구분해주는 것은 전자는 인민을 억압했지만 후자는 인민을 억압하면서 그들로 하여금 자기네가 자유롭다고 말하도록 강요했다는 점이다.[19] 러시아인들도 1991년 이후 비슷한 경험을 했다. 그들이 보기에 자기네 나라가 무너져 내리고 있는 바로 그때 서방은 러시아가 소련 지배의 사슬에서 기적적으로 '해방'된 것을 찬양하라고 그들에게 요구하고 있었다.

이 자유주의의 무언극은 무표정한 얼굴로 이후 몇 년 동안 계속 공연됐다. 그러나 1998년의 경제위기와 러시아가 격렬하게 반대했던 나토의 유고슬라비아 폭격은 냉전의 종말이 정말로 러시아인들도 공유하는 공동의 승리라는 서방의 언설을 깨버렸다. 이 엄청난 분노를 담은 실망감(그저 이 나라의 권위주의적 DNA라는 것에 이끌린 것이 아니다)은 왜 "푸틴이 취임하면서 러시아에 강제로 주입된 민주주의를 시행하지 않겠다고 결심"[20]했는지를 설명해준다.

서방의 화법 뒤집기

푸틴의 2007년 뮌헨 연설은 냉전 승자들이 쓴 자화자찬적 역사 줄거리로부터의 '독립 선언'이었다. 1991년 12월 25일의 소련 해체는 러시아인들에게 구제된 경험이 아니었다. 그것은 공유된 승리가 아니라 불구대천의 원수들만이 기뻐 날뛴 굴욕적인 참패였다. 푸틴은 자유주의가 공산주의에 승리한 것은 소련이 냉전에서 결정적으로 패한 것임을 에두르지 않고 인정하면서, 1989~1991년에 대한 서방의 공식적인 해석을 공개적으로 거부했다. 이런 제스처는 하찮아 보일지 모르지만 그 결과는 엄청났다. 푸틴은 러시아의 비극적인 패배를 공개적으로 언급함으로써 옐친 집단 성원들의 족쇄에서 벗어났다. 그들은 자신의 권좌 등극을 기획한 사람들이었고, 통상 도덕적으로 중화된 서방 부역자로 받아들여지고 있었다. 그는 이런 방식으로 이야기함으로써 곧 자기네 인민의 해방자로 갈채를 받았다. 그는 그들을 자유주의적 위선으로부터 해방시킨 것이었다. 그는 자기네 국민들로 하여금 '이행'이 러시아인들을 더 나은 곳으로 데려다준다는 가식을 더 이상 떨지 않도록 만들어주었다.

2000년대 초에 이르자 푸틴은 국민들을 1991년 이후의 굴욕적인 '미제美製' 가치관의 위계로부터 해방시키는 데 성공했다.[21] 2014년 크림반도 합병 무렵에, 웃통을 벗은 그의 허장성세는 미국이 이끄는 단극 세계의 도덕적 편협성으로부터 러시아의 독립을 굳건하게 지켜냈다는 찬사를 널리 받았다.

서방의 민주주의 홍보자들이 보기에 러시아는 공산주의에서 빠져나온 다른 모든 나라들과 마찬가지로 서방을 모방하고 싶어 했다. 서방처럼 되고 싶었기 때문이다. 러시아인들은 자유롭고 공정한 선거와 권력 분산, 그리고 시장경제를 원한다고 했다. 그들 역시 서방의 친구들처럼 자유롭고 번영하기를 바라기 때문이다. 그러나 서방의 지나친 낙관론자들은 1991년 이후의 러시아가 서방을 모방하도록 운명 지워졌다는 데서는 옳았지만, 모델과 똑같이 되려는 모방자의 욕망이 모방의 유일한 이유라고 본 것은 잘못 짚은 것이었다.

러시아는 분명히 약했다. 그러나 그 엘리트는 소수의 사회적으로 고립되고 특수한 자유주의자들을 제외하고는, 인정된 상급자를 자발적으로 모방하려는 사람들이 요구하는 것 같은 도덕적 예속을 받아들일 태세가 아니었다.[22] 실제로 러시아의 정치 엘리트에 속하는 많은 사람들은 전략적인 소득과는 상관없이 비밀리에 복수를 꿈꾸었다. 독일의 문화사학자 볼프강 시벨부시Wolfgang Schivelbusch는 우아하고 통찰력 있는 그의 책《패배의 문화Die Kultur der Niederlage》에서 이렇게 말했다.

"패자는 승자를 거의 반사적으로 모방한다. (⋯) 차용자는 원본이 되는 국가의 정신이나 영혼이나 문화적 정체성에는 관심을 갖지 않는다."[23]

그러한 모방이 반드시 공손하게 이루어지지는 않는 것이다. 반대로 모방의 정치는 기본적으로 경쟁적이고 대립적일 수 있다. 패자는 적의 전략과 절차와 제도와 규범을 빌릴 수 있다. 심지어 그들의 최첨단 핵무기 기술을 훔칠 수도 있다. 승리의 기술을 손에 넣어 과거 승자와의 관계를 역전시키는 것이 장기적인 목표다.

논란이 많았던 2011~2012년 선거 이후 러시아는 서방 민주주의 흉내내기가 진지한 제도 개혁에 나서라는 서방의 압박을 막아내거나, 정치적 경쟁자들의 발목을 잡고 지역 관리들의 신뢰성을 검증함으로써 국내의 지지를 강화하는 임시변통 전략이라는 생각을 폐기했다. 그러나 소련이 붕괴한 지 20년이 지난 뒤에도 러시아는 모방 정치를 버리지 않았다. 단지 서방의 국내 체제를 모방하는 것에서 미국의 국제적 모험주의를 흉내내는 것으로 바뀌었을 뿐이다. 이런 움직임을 통해 러시아는 서방 모방을 서방에 대한 전쟁 선포로 용도 변경했다. 이것은 자연스러운 입장 전환이었다. 전쟁은 한 유명 군사학자가 설명했듯이 "인간의 행위 중 가장 모방적인 것"[24]이기 때문이다.

전시 모방의 가장 일반적인 대상은 전투의 수단과 방식과 목표다. 우리 이야기에도 본질적인 배경을 제공해줄 중요한 사례는 1970년대 말에서 1980년대 초 미국이, 1960년대 말에서 1970년대 초에 소련이 벌였던 은밀한 제3세계 지원을 의식적으로 모방했던 일이다. 미국은 아프가니스탄 무자헤딘에 군사 지원을 제공함으로써 의도적으로 소련에게 "그들의 베트남"[25]을 선사하고자 했다. 소련이 '미국의 베트남'(1차 세계대전 이후 미국이 가장 의기소침해진 군사적 패배였다)을 획책하는 데 도움을 주었기 때문에, 이 작전은 분명하게 소련이 곧 잊지 못할 맞대응을 생각한 것이었다. 소련이 복수의 악순환을 획책하고 있었다는 것은 당시 아마도 알고 있었지만 어리석게도 무시됐다.[26]

전시 모방의 한 형태는 적의 전략을 복제하는 것이다. 두 번째 형태는 여기서 우리가 관심을 가지고 있는 것이기도 한데, 적이 자기네 행동의 부도덕함과 위선을 볼 수 있도록 거울을 들이대는 것이다. 그러한 미러링은 적의 목표와 행동방식을 모방하는 역설적이고 공격적인 방법이다. 그 목표는 서방의 자유주의적 가면을 벗겨내, 미국 역시 공들여 만든 그 이미지와는 반대로 국제무대에서 정글의 법칙에 따라 움직이고 있음을 보여주는 것이다.

러시아의 입장에서 볼 때 서방은 소련을(그리고 바르샤바조약을) 박살내기 위해 모의했다. 뮌헨에서 푸틴은 그에 대한 대응으로 은혜를 갚겠다고 맹세했다. 실제로 러시아는 그의 지도 아래 서방 동맹과 나토를 박살낼 음모를 꾸며왔다. 이 목표를 위해서는 정보활동이 필수적이었다. 푸틴의 반나토·반서방 논제가 미국에 의해 그대로 반복되고 있다는 것은 공감과 측면 보상의 개재 여부와 상관없이 미러링이 효과적인 지리정치학적 전술임을 강력하게 시사한다. 이제 미국 대통령은 미국이 인류의 행복은 전혀 고려하지 않은 채 국제 활동을 하고 있다는 러시아의 냉소적인 반미 관점을 공개적으로 되뇌고 있다.

러시아는 2011~2012년 선거 몇 년 전에 처음으로 서방에 거울을 들이대는 실험을 했다. 푸틴은 논란 많은 뮌헨 연설 1년 뒤인 2008년 2월, 서방이 코소보를 '무서운 선례'로 인식하고 있음을 지적했다.

"그것은 단지 수십 년이 아니라 수백 년 동안 널리 받아들여졌던 국제 관계의 전체 시스템을 깨버리고 있습니다. 그리고 그것은 틀림없이 전대미문의 결과들을 초래할 것입니다."

코소보를 승인한 서방 열강은 "자기네가 하고 있는 일에 대해 오판을 했다"라고 그는 말하고 이렇게 덧붙였다.

"결국 이는 끝이 두 개인 막대기이고, 어느 날 그 다른 쪽 끝이 돌아와 그들의 머리를 때리게 될 것입니다."[27]

막대기의 다른 쪽 끝은 그로부터 몇 달 뒤에 서방의 머리를 때렸다. 러시아가 2008년 8월 그루지야(조지아)와의 전쟁 이후 남오세티야와 압하지야를 점령한 것이다. 더 역설적인 것은 러시아가 미국의 반짝이는 자유주의 화법을 택하고 인권을 들먹이며 간섭을 정당화했다는 것이다. 대외적인 개입에 대해 이렇게 미국의 이론을 빈정거리듯 패러디하는 일은 크림반도 병합 이후에도 되풀이됐다.[28] 한 언론인이 이렇게 지적한 것은 옳았다.

푸틴과 그의 추종자들은 시리아와 우크라이나에 대한 러시아의 정책을 합리화하면서 클린턴 행정부가 코소보에 대해 사용했던 주장에 노골적으로 의존했다. 나토가 유고슬라비아 내전에 관여할 수 있다면 러시아가 시리아에서 같은 일을 할 수 없는 이유가 무엇인가? 실제로 러시아는 시리아의 맹방이다. 그 정부를 보호하기로 조약을 통해 맹세했다. 그리고 사담 후세인의 쿠르드인 대량학살이 그를 난폭하게 권좌에서 끌어내린 이유였다면, 러시아는 왜 그루지야와 우크라이나에서 했다고 스스로 주장하는 것처럼 박해받는 러시아 민족을 보호해서는 안 되는가?[29]

러시아는 1990년대에 헌법재판소 같은 서방 제도의 포툠킨 모형을 만들었다. 자유민주주의적 열망을 공유하는 척하는 것은 당시의 지배 세력에 어울리는 것처럼 보이고 그 지도자들이 환심을 사는 방법이기 때문이다. 사실 이것은 아마도 서방이 지배하는 세계에서 살아남는 유일하게 가능한 방법이었을 것이다. 푸틴이 권력을 강화하면서 러시아는 훨씬 전투적인 방식으로 서방을 모방하는 쪽으로 옮겨갔다. 러시아의 보복적 형태의 새로운 모방은 과도한 칭찬을 받던 서방 모델을 깎아내리고 서방 사회로 하여금 자신들의 규범과 제도의 우월성에 의문을 품게 하는 것이었다. 자유주의 패권의 약속은 서방에 대한 모방을 중심으로 조직된 세계가 미국의 이익에 적합한 자유주의 세계가 되는 것이었다. 푸틴은 이런 이야기를 처음부터 다시 써나갔다. 서방에 대한 모방을 2차 세계대전 이후 미국이 그렇게 공들여 만들려 애썼던 국제 질서를 해체하는 도구로 바꿔버린 것이다.

권력 강화를 위한 민주주의 흉내 내기

공산주의 정권 막바지에 많은 러시아인들은 변화를 요구했다. 그들은 민주화의 약속에 마음을 열었지만, 대부분의 보통 사람들은 러시아 혁명

이후 70년이 지난 시점에서 체제 변화와 역사적 단절이 어떤 결과를 가져올지 불안해했다. 한 가지 합리적인 두려움은 소련의 특권 엘리트들이 저항에 나서, 일반 대중이 역사로부터 벗어나는 일을 피로 물들게 하리라는 것이었다. 다행히 그런 일은 일어나지 않았다. 한 가지 이유는 마르크스가 소련 엘리트들에게, 자본주의가 소수의 약탈적인 탐욕을 위해 설계됐을 뿐만 아니라 서방 민주주의가 계급 지배를 위해 간교하게 구축된 체제임을 납득하도록 하는 마지막 선물을 주었기 때문이다. 이런 냉소적 관점에서 보자면 민주주의는 정치인의 시민에 대한 책임과는 아무런 관련이 없다. 이와 반대로 책임에 대한 민주주의적 환상은 정치적 지배계급(대체로 다수의 후보가 공정하게 경쟁하는 선거를 통해 선택되는 일이 거의 없다)의 전횡을 숨기고 보존하는 데 도움을 주었다.

물론 1990년대에는 옛 공산당의 노멘클라투라^{nomenklatura}(공산 귀족)가 여전히 지배계급의 대부분을 이루고 있었다. 교과서적인 마르크스주의에 대한 그들의 어렴풋한 기억이 탈공산주의 러시아에서 자본주의와 민주주의를 건설하는 데 지침서 노릇을 하고 있었다. 살아남는 일이 최우선인 이 나라의 엘리트들은 엉터리 민주주의의 가부키^{歌舞伎} 공연장을 두려워하는 대신에 그것을 즐겁게 받아들였다. 그들은 인정하다시피 사람들이 거리에 나와 시위하는 것을 싫어했지만, 선거라는 가장무도회는 비싼 대가를 치르는 억압에 의존하지 않고 모든 권력과 특권을 자손들에게 물려줄 수 있다는 무언의 약속이 담긴 영리한 지배 방법이라며 지지했다. 치부만 가리는 '무화과 잎 민주주의'는 또한 탈소련 엘리트들이 관대한 세계 엘리트들과 위선적으로 사귀고 자기네 가족과 돈을 러시아 밖에 안전하게 맡겨두는 데도 도움이 됐다.

1990년대에 러시아를 찾은 외국인들은 거리에서 만난 사람들이 옛 체제, 특히 그 체제하에서의 안전에 대한 향수를 갖고 있는 반면, 새로운 기회의 세계를 발견한 옛 엘리트들은 '민주주의'와 아울러 '자본주의'에 대해 열렬하게 이야기하는 것을 보고 놀랐다. 이는 의문을 불러일으킨다. 민주주의 실험이 러시아를 민주화하는 데 도움을 주는가, 아니면 러시아의 권위주의와 러시아의 과두체제를 영속화하는 데 도움을 주는가?

러시아의 정치학자 드미트리 푸르만Dmitrij Furman은 해체되고 있는 나라, 두려운 권력 공백이라는 상황에서 글을 썼는데, 러시아인들이 단기적으로 기대할 수 있는 유일한 민주주의는 '모방 민주주의'이고, 장기적으로 민주주의를 가장하는 것은 통치 엘리트의 의지에 관계없이 민주적 습관을 심어준다고 확신했다. 페리 앤더슨Perry Anderson은 이렇게 말했다.

푸르만은 민주주의가 그저 인류의 특정 시대의 정상적인 속성이라고 보았다. 식자識字와 총기銃器와 철도가 다른 시대에 그랬듯이 말이다. (…) 러시아인들이 미래에 어떻게 입고 먹고 생활하고 일하고 두려워하게 될지 알 수 있는 방법은 없었다. 그러나 그들이 투표를 통해 통치자를 선택하고, 다수결로 결정을 내리며, 소수자의 권리를 보장하리라는 것은 어느 정도 확신을 가지고 예측할 수 있었다.[30]

그러나 푸르만은 장기적으로 낙관론을 가지고 있긴 했지만, 민주주의로 이행하는 가까운 미래에 대해서는 뿌리 깊은 두려움을 품고 있다.

서방 또는 서방화하고 있는 나라의 낙관론자들과 달리 그는 소련의 해체를 과거 소련이 통제하던 나라들에서의 점진적인 민주화 과정에 좋은 기회라기보다는 심각한 장애물로 보았다. 그가 '모방 민주주의'라는 독특한 개념을 발전시킨 것은 바로 이런 맥락에서였다. 그가 보기에 사회들은 자기네가 이론적으로 격찬한 규범을 실제로 시행할 수 없을 때 모방 정치에 나선다. 이런 정의에 따르면 '모방 민주주의'는 민주주의를 위한 사회적·문화적 조건이 결여됐지만 민주주의에 대한 이데올로기적 대안이 전혀 없는 나라에서 나타날 것이다. 이 중간 기착지는 모든 민주화 과정에서 반드시 필요한 단계는 아니지만, 역사 속에서 차르 전제정과 공산주의 다음의 자리를 차지하는 상당히 독특한 유형의 체제다. 물론 분명히 더 단명하기는 하지만 말이다.

모방 민주주의 체제에서 정치는 민주적 형식과 비민주적 본질 사이의 끊임없는 투쟁이다. 그날의 끝에 민주주의적 외관은 그것이 만들어내는 심리적 기대 때문에 선거로 책임지는 정부의 등장과 안정화를 이루어낸다고 그는 생각했다. 따라서 푸르만의 이론에서는 21세기 초 탈소련 공간을 뒤흔들었던 일련의 '색깔 혁명들'(특히 조지아의 장미 혁명과 우크라이나의 오렌지 혁명)[31]은 모방 민주주의로 가는 논리적 귀결이었다. 그것은 수십 년이 걸릴지도 모른다. 그러나 사람들은 결국 자기네가 공개적으로 보증했던 규범을 뻔뻔스럽게 위반하는 정권에 항의하기 위해 거리로 나설 것이다.

글렙 파블롭스키Gleb Pavlovsky는 모방 민주주의 이론가는 아니었다. 오히려 그는 가장 유명한 이 분야 실무자 가운데 하나였다. 그의 인생 이야기는 도스토옙스키의 소설처럼 읽힌다. 파블롭스키는 오데사에서 태어났다(그가 태어난 날짜는 2년 후 스탈린이 죽는 날짜와 겹친다). 그는 1970년대에 반체제 운동에 참여한 아웃사이더였다. 그는 옥살이를 했고, 소련 권력과 반드시 존경스럽지는 않은 타협을 했다. 그에게 허깨비를 현실로 둔갑시키는 기술로 개념화된 정치공학은 탈공산주의 러시아 국가의 견딜 수 없는 나약함으로 인해 촉발된 통치력 위기를 극복할 수 있는 유일한 방법이었다. 그는 자신의 역할이 권력을 추구하는 것이 아니라 권력이 존재한다는 환상을 심어주는 것이라고 생각했다. 이 홍보 요원에게 민주주의를 모방하는 것은 이제 막 출발한 탈공산주의 러시아를 돕는 전략이었고, 그 운영을 맡은 사람들은 자금이 넉넉하고 전문가들(시대에 적합하며 결정을 강제할 능력이 있는)이 포진한 관료 조직의 부재를 견뎌내야 했다.

파블롭스키는 1994년 실용정치재단(FEP)을 설립했다. 옐친의 1996년 대통령 선거전과 이어 2000년 및 2004년 블라디미르 푸틴의 당선, 그리고 마지막으로 2008년 드미트리 메드베데프의 당선에 중심적 역할을 한 싱크탱크다. 2011년과 2012년의 선거 실패 이후 정치공학은 러시아의 정치 분야에서 그 두드러진 역할을 잃었다. 오늘날 러시아 당국은 푸틴이 의기양양하게 '승리'할 수 있는 정치적 경쟁이라는 환상을 만들어내는 일에 별 관심이 없는 듯하다. 그러나 파블롭스키 같은 정치공학자들의 전성기를 재검토하는 것은 우리가 푸틴의 첫 집권 10년을 특징지은 가짜 서방화의 원인과 결과를 탐구하는 데 도움을 준다.

알렉산드르 프로하노프^Aleksandr Prokhanov는 한때 애국주의적 야당 지도자였고, 지금은 푸틴 충성파다. 그가 음모론적 사실주의의 순혈 전통에 입각해서 쓴 충격적인 정치 스릴러 《정치학자^Politolog》(2005)는 우리에게 파블롭스키로 대표되는 러시아 정치공학자 부류에 대한 가장 사악하고 동시에 가장 심오한 심리학적 초상을 제공한다.[32] 그는 지옥에서 온 물건이다. 재능 있고 냉소적이며 신의 없고 야심만만하며 탐욕스럽다. 그는 매우 창조적이며 동시에 기만적이다. 그는 남을 조종하는 애착에 사로잡힌 인질이다. 그는 완벽한 사회공학자이지만, 또한 크렘린 정치의 도구다. 그는 또한 비극적인 인물이다. 혼란스럽고 두려우며 불안정하다. 정치공학자들은 자기네가 러시아 민주주의의 구세주라고 생각한다. 남들은 그들을 장례 일꾼으로 본다.

서방의 정치 자문가를 러시아 정치공학자와 구별 짓는 것은, 전자가 독립 언론과 긴밀하게 협력하고 있다는 것이다. 그들의 전문 기술은 직접적으로 통제할 수 없는 뉴스 매체들에 영향을 미치는 것이다. 정치공학자들은 다른 영업을 한다. 그들은 정치적으로 의존적인 매체를 다루는 데 전문가다. 서방의 정치 자문가는 고객인 후보가 선거에서 이기도록 하는 데 전문가다. 러시아식 정치공학자 역시 선거에서 이기도록 하는 전문가다. 그러나 그들은 한 발 더 나아간다. 그들은 표의 '창조적 계산'에도 전문가다. 정치 자문가는 선거에서 한 정당을 위해 일하며, 그 정당이 승리하도록 돕기 위해 최선을 다한다. 러시아 정치공학자는 그 정당의 승리보다는 '체제'의 승리에 더 많은 관심을 기울인다. 그의 목표는 그저 자신의 고객을 위해 득표수를 최대한 늘리는 것이 아니라, 주어진 후보 및 정당 명부에서 크렘린이 미리 계획한 비율과 최대한 가까운 선거 결과를 얻는 것이다.

정치공학자들은 그 영향력이 최고조에 달했을 때 러시아 정치의 경쟁력이라는 환상을 유지하는 일을 맡았다. 앤드류 윌슨Andrew Wilson은 이렇게 말한다.

탈소비에트 정치공학자들은 (…) 정치의 메타프로그래머, 체제 설계자, 정책 결정자, 정치 조정자를 하나로 묶는 역할을 하며, 정치 전반을 만들어내는 데 할 수 있는 모든 기술을 사용한다.[33]

러시아 정치에서 그들의 역할은 소련 경제에서의 고스플란Gosplan(소련

국가계획위원회) 아파라치크apparátchik(당료)의 역할을 떠올리게 했다. 그들은 러시아 관리 민주주의의 이론가이자 우상이었다.

> 그들은 '복제'와 '대역'의 세계에서, '관리 자원'과 '적극적인 수단'과 '콤프로마트kompromat'(타협 정보, 즉 정적을 협박하기 위한 약점 정보 또는 그러한 정보를 수집하는 공작을 말한다—옮긴이)의 세계에서, 선거에 입후보하지만 직원도 당원도 사무실도 없는 정당들의 세계에서, (…) 정권의 가장 시끄러운 반대자로 나서는 높은 보수를 받는 내부자들의 세계에서 일했다. 그리고 허깨비 민족주의자와 가짜 쿠데타의 세계에서 말이다.[34]

정치공학자들은 선거 이변과 진정한 다당제, 정치의 투명성, 그리고 정보에 밝은 시민이 자기네 통치자 선택에 참여할 자유에 대한 완고한 적이었다(제한된 범위 내에서 아직도 그렇다).

그들은 또한 동시에 여러 가지 조직적인 역할을 한다. 파블롭스키는 '막후 인물'로서 크렘린을 향해 '공공회의소'로 알려진 기구를 창설하도록 하는 새로운 법안을 채택하라고 요구했다. 이 기구는 러시아의 비정부기구들을 감시하고 국가로부터 자율성을 발휘하려는 비정부기구를 모두 소외시키고 몰아내기 위한 것이다. 그는 정책 전문가로서 이런 움직임을 지원했고, 그런 뒤 독립적인 정치 평론가로서의 역할을 통해 크렘린이 얼마나 현명한 정책을 도입했는지를 대중에게 설명했다. 그리고 마침내 그는 공공회의소 회원이 됐다. 이렇게 해서 순환은 마무리됐다.

파블롭스키가 보기에 탈공산주의 러시아에서의 민주주의는 기본적으로 과도한 물리적 폭력에 의존하지 않고는 통제할 수 없는 사회를 느슨하게 통치하기 위한 기술이었다. 그는 틀림없이 스스로를 서방의 방식을 모방하는 사람이라고 보았다. 하지만 그는 스스로 생각하기에 서방 사람들, 특히 미국인들이 설교하는 이상화된 민주주의 모델에는 관심이 없었다. 그는 서방 사람들이 하는 일을 하고 싶었기 때문에 그들이 내리는 지시에는 전혀 관심을 기울이지 않았다. 그는 광고와 진품에 대한 신기루를 꿰뚫어보고 있음을 자랑했다. 푸틴의 조언자이자 파블롭스키의 상사인 블라디슬라프 수르코프의 말을 빌리자면 사탕을 먹고 포장지를 버리는 것이다. 파블롭스키는 정치적 미숙아들이 찬양하는 교과서적인 이상화에서가 아니라 '실존하는' 민주주의(그가 이해하는 대로)에서 힌트를 얻었다. 그는 책임질 수 있는 정부에 대한 황당한 이론보다는 폴 매너포트Paul Manafort 같은 냉소적인 홍보 전문가들로부터 더 많은 것을 배울 수 있다고 생각했다.

정치공학자들이 '민주주의 건설'을 돕기 위해 러시아에 온 서방 정치 자문가들과 접촉한 일 또한 탈공산주의 시대 모방 게임의 복잡한 본질을 이해하는 데 중요하다. 러시아의 2016년 미국 대통령 선거 개입 이후 미국의 정치평론가 앤 애플바움은 KGB 실험실에서 부화한 러시아의 정치공학을 미국 정치에 도입했다며 폴 매너포트를 비난했다. 그러나 진실은 그렇게 일방적인 것은 아니었다. 러시아인들은 그들의 더러운 짓 가운데 적어도 얼마간은 그들에게 정치 마케팅을 가르치러 온 미국 자문가들로부터 배웠다. 물론 스탈린과 다른 소련 지도자들은 능숙한 거짓말쟁이였지만, 그들은 선거라는 정치 과정에서 거짓말을 많이 하려 애쓰지 않았다. 따라서 정교한 형태의 탈脫진실 민주주의는 틀림없이 미국이 러시아로부터 수입하기 전에 미국에서 러시아로 수출한 것이었다.

러시아의 정치공학은 곧바로 현대 민주국가에서 선거운동에 상업광고 기법을 적용하는 일의 핵심적인 역할을 파악했다. 무의식적으로 받아들이게 되는 호소를 통해 유권자들의 판단력을 잠재우고(경쟁자를 비방하고, 공포를 키우고, 과장된 약속을 마구 퍼붓는 것 등) 이에 따라 부풀려진 후보나 정당의 득표수를 늘리는 것이다. 후보들은 수십 년 동안 함께 일한 동료들이 걸러내는 것이 아니다. 오히려 그들을 몇 달 전 텔레비전에서 처음 본, 정보도 빈약하고 쉽게 조종당하는 투표자들이 자유롭게 선택한다. 이것이 전체 '민주적' 과정을 막후 조작에 내맡기도록 만든다. 바로 정치 공학자들의 전문 영역이다. 레이철 보인튼Rachel Boynton의 다큐멘터리 〈우리 브랜드는 위기Our Brand is Crisis〉(2005)는 탈권위주의 체제에서 미국 정치 자문가들이 어떻게 민주주의를 홍보하는가를 매우 분명하게 보여준다. "선거에 너무 자주 이용되는 사악한 방법들"[35]을 수출하는 것이다. 이 영화는 볼리비아에 관한 것이지만, 그 교훈은 탈공산주의 러시아에 쉽게 작용될 수 있다.

미국 정치 자문가로부터 자유롭게 술책과 계략을 빌려온 러시아 당국의 반미 선회는 한나 아렌트(1906~1975)가 말한 '부메랑 효과'[36]의 음울한 사례다. 미국의 정치 자문가들은 러시아의 정치공학자들이 사악한 방법들을 익히도록 도와 그것으로 자주 선거를 치르도록 했고, 이에 따라 크렘린 권력의 대중적 정통성을 확대시켰다. 그것이 지금 미국 민주주의 자체에 맞서 성공적으로 행사되고 있다. 미국 정치 마케팅에서 개발한 제다이Jedi 심리전을 배운 러시아인들은 계속해서 미국 선거에 영향을 주기 위한 은밀한 작전을 펼쳤는데, 그들이 미국 민주주의의 성스러운 완전성을 침해하고 있다는 주장에는 전혀 신경 쓰지 않는 듯하다.

'모방 민주주의'(크렘린은 이를 '관리 민주주의managed democracy'라 부른다)를 그저 인민들에게서 정치적 대표성을 박탈하려는 탈공산주의 엘리트들의 이기적인 책략으로 보는 것은 솔깃하다. 그러나 파블롭스키의 이야기를 들어보면 그 근원은 훨씬 복잡하다는 것을 알 수 있다.[37] 공산주의의 붕괴는 동시에 소련 국가의 붕괴였다. 이는 러시아 사회를 무력화하고 비공식 관계들의 세계로 되돌려놓았으며, 이전 반세기와 비교해 기본적으로 엉성했다. 러시아 엘리트들이 정치적 대표성을 믿고 있었다 해도, 그들은 어느 사회 집단이 대표돼야 하는지를 가려낼 수 없었을 것이다. 대의제 정부는 수십 년 공산당 지배에 의해 덜 분해되고 1991년 이후의 러시아에 비해 분명하게 더 정비된 사회를 전제로 한다.

파블롭스키가 보기에 모방 민주주의는 사기가 떨어지고 지리멸렬하며 불신이 만연한 사회(그곳에서 엘리트들은 알 수 없는 방법으로 엄청난 재산을 축적하고 있었다)에서 정치적 권위에 대한 대중의 신뢰를 회복하려는 전례 없는 도전에 대한 응전이었다. 거대한 국영 천연가스 회사인 가스프롬Gazprom과 러시아 국영 텔레비전 방송망인 채널 1만이 이 나라를 하나로 묶어주는 조직화된 세력이었다. 따라서 모방 민주주의는 단순히 냉소주의자의 발명품이 아니었다. 오히려 그것은 절망에서 태어난 최후의 전략이었다.

파블롭스키는 옐친의 1996년 재선 선거운동 준비를 위해 여론조사를 살펴보다 서방 관측통들이 러시아에 씌우고자 애썼던 민주주의 대 권위주의의 양극화는 러시아 유권자들의 마음속에 존재하지 않는다는 것을 발견했다. 사람들이 원한 것은 민주주의와 권위주의의 조합이었다. 그들은 러시아를 영토적으로 통일시키고 강대국 지위를 회복할 수 있는 매우 강력한 정부를 원했지만, 동시에 시민을 존중하고 그들의 사생활에 간섭하지 않는 나라를 원했다.

파블롭스키는 스스로 그런 나라를 건설하는 데 헌신하기로 결심했다. 이는 통치 기술 면에서 엄청난 능력이 요구되는 것도 아니었다. 대부분의 러시아인들은 정치를 자기네 삶을 개선하는 방법으로 보지 않기 때문이다.[38] 그러나 이를 위해서는 당당한 대중적 이미지를 보여주어야 한다. 그의 계획은 단순히 옐친이 선택한 후계자가 권좌에 오르도록 돕는 것이 아니었다. 그에게 2000년 대통령 선거는 러시아 국가를 재탄생시킬 수 있는 천금의 기회였다. 목표는 권력을 쥔 자들의 정통성이 인민을 대표하고 분명한 결과를 낼 수 있는 통치자들의 능력에서가 아니라 현재의 정치 지도자에 대한 어떤 대안도 상상할 수 없는 데서 나오는 정치체제를 창출하는 것이었다. 물론 장기 집권하는 지도자 아래서 채택되는 정책이 때로는 예측할 수 없을 만큼 바뀌겠지만 말이다.

이런 전략을 떠올리게 된 일을 설명할 때 파블롭스키는 1996년 선거를 준비하면서 그가 인터뷰했던 한 평범한 유권자에 관해 즐겨 이야기한다. 그 유권자는 공산당 후보인 겐나디 주가노프를 지지하지만 옐친에게 투표할 생각이라고 말했다. 주가노프에게 투표하지 않는 이유를 묻자 이렇게 대답했다.

"주가노프가 대통령이면 그에게 투표하겠죠."[39]

사람들은 흔히 통치자가 무엇을 하는가가 아니라 그가 어떤 자리에 있고 어떤 칭호를 가지고 있느냐에 따라 그들을 지지하거나 적어도 용인하는 것이다. 러시아에서의 '인기'는 한 사람이 휘두르는 권력의 원인이 아니라 그 결과다. 선거는 인민의 이익을 대변한다기보다는 유권자의 의지를 현직자에게 복종하도록 등록하는 것이며, 현직자들은 자기네 권력에 도전하는 모든 사람들을 예외 없이 배제할 수 있다.

대안이 없다고 조작함으로써 푸틴의 '인기'는 절대적 기준으로는 측정할 수 없게 됐다. 물론 시간의 경과에 따라 그 오르내림은 추적할 수 있지만 말이다. 틀림없이 푸틴이 권력을 잡은 첫 10년 동안 그의 통치에 대한 대중의 용인은 고통과 혼란의 10년 이후 그가 가져다준 번영과 안정 못지않게 정치공학자들이 심어준 '대안 없음' 이미지에도 의존했다.[40] 사람들은 이를 인식했고(어느 나라나 마찬가지다), 오늘날까지도 정치적 '말썽꾼'들을 믿지 않고 있다. 여전히 현재 상태가 나빠지는 것이 실험적인 변화보다 낫다고 확신하고 있다.[41] 이것이 푸틴 지지자들이 대안이 없다는 그의 정통성 공식을 받아들이는 심리 상태일 것이다.

부정선거의 기제

영국의 철학자 버트런드 러셀은 오톨린 모렐Ottoline Morrell에게 러시아 혁명을 설명하기 위해 볼셰비키 독재가 비록 끔찍한 것이기는 하지만 러시아에게는 올바른 정부 형태인 듯하다는 말을 한 적이 있다. 그는 그리 어렵지 않게 요점을 정리했다.

"도스토옙스키 소설에 나오는 인물들을 어떻게 통치할 것인지를 생각해보면 알 수 있습니다."

많은 평론가들은 러시아에서 최근 권위주의가 부활한 것을 설명하면서 자유민주주의에 어긋나는 러시아의 권위주의적 정치문화를 들먹인다.[42] 그러나 문화결정론의 장점이 무엇이든, 그것으로는 푸틴의 정치체제에서 부정선거가 중심적인 역할을 해냈다는 사실을 이해할 수 없다. 그것은 작은 문제가 아니다. 선거 조작을 고려하지 않는다면 푸틴의 러시아는 도무지 이해할 수 없기 때문이다.

탈공산주의 러시아의 부정선거를 스탈린 치하 소련의 보여주기 재판과 비교하는 것은 얼핏 억지스러워 보일 수 있지만, 상당한 진실을 담고 있다. 혁명 영웅들이 왜 자신이 저지르지도 않은 죄를 기꺼이 자백하고 이 사법적인 속임수가 어떻게 스탈린의 권력에 이바지했는지는 1930년 대의 핵심적인 미스터리이고, 이는 아서 케스틀러의 《한낮의 어둠Darkness at Noon》(1940)에 잘 그려져 있다.[43] '보여주기 재판'은 고문당한 자의 고문자에 대한 절대적인 충성심과 사랑을 보여주도록 의도된 것이었다. 오늘날의 상대적으로 연성軟性인 권력하에서 정치적 문제로 기소당한 사람들은 저항을 하고 좋은 변호사를 고용할 수 있다. 그 결과 그들에 대한 재판은 일반 대중에게 대단한 볼거리를 제공하지 않는다. 이를 벌충하기 위해 크렘린은 보여주기 선거에 의존한다.

이를 이해하기 위해 우리는 이렇게 물어야 한다. 러시아인들 가운데 소수만이 러시아가 민주화되고 있다고 생각하고 나라 바깥에서는 아무도 러시아가 민주국가의 일원이라고 여기지 않는데, 푸틴은 왜 선거가 필요했을까?[44] 푸틴은 왜 경쟁이 자유롭고 공정하더라도 승리할 가능성이 높은데도 대통령 선거와 의회 선거에서 자주 부정을 저질렀을까? 그리고 크렘린은 왜 부정이 저질러지고 있고(예컨대 호소력이 있는 가능성 있는 후보를 막는 일 같은 것) 크렘린이 그 짓을 하고 있음을 누구나 알 수 있을 만큼 노골적인 방법으로 부정선거를 했을까? 이 가장된 민주주의를 그렇게 흥미롭게 만드는 것은 그것이 정말로 속이려는 목적이 아니었기 때문이다.

2000년부터 2012년까지 푸틴은 선거가 무의미하면서도 동시에 필수 불가결한 정치체제를 만들었다. 선거는 "공작"된 것이라고 줄리아 아이오피Julia Ioffe는 말했다.

"이는 러시아에 있는 모든 사람이 알고 있고 받아들이고 있는 일이다. 그들이 뭐라고 말하든, 정치적 신념이 무엇이든 말이다."[45]

미심쩍은 서명 무효화와 후보 자격 박탈, 부정 투표, 득표수 조작, 언론 독점, 인신공격 등이 탈공산주의 30년 동안 러시아 선거의 중심이었다.

그리고 21세기 벽두에 대부분의 러시아인들은 선거에 관한 한 해결책이 있었음을 알게 됐다. 크렘린은 텔레비전의 정치 보도를 독점했다. 그들은 또한 러시아 기업인들이 어느 정치 세력에 돈을 댈 수 있는지를 결정했다. 그러나 대부분의 사람들은 선거 과정이 자유롭고 공정하더라도 어쨌든 푸틴이 이길 것을 알고 있었다. 그가 가져다준 번영과 안정 때문이다. 이것은 대부분의 유권자들이 부패와 불평등, 불공정과 결과가 이미 정해진 선거 등의 소용돌이를 감수하도록 하기에 충분했다. 더구나 이 모든 것들을 '정상'으로 보이도록 함으로써 크렘린은 개혁가를 자처하는 사람들이 위험스러울 정도로 이상론적인 몽상가들이라고 색칠할 수 있었다.

한 러시아 인권운동 대변자는 푸틴에게 "현대 러시아 역사에서 가장 사악한 인물"이라는 딱지를 붙이면서도, 몇 년 전 투표 조작과 이른바 '행정 자원'의 불법 사용이 없었더라도, 그리고 후보들이 텔레비전과 신문을 통해 사실상 유권자들을 동등하게 만날 수 있었다 하더라도 푸틴은 2000년 및 2004년 선거에서 이겼을 것이라고 마지못해 인정했다. 그렇게 꼴사나울 정도의 격차는 아닐지라도 말이다.[46]

하지만 푸틴은 주기적인 부정선거에 의존하지 않았다면 권력을 얻고 유지하지 못했을 것이다. 이 역설은 탈공산주의 러시아가 가장 철저하게 숨겨온 비밀일 것이다. 어떤 역사가도 주기적인 선거를 소련 역사에서 중요하고 두드러진 것으로 다루지 않는다. 어떤 러시아인도 공산당 치하에서의 선거 결과에 대해 무언가를 기억하지 않는다. 이와 대조적으로 탈공산주의 러시아의 이야기는 어떤 근본적인 의미에서 그 선거와 그들이 등록하고 만들어낸 깊숙한 정치적 변화의 이야기다. 하지만 푸틴 시대의 선거는 기본적으로 반민주적이었다. 적극적인 시민들에게 권력 행사에 대한 발언권을 주기보다는 기본적으로 수동적인 시민들에 대한 크렘린의 지배력을 늘린다는 의미였다.

2000년부터 2010년까지 크렘린이 권력을 행사하고 유지하는 데서 공작 선거는 몇 가지 중요한 기능을 했다. 공정한 선거였다면 설사 푸틴이 이겼더라도 그렇게 성공적으로 이룰 수 없었을 기능들이다. 러시아의 부정선거는 분명히 서방 민주주의의 부적당한 모방이었다. 그러나 그것은 그저 외양만 장식한 것은 아니었다. 또한 러시아가 서서히 민주주의로 이행하고 있다고 우둔한 서방 감시자들을 설득하거나, 러시아가 이미 민주국가 비슷한 것이 됐음을 서방이 확신할 수 있는 논거를 제시한다는 의미도 아니었다. 부정선거는 오히려 푸틴이 권력을 행사하고 유지하기 위한 기계의 작동 장치였다.

우선 파블롭스키가 예견했듯이 주기적인 선거는 푸틴 통치에 대한 '대안 없음'의 근거를 정기적으로 만들어내고 인식시키는 데 도움을 주었다. 러시아의 독립적인 여론조사 기관인 레바다센터Levada-Center의 2007년 조사에서는 응답자의 35퍼센트가 푸틴을 '신뢰'한다고 대답했다. "다른 사람을 의존할 수 있다고 보지 않기"[47] 때문이었다. 당시 회의론자들이 얼마나 많은 선거 결과들이 푸틴의 득표력을 말해줄 수 있을지 의문을 표시한 것은 옳았다. 진지한 대안 후보가 출마할 수 있도록 허락된 적이 없었기 때문이다. 실제로 2011년의 여론조사는 푸틴의 "인기"가 대중의 "타성"과 "다른 대안의 부재"를 반영한다는 사실을 확인했다.[48]

그러나 이것이 바로 요점이다. 현재의 지도자 외에는 다른 대안이 없다고 유권자들이 확신한다면 그들은 체념하고 현상에 적응할 것이다. 그것은 크렘린의 정치공학자들이 왜, 심지어 희미하게나마 가능성이 있는 푸틴의 대안 후보들을 주저앉히고, 분명히 이목을 끌지 못하는 블라디미르 지리놉스키Vladimir Zhirinovsky나 겐나디 주가노프 같은 엉터리 상대를 대상으로 푸틴이 출마하도록 하는 데 그렇게 많은 시간을 들였는지를 설명해 준다.

독립적인 정치 기반이 없는 비교적 약한 도전자들에 대한 그들의 과장된 두려움은 그들이 푸틴의 대중적 인기 장악력에 대해 느끼는 불안을 반영하고 있었다. 그들은 어떤 식의 대항 엘리트도 선거 기반을 형성하거나 구축하지 못하도록 확실히 하기를 원했다. 체제에 대한 대중의 실망과 불만은 단순히 협박과 무력만으로 분쇄할 수 없었다. 오히려 정부에 대한 실망은 정권 반대자들의 발목을 묶는 집단행동 문제를 증가시킴으로써 교묘하게 관리돼야 했다. 협잡 선거는 정치적으로 적대적인 투표 세력의 주기적 분할, 상대 연합의 주기적인 건설과 분열, 잠재적으로 믿음직한 경쟁자들이 동력을 얻기 전에 정기적으로 숙청하는 일 등 아슬아슬한 관리가 이루어지는 '장소'나 맥락을 제공했다.

부정선거는 또한 허울만의 집권 정당에게 브랜드를 새롭게 할 수 있는 주기적인 기회를 제공했다. 푸틴의 통일러시아당은 새로운 슬로건을 내걸고 심지어 새로운 얼굴들을 영입함으로써 자기네가 안정과 변화 모두를 위한 세력임을 내세울 수 있었다.[49] 정치 마케팅은 판매자가 때때로 새로운 상품 또는 적어도 새것처럼 보이도록 재포장한 상품을 내놓아야만 구매자의 관심을 끌 수 있다는 통찰을 전제로 한다. 프랑스의 마케팅 대가 자크 세겔라Jacques Séguéla는 이렇게 말했다.

"사람들은 판에 박힌 것이 아니라 볼 만한 것에 표를 던진다. 모든 선거는 연극 연출과 같다."[50]

러시아의 경우에 이는 너무나도 분명한 사실이었다.

부정선거는 또한 푸틴이 끊임없이 재교섭하는 계약의 핵심에 있다. 인민과의 계약이 아니라 지역 엘리트들과의 계약이다. 중국 공산당 같은 진지한 집권 정당이나 잘 조직화되고 효율적인 관료가 없을 때 선거는 나라의 정치 엘리트를 통제하고 새로운 기간요원을 충원하며 한편으로 그 구성원들의 위험스러운 분열 가능성을 최소화하는 핵심 도구 역할을 했다. 러시아의 '선택 없는 선거ᵛʸᵇᵒʳⁱ ᵇᵉᶻ ᵛʸᵇᵒʳᵃ'는 완전군장의 군사 기동연습이나 실제 '전투'를 위한 예행연습 같은 기능을 했다. 모의 표적을 향해 사격을 하고, 정부 쪽의 승리를 확실하게 하는 것이다.

부정선거는 정예부대의 준비 상태를 점검하고, 어느 지역 지도자가 유능하고 믿을 만하며 누가 그렇지 않은지를 검증하는 데 도움을 주었다. 지역 관리들은 단순히 그들의 충성심을 고백하는 것뿐만이 아니라 원하는 선거 결과를 냄으로써 통제권을 행사하는 그들의 능력을 보여주도록 요구받았다. 부정 표를 집어넣거나 계수를 조작하는 그들의 능력은 현장 테스트를 할 수 있었고, 학생이나 공공 부문 노동자들을 강제로 투표에 동원하는 능력 역시 마찬가지였다. 정권이 부정선거에서 수집하는 것은 하급관리와 당원들이 주어진 역할을 해내는지 못 해내는지에 관한 정보였다.

21세기의 첫 10년 동안 주기적인 선거는 또한 러시아 국가의 통일성을 보여주고(다시 말해서 과장한다는 말이다), 상상 속 푸틴의 나라의 일치와 단결을 극적으로 보여주는 역할을 했다. 러시아는 헌법에 따르면 규율 바른 연방국가이고, 크렘린의 표현에 따르면 고도로 중앙집권화된 나라이고, 나라의 상당 부분에서 권력이 실제로 행사되는 방식에서는 무질서하게 갈라지고 분열되고 봉건화된 존재다. 러시아의 부정한 선거는 단순히 통일러시아당의 지방 간부들을 훈련시키고 푸틴과 그의 지배 집단이 유일하게 가능한 선택지로 보일 수 있도록 하는 정치 공간을 만들어내는 데만 중요한 것이 아니다. 그것은 또한 미심쩍을 뻔했던 국가의 정치적 통일체에 심리적인 지원을 해주었다.

많은 러시아인들이 현재의 국경을 잠정적인 것으로 보고, 다수의 사람들이 국경일을 알지 못하거나 그날 무슨 일이 일어났는지 말하지 못하며, 사람들이 자랑스럽게 기억할 수 있는 유일한 집단적 경험이 나치 독일에 대한 소련의 승리인 상황에서 말이다. 러시아 시민들은 주기적으로 예정된 선거일에는 연중의 다른 날들과는 달리 남들과 맞추어 행동하고 무언가를 함께하도록 요구받았다. 선거 부정이 저질러지고 결과가 미리 알려진 경우에도 이 나라 방방곡곡의 유권자들은 투표장으로 터덜터덜 걸어갔다. 그들이 그렇게 한 것은 거의 틀림없이 지도자뿐만 아니라 이 이례적으로 다양한 정치 공간의 통일체에 대한 그들의 충성심을 보여주기 위해서였을 것이다.

지리학자들이 만든 러시아 지도는 색색의 조각들이 느슨하게 한데 꿰매어진 방대하고 불연속적인 땅덩어리다. 러시아의 선거 지도는 이 천 조각(간단히 상징적으로 말해서)을 한 군데로 모인 정치적 전체로 바꾸어놓는다. 자신들이 태어난 소련이라는 집이 폭파된 악몽에 시달리던 보통의 러시아인들에게 체첸공화국의 경우 푸틴과 집권 통일러시아당 지지율이 95퍼센트(그 이상이다!)나 나온 부정선거는 이 나라가 영토를 온전히 유지하고 있다는 심리적 안도감을 제공했다. 아무리 걱정스럽고 신경이 쓰이더라도 말이다.

푸틴의 첫 집권 10년 동안에 치러진 부정선거의 또 다른 기능은 '충성스러운 반대파'와 크렘린이 제5열로 보는 적 및 반역자 사이에 선을 그은 것이었다. 이런 맥락에서 러시아에서의 정치 투쟁은 본질적으로 인민의 승인을 놓고 경쟁하는 권력 행사자들이 아니라 유력자들의 승인을 놓고 경쟁하는 일부 부유한 시민들 및 많은 하급관리들과 관련된 것이었고, 지금도 사정은 마찬가지다.

중앙선거위원회의 정당 또는 독립 후보 등록은 바로 정치활동을 해도 좋다는 허가나 마찬가지였다. 이런 의미에서 선거는 무해한 야당, 즉 합법화된 야당과 위험한 야당, 즉 불법화된 야당 사이의 선을 어디에 그을 것이냐에 관한 계산된 정치적 결정을 전제로 한다. 선거위원회의 정치 연합 등록 거부는 명백한 경고의 기능을 갖고 있다. 내쳐진 정파에 돈을 대거나 지원하는 것은 체제 파괴 행위에 해당한다. 푸틴의 적들에게 가장 큰 과제는 선거에서 이기는 것이 아니라 그저 경쟁을 하기 위해 등록하는 것이었다.[51] 크렘린의 관점에서 볼 때 21세기의 첫 10년 동안에 치러진 선거는 허가된 반대파 후보와 정당들을 숙청하고 그 명부를 갱신하기 위한 이상적인 기회였다.

마지막으로(그리고 대중적인 상투 어구를 뒤집자면) 푸틴의 부정선거는 민주주의를 모방하는 데 도움이 된 것이 아니라 오히려 권위주의를 모방하는 데 도움이 됐다. 이는 푸틴 시대의 보여주기 선거가 다시 한 번 스탈린 시대의 보여주기 재판과 조금 비슷한 전시효과를 가지고 있었음을 시사한다. 물론 훨씬 덜 잔인했지만 말이다. 엉터리 선거는 푸틴이 인가와 지명과 투표 과정을 질서정연하고 예측 가능한 방식으로 조종하는 그의 능력을 보여주었고, 이에 따라 역설적이지만 일을 해낼 수 있는 사람으로서의 그의 권위주의적 적성을 보여주었다.

부정선거는 조작 사실이 알려지면 1991년 이후 러시아의 정치적 변신을 '감독'한다는 서방의 허세에 대한 저항 행위에 그치는 것이 아니었다.

그것은 또한 정권이 2003년 조지아에서, 2004년 우크라이나에서 일어난 것 같은 '색깔 혁명들'을 두려워하지 않음을 보여주는 가장 값싸고 손쉬운 방법이기도 했다. 노골적인 조작은 불만에 찬 시민들로 하여금 위험을 무릅쓰고 공개적으로 정권에 도전하도록 부추겼기 때문이다. 만약 그런 노골적인 선거 결과 조작에 아무도 항의하지 않는다면 그것은 사회가 고분고분하게 현재의 정권을 받아들인다는 의미였다.

선거를 조작하는 것은 또한 정부로 하여금 실제로 가지지 않은 권위주의적 권력을 흉내 내고 이에 따라 흔들거리는 나라에 대한 장악력을 강화하거나, 적어도 조금 더 숨 쉴 여지를 제공했다. 나약해 보이는 것을 극력 회피하고자 하고 대중의 지지가 권력의 환상에 의해 인공적으로 부풀려질 수 있음을 인식한 푸틴의 팀은 실행에는 많은 능력이 필요치 않지만 보는 사람들에게 정부가 무엇을 할 수 있는가에 대한 대단한 느낌을 줄 수 있는 극적인 보여주기에 마음이 끌렸다. 다시 말해서 '관리 민주주의'가 흉내 낸 것은 민주주의가 아니라 관리였다. 선거 조작을 위해서는 그저 약간의 관리 능력이 필요할 뿐이었다.

선거 공작을 하는 것은 분명히 체첸 젊은이들에게 고품질의 교육을 제공하는 것에 비해 쉬웠다. 그러나 소련 시대의 '선거'가 매혹적인 권력의 한 상징으로 기억 속에 남아 있는 나라에서 부정선거는 나라의 문제를 처리하거나 공익을 위해 정책을 만들고 시행할 수 없는 부패한 정권으로 하여금 어느 정도의 독재적 권위를 모방하고 스스로가 어디에나 있고 모든 것을 꿰뚫어보는 존재로 내세울 수 있게 했다. 푸틴 집권 첫 10년 동안에 가짜 선거를 조직하는 것은 양의 탈을 써서 늑대임을 입증하는 것이나 마찬가지였다.

조작된 선거는 푸틴과 그의 패거리가 다룰 수 없어 보이는 많은 문제들에 시달리는 나라를 통치하는 엄청난 도전에 직면하지 않고 나라를 통치할 수 있도록 해준 수단이었다. 그러한 선거들은 오늘날 중국의 수출 산업처럼 인민을 착취하지도 않고 옛 소련에서처럼 인민을 '개조'하려 노력하지도 않으며, 오히려 상대적인 번영과 안정으로 그들을 달래고 이후 그들을 무시하며 한편으로 러시아의 천연자원을 해외에 팔아 어마어마한 재산을 축적한 정권의 본성에 잘 적응했다. 능력 배양이 아니라 무능력 숨기기가 푸틴의 국정 운영술의 핵심이었고, 지금도 그러하다. 그것이 그로 하여금 강압에 최소한으로 의존하면서 견제받지 않는 권력을 행사할 수 있게 해주었다. 푸르만은 이렇게 주장했다.

"어떤 차르나 총서기도 그렇게 적게 공포에 기반한 사회에서 그러한 권력을 누린 적이 없었다."[52]

'민주주의'의 틀 안에서 움직였기 때문에 푸틴은 자신의 견제받지 않는 권력을 공고히 하기 위해 10만 명의 사람들을 감옥에 넣지는 못했다. 그러나 그는 소수의 사람들을 체포할 수 있었고, 다른 잠재적인 도전자들에게 확실하게 메시지를 전할 수 있었다.

1953년, 동독의 공산당 정부가 노동자의 시위에 대응하는 방식에 깜짝 놀란 베르톨트 브레히트는 〈해결책Die Lösung〉이라는 시를 썼다. 정부가 인민에 대해 그렇게 실망했다면 기존 인민을 없애고 새 인민을 뽑으면 된다고 제안하는 내용이었다. 실제로 이는 러시아 당국이 해온 일이었다. 몇 년마다 그들은 투표하는 대중을 정부의 입맛에 맞게 만들고 선택하기 위해 행정 조치를 사용했다. 이들 부정선거는 유권자들을 대변하기보다는 어르고 달랜 대중에게 권력의 효율성을 과장하는 역할을 했다.

모방의 함정

그러나 푸르만에 따르면 모방 민주주의는 이를 처음 이해한 모스크바의 설계자들보다는 내부 파괴자들에 더 노출됐다. 정부는 시민들이 스스로 통치자를 선택한다는 환상을 부추기면서 미래의 색깔 혁명을 준비하고 있었다고 그는 생각했다.

알렉세이 슬라폽스키Alexei Slapovsky의 소설 《크렘린으로의 행진Pokhod na Kreml'》(2010)은 한 젊은 시인이 뜻하지 않게 경찰에 의해 살해되는 일로 시작한다. 시인의 어머니는 누구를 탓하고 어떻게 해야 할지 모른 채 죽은 아들의 시신을 팔에 안고서 거의 무의식적으로 크렘린을 향해 걷는다. 아들의 친구들과 몇몇 낯선 사람들이 바싹 붙어서 천천히 뒤를 따른다. 소셜미디어를 통해 무슨 일이 일어났다는 소식을 들은 다른 사람들이 도착하기 시작한다. 그들 대부분은 자기네가 왜 거리로 나왔는지 확신하지 못하고 있다. 그들에게는 공통의 기반도 없고, 공통의 꿈도 없고, 공통의 지도자도 없다. 그러나 한 가지 확신을 함께 가지고 있다.

"더 이상은 안 된다."

그들은 마침내 무슨 일이 일어났다는 사실에 흥분한다. 특수부대는 그들을 멈추게 하지 못한다. 행렬은 갑자기 크렘린에 도착한다. 그런 뒤에 (…) 사람들은 집으로 돌아간다.[53]

이 사건들의 현실판은 2011년 12월 러시아에서 펼쳐졌다. 이해 모스크바에서는 1993년 이래 최대 규모의 시위가 일어났다. 시인의 죽음이 아니라 국회의원 선거 조작이 군중의 분노에 불을 붙였다. 그러나 시위자들은 슬라폽스키 소설 속의 불만에 찬 행진 참여자들과 한 가지 중요한 특성을 공유하고 있었다. 그들은 갑자기 나타나서 거의 모든 사람을

(아마도 그들 스스로를 포함해서) 깜짝 놀라게 한 듯했다. 시위자들은 자유주의자, 민족주의자, 좌파 등으로 이루어진 거의 상상할 수 없는 무리였다. 그들은 서로 이야기한 적도 없고, 혼란스러운 몇 주 동안에 푸틴 없는 생활을 겨우 생각해보기 시작한 사람들이었다.

이런 사태 전개에 크렘린이 놀랐느냐고 묻자 통일러시아당의 고위 관계자 유리 코틀러Yuri Kotler는 이렇게 대답했다.

"네, 당신네 고양이가 당신에게 와서 말을 하기 시작했다고 생각해보세요. 무엇보다도 그것은 고양이고, 그것이 말을 하고 있어요. 둘째로, 이제까지 정부가 먹여주고 물을 주고 쓰다듬어줬는데, 이제 그것이 말을 하고 무언가를 요구하고 있어요. 충격이죠."[54]

'민주주의'가 그저 엘리트 지배를 유지하기 위한 비폭력 전략이라는 확신에 기반을 둔 정치공학은, 알 수 없게도 민주주의가 사람들에게 말대꾸할 권리를 준다고 믿는 대중에 의해 시험대에 오른 것이었다.

러시아에서의 시위의 폭발은 돌이켜 보면 불가피하면서도 동시에 불가능한 일이었던 듯하다. 그것은 악화되는 생활수준 때문이 아니라 상처 입은 자존심이라는 감정에서 생겨났다.[55] 시위자들은 2008년 메드베데프와 푸틴이 너무도 뻔뻔하게 사적으로 자리를 맞바꾸기로 결정한 데화가 났다. 정말로 서방식 입헌정치의 속박이 러시아의 이익을 위협하기 시작했다고(그는 그렇게 생각했다) 두려워하며 2012년 푸틴이 크렘린으로 돌아가겠다고 했을 때 놀라는 사람은 아무도 없었다. 모든 사람은 러시아가 그저 민주국가인 척하고 있음을 알고 있었다.

따라서 시위를 격화시킨 것은 선거 결과가 크렘린에 의해 조작됐다는 갑작스러운 자각이 아니었다. 시위자들을 모스크바 거리로 내몬 것은 이전에 가지고 있던 정치적 이해가 모르는 사이에 깨진 것이었다. 소련이 붕괴한 이래 러시아연방의 유권자들은 자기네 통치자를 선택하는 척했고, 그에 맞추어 통치자들은 대중의 합의에 따라 통치하는 척했다. 푸틴은 대통령 자리를 개인의 소유인 양 회수하기로 결정함으로써 가면을 벗어버렸다. 이 천연덕스러운 행위는 대중의 의지에 어긋난다는 측면보다는 대중의 자존심에 상처를 준 측면이 더 컸다. 여론은 분명히 전혀 중요하지 않았다.

2011~2012년의 겨울 시위는 가짜 민주주의의 내부적 불안정성에 관한 푸르만의 주장을 확인해주는 것 같았다. 그들은 이런 종류의 단명 정권이 민주주의적 '말'이 '살'이 되고 각성한 유권자들이 낡은 권위주의 조직을 무너뜨리기 위해 거리로 쏟아져 나올 때 끝난다는 그의 예측에 감질 나는 증거를 제공했다.

그러나 푸르만이 기대했던 민주적 각성은 결코 현실로 나타나지 않았다. 그 후 몇 년 동안 러시아의 민주주의 모의실험은 민주주의적 외양이 막후에서 움직이는 독재기구에 대해 승리를 거두는 것으로 변모하지 않았다. 오히려 그 반대였다. 슬라폽스키의 소설에서처럼 시위자들은 그냥 집으로 돌아갔다.

대략 1991년에서 2011년 사이에 서방 민주주의 형태를 가장하는 것은 크렘린이 만성적으로 약한 국가의 권력에 대한 평판을 과장하고 정권 내부자들의 부를 숨기기 위한, 비용과 노력이 가장 적게 드는 전략이었다. 탈공산주의 이후 첫 10년 동안 '트롱프뢰유(눈속임)' 민주주의는 서방에서 온 정보가 부족한 전도자를 달래고 러시아가 가끔씩 유럽 및 미국인들과 거래하면서 스스로를 괜찮아 보이게 만드는 방어 무기였다. 역시 서방용으로 만든 공식 방침은 이 나라가 민주국가가 되려고 노력하고 있지만 예상보다 시간이 더 많이 걸릴 뿐이라는 것이었다. 이는 푸틴의

2000년 첫 번째 취임 연설에 들어 있는 메시지였다.

오늘은 정말로 역사적인 날입니다. 나는 다시 한 번 여기에 초점을 맞추고 싶습니다. 실제로 우리 역사, 러시아 역사에서 처음으로, 처음으로 이 나라의 최고 권력이 가장 민주적이고 가장 단순한 방식으로, 인민의 의지에 의해, 합법적이며 평화적으로 이양됐습니다. 정권의 변화, 그것은 헌정체제의 견제이고, 그 힘에 대한 검증입니다. 네, 그것은 첫 번째 검증이 아니고 분명히 마지막 검증도 아니지만, 그것은 검증입니다. 그것은 우리가 가치 있음을 입증한 우리 생의 이정표입니다. 우리는 러시아가 현대적인 민주국가가 되고 있다는 것을 입증했습니다. 평화로운 권력 승계, 그것은 정치 안정의 필수 요소입니다. 우리 모두가 꿈꿨고, 우리가 열망했고, 우리가 추구했던 것입니다.[56]

푸틴이 평화적으로 대통령 자리에 오른 것은 사실이다. 그러나 권력이 인민의 의지에 의해 이양됐다는 주장은 동화 속 이야기다. 그는 예브게니 프리마코프Yevgeny Primakov 당시 총리가 기획하고 독립적으로 선출된 주지사들과 옐친의 가족 및 측근의 비리를 수사하고 있던 유리 스쿠라토프 Yuri Skuratov 검찰총장이 지원한 반옐친 반란 진압을 도운 뒤 옐친 팀에 의해 선발됐다. 정권 내부자들의 부패에 대한 정치적 경쟁자들의 공격을 성공적으로 막아냄으로써 진정성을 보인 푸틴은 손쉽게 대통령 자리를 넘겨받았다. 이는 당시에 너무도 분명했기 때문에 푸틴의 '인민의 의지'에 대한 굽실거림은 크렘린이 민주적 위선에 매우 만족하고 있었음을 보여줄 뿐이었다.

다자 정상회담을 할 때 러시아의 위장 민주주의는 이 나라가 현대적인 강국이라는 어렴풋한 분위기를 풍겼다. 그러나 전 세계적인 색깔 혁명 (2003년 조지아의 장미 혁명과 2004~2005년 우크라이나의 오렌지 혁명으로 시작된)의 물결에 겁을 집어먹은 러시아의 지도자들은 민주주의 모방을 너무 노골적이고 지나치게 추진하다가는 결국 정권이 불안정해진다는 것을 서서히 깨달았다.

푸틴이 대통령 자리에 오른 뒤 첫 10년은 탈공산주의 러시아의 서방 모방 제2기와 겹쳤다. 이 시기에 통치집단의 정통성은 명백하게 조작된 선거 이후에 대중의 암묵적인 인정이 따랐다는 사실에 바탕을 두고 있었다. 이런 식의 이심전심 정통성은 2011년 국회의원 선거에 대한 항의로 더 이상 유지할 수 없게 됐다. 시위자의 절대수가 많은 것은 아니었지만 그들은 여론조사에서 상당한 지지를 받았고, 크렘린은 당시 경기 둔화의 압박을 느끼고 있었다. 그것이 대중의 불만을 다독일 수 있는 그들의 능력을 위협했다. '항의를 부르지 않는 조작 선거'를 대체할 새로운 정통성 확보 방식을 미친 듯이 찾는 일이 2012년 봄 푸틴이 대통령직에 복귀한 직후 시작됐다.

이러한 모색은 곧바로 크림반도 합병으로 이어졌다. 이는 모스크바 거리를 항의가 아니라 환호로 가득 채웠고, 이어 동부 우크라이나에서의 유혈 대리전이 벌어졌다. 러시아의 크림반도 합병은 시위 이후 푸틴 정권의 변신에서 가장 중요한(물론 마지막은 아니었다) 행동이었다. 2012년 '아바이를 점령하라'[57](아바이는 카자흐스탄의 시인, 작곡가, 철학자이자 문화 개혁가였던 아바이 쿠난바이울리Abai Qunanbaiuly로, 2012년 모스크바에 있는 그의 동상 주변이 반정부 시위의 중심지가 됐다—옮긴이)라는 반푸틴 시위로 시작된 것이 2014년 '크림반도를 재점령하라'라는 푸틴 지지 축하 행사로 바뀌어버렸다.

푸틴의 즉흥적인 우크라이나 선수先手를 촉발한 것은 흑해에 있는 나토 군함들이 제기하는 위협보다는 환멸을 느낀 모스크바 사람들이 원격조종된(그는 그렇게 생각했다) 키예프의 가두시위를 모방할지 모른다는 두려움이었다. 러시아연방 주재 미국 대사였던 마이클 맥폴Michael McFaul이 회고록에서 밝혔듯이, 푸틴은 2011~2012년 모스크바의 반정부 가두시위가 서방의 지원과 조직에 의한 것이라고 믿어 의심치 않았던 듯하다. 우크라이나에서 2004년 처음 일어나고 2013~2014년에 다시 일어난 시위도 마찬가지다. 그는 또한 그들의 목표가 완전한 체제 변화는 아니라 하더라도 적어도 자신을 권좌에서 축출하는 것이라고 생각했다. 맥폴은 이렇게 썼다.

푸틴의 세계에서 대중은 스스로 행동하는 법이 없었다. 반대로 그들은 도구이고 수단이고 조작되는 지렛대였다. (⋯) (푸틴은) 미국이 러시아를 비롯한 전 세계에서 정권 교체의 음모를 꾸미고 있다고 보았다. 푸틴은 세계와 러시아에서 일어나는 모든 나쁜 일에 대해 미국을 비난했다.[58]

그는 또한 2011~2012년 시위에 공개적으로 협력하려는 자기네 엘리트 집단(그중에는 크렘린 내부자도 있었다)의 부적절한 생각도 신경이 거슬렸다. 푸틴은 푸르만과 마찬가지로 자신의 가짜 민주정권이 취약할 뿐만 아니라 서방이 그 취약성을 악의적으로 이용할 계획을 꾸미고 있다고 결론지었다. 우연히도 그의 견해는 20세기 러시아 정치학자 이반 일리인Ivan Ilyin의 생각과 일치하는 경향이 있다. 서방의 목표는 언제나 "러시아를 강제적으로 서방의 통제 아래 두기 위해 분할하고 해체하며 결국 사라지게 만드는 것"[59]이었다는 주장이다. 봉쇄는 2차 세계대전 이후 소련 공산주의를 겨냥해 개발된 서방의 새로운 전략이 아니었다. 일리인에 따르면 그것은 오히려 러시아에 대한 서방의 전통적인 정책 가운데 일부였다. 러시아의 문화나 지리에 부적합한 민주주의적 정부 형태를 권장해 나라를 약화시키는 결과를 낳게 하는 것이 그 하나다.

정치적으로 당혹스럽고 신경이 쓰인 2011년과 2012년 선거 이후 서방 내부의 제도와 슬로건을 모방하는 것은 더 이상 정권이 서방의 영향력으로부터 스스로를 보호하기 위해 선호한 방법이 아니었다. 러시아 정권은 세계 초강대국으로서의 지위를 되찾기 위해서가 아니라 그저 살아남기 위해서 공세를 취할 필요가 있었다. 그 목표를 위해 러시아는 심지어 미국이 만든 1989년 이후의 자유주의 체제를 파괴할 꿈까지 꾸었다. 미국의 2010~2012년 '아랍의 봄' 지원과 특히 나토가 이끈 리비아 군사 개입은 미국이 푸틴의 러시아와 평화적으로 공존할 수 없는 혁명 세력이라는 크렘린의 가장 우울한 두려움을 확인해주었다. 그러나 러시아가 선택한 길은 놀라운 것이었다. 서방의 패권을 뒤엎기 위해 러시아는 서방을 모방하는 전략을 버리는 것이 아니라 그것을 개조하고 방향을 돌리고 무기화했다.

성난 목발잡이

소련 지도자 니키타 흐루쇼프(1894~1971)는 1962년 1월 8일 크렘린 동료들에게 한 연설(40년 이상 기밀로 묶여 있었다)에서 소련이 초강대국 대결에서 참패했기 때문에 소련에게 남은 유일한 길은 국제 문제에서 주도권을 잡는 것이라고 말했다. 앞으로 수십 년 뒤 미래의 서고 관리자들은 블라디미르 푸틴 대통령이 2014년 2월 핵심 집단 앞에서 한 비슷한 연설을 발굴할지도 모른다. 이때는 그가 크림반도를 병합하고도 버텨낼 수 있음을 입증해 서방에 충격을 가하기로 결정한 때였다.

이 전격적인 조치는 또한 그로 하여금 러시아가 방금 우크라이나를 잃었다는 굴욕적인 사실을 가릴 수 있게 해주었다. 가장 눈에 띄는 것은 이로써 그의 정권에 대한 대중의 지지를 성공적으로 붙잡아두었다는 점이다. 당시 그의 공개적인 발언 일부는 러시아의 종족적 민족주의가 크림반도 합병 결정에 중요한 역할을 했다는 결론을 내릴 수도 있게 한다. 그리고 크렘린의 풍자가들이, 러시아가 '사로잡힌 민족'을 구해냈다는 시적 반전을 만끽한 것도 사실이다. 그러나 푸틴 역시 어느 정도는 소련 사람이고, 그가 서방을 얼마나 비난하든 그 또한 종족적 민족주의가 소련을 해체하는 데 중심적인 역할을 했음을 인식하고 있다는 사실을 기억할 필요가 있다.

동물 세계의 모방 행동에 대한 연구는 포식자에 대항하는 위장을 묘사하고 있다. 쫓기는 동물은 자신의 몸을 배경과 조화시켜 보이지 않게 만든다. 그렇게 해서 포식자의 탐지를 피하고자 한다. 이것은 1990년대와 2000년대 초 러시아 모방 민주주의 제1기를 이해하는 데 매우 유용한 개념이다. 러시아 정부는 서방 정치 모델을 따르려는 욕망을 가장함으로써 매우 부족하고 취약한 시기에 경제를 재건할(때로 그릇된 목적을 위해) 힘을 보존할 수 있었다. 그러나 이런 생존 전략은 승리감을 가져다주지는 못했다. 근시안적인 관찰자의 눈에 민주주의로 인정받는 것이 생존에 도움이 될 수는 있지만, 실질적으로 서방에 맞서거나 정치적 정통성의 근원으로 민족적 예외론을 적용하는 데는 도움이 되지 않는다.

크림반도 합병은 근본적으로 신뢰성을 잃고 있는 체제의 정당성을 되찾기 위한 노력이었다. 러시아는 제재를 받지 않고 서방에 맞설 수 있다는 것을 보여줌으로써 그것을 이루어냈다. 저지당하지 않고 국제 규범을 어기는 장면이, 저지당하지 않고 국내 규범을 어기는 장면을 대체했다. 크림반도 같은 상징적으로 중요한 장소에서 벌어진 전쟁의 작은 승리가 부정선거로 이기는 것에 비해 더 큰 정치적 보상을 가져다주는 것으로 드러났다. 서방의 규범과 기대에 대한 푸틴의 뻔뻔스러운 저항은 종족적 민족주의나 크림반도를 모국에 '반환'함으로써 얻는 어떤 전략적 이득보다도 더 큰 활력을 그의 정권에 불어넣었다. 푸틴은 2012년 선거 승리 연설에서 이렇게 말했다.

> 오직 하나의 목표, 국가로서의 러시아를 파괴하려는 목표를 추구하는 (사람들에 맞서) 우리는 어느 누구도 우리에게 아무것도 강요할 수 없음을 보여주었습니다. 아무도, 아무것도 강요할 수 없습니다.[60]

크림반도 합병은 중요한 점을 입증했다. 푸틴은 자주권이라는 드라마를 무대에 올렸다. 그것은 1인 공연이었고, 대중의 박수갈채는 우레와 같았다. 러시아의 힘과 자주권(러시아가 서방의 영향력으로부터 사실상 독립하는 것을 의미한다)을 회복하는 일은 오늘날에도 여전히 푸틴의 공개 담화의 근본적인 주제로 남아 있다. 그는 2018년에 이렇게 되풀이했다.

"러시아를 억누르려는 노력들은 솔직히 말해서 실패했습니다. 아무도 우리에게 귀를 기울이지 않았습니다. 이제 귀를 기울이십시오."[61]

그러한 과민증과 진취성은 2012년 이후 러시아의 지리정치학적 모험들이 대체로 서방과 비교한 이 나라의 허약함에 대한 지도부의 깊숙한 불안에서 추동됐음을(그리고 지금도 추동되고 있음을) 시사한다. 러시아는 연성권력soft power이 없고, 그 경제는 경쟁력이 없으며, 오일달러 보조금에 의존하는 생활수준은 침체와 급락을 반복하고 있고, 주민들은 늙어가고 줄어들고 있다. 사회의 속박을 받지 않는 엘리트는 보통 남녀들에게 깊은 불신의 대상이다. 따라서 국가권력을 대중의 정서 속에 안착시키는 방법을 찾는 일은 여전히 지도부의 핵심 딜레마다. 크렘린은 불이 잘 붙는 정서가 불이 잘 붙는 탄화수소(러시아 경제를 지탱하는 부존자원인 석유와 천연가스를 가리킨다—옮긴이)만큼이나 자신들의 정통성에 중요한 요소임을 인식하게 됐다. 푸틴이 대통령에 취임한 뒤 첫 인터뷰에서 다음과 같은 주장을 했음을 기억할 필요가 있다.

"시장에서만이 아니라 정부들 사이에서도, 세계무대에서도 극심한 경쟁이 일어나고 있습니다. 그러나 매우 유감스럽게도, 정말로 매우 걱정스럽게도 우리는 이 경쟁에서 최상급의 지도자로 올라 있지 않습니다."[62]

따라서 푸틴이 처음부터 스스로 부여한 임무는 '큰 판'(러시아는 1991년 여기서 인정사정없이 쫓겨났다)의 중요한 선수라는 러시아의 역할을 회복하는 것이었다. 2008년 러시아-조지아 전쟁은 최종 연습이었다. 그러나 외교정책의 모험주의를 통해 이 목표를 본격적으로 추구한 것은 겨우 2012년 이후부터였다.

러시아가 세계 강국이 되기에 약하다는 것은 이 나라를 대단하게 생각해서는 안 된다거나, 바샤르 알아사드 시리아 대통령의 보호자와 독일의 가스 공급자 등으로 이 나라가 세계적인 유의미성을 일부 회복하는 데 성공한 것을 과소평가해야 한다는 의미는 아니다. 그러나 중국과 달리 러시아는 최고 수준의 신흥 세력으로 규정할 수 없다. 세계에서 차지하는 비중은 소련이 한때 행사했던 영향력에 비해 미미하다. 그리고 단기적으로 지위를 개선하는 데 성공하긴 했지만, 세계적인 강국으로서의 장기적 전망은 의문스럽다. 크림반도 합병은 푸틴의 정통성을 향상시켰지만, 시리아 개입에 대부분의 러시아인들은 무관심했다. 그리고 여전히 미미하지만 증가하고 있는(그리고 비용이 드는) 아프리카 및 라틴아메리카 개입은 광범위한 대중에게 알려지지도 않고 인정받지도 못하고 있다. 그러나 의심할 수 없는 사실은 크렘린이 지구촌 무대에서 훼방꾼의 역할은 할 수 있다는 것이다.

틀림없이 오늘날 상대적인 힘은 좌절감을 느낄 정도로 측정하기 어렵다. 칼럼니스트 데이비드 브룩스David Brooks가 말한 '약자의 반란'[63] 때문이다. 미국의 압도적인 군사적 우위는 도전자들을 고분고분하게 복종하도록 만들었을 뿐만 아니라, 전투를 사실상 미국의 전투 우위가 중요하지 않은 지역으로 옮겨놓는 비대칭 전쟁의 형태를 택하도록 만들었다.

하버드대학의 한 주목할 만한 연구에 따르면, 1800년부터 1849년까지 벌어진 비대칭 전쟁의 약자 쪽은 12퍼센트의 시간 동안만 자기네의 전략적 목표를 달성했다(연구자들은 '힘의 크기'를 병사 수와 화력의 규모로 측정했다). 반면에 1950년부터 1998년까지 벌어진 전쟁에서는 약자 쪽이 놀랍게도 55퍼센트의 시간 동안 우세를 보였다.[64] 이러한 약자의 우세에 대한 일반적인 설명은 특히 20세기 후반기에 힘이 약한 쪽이 적을 물리치거나 무너뜨리기보다는 그저 버티기만 하면 됐다는 것이다. 대체로 텃밭에서 말이다. 약자는 그저 적의 기계 장비를 망가뜨려놓고 명목상 강자인 적이 싸울 의욕을 잃을 때까지 기다리면 되었다. 따라서 이때는 정복자가 아니라 방해자가 현대 전쟁의 특징적인 모습이 됐다.

러시아는 서방과 대결할 때 의문의 여지 없이 약한 쪽이다. 그러나 러시아는 효과적으로 훼방 전략을 구사해 주도권을 잡고 이에 따라 전쟁을 자신의 이익과 세계관에 맞추어 규정하고 변형시켰다. 러시아는 서방의 상대적인 소극성과 철군, 트럼프 대통령 이전의 정세를 이용해 성공을 거두었다. 크렘린은 동부 우크라이나에서 단계적 확대와 단계적 축소의 어지러운 게임을 펼치고 시리아에서 군사 개입을 함으로써 푸틴이 방해 활동과 예측 불가능성을 필살기로 삼고 있음을 보여주었다.

크림반도 합병 때까지 러시아의 모방 정치는 서방의 국내 제도 모방이 중심이었다. 가장 유명한 것이 주기적인 선거였다. 이 전략은 의도하지도 않고 바라지도 않았던 부작용을 낳았다. 대중의 마음속에 정부의 투명성과 책임성에 대한 희망을 심어준 것이다. 그것은 부정선거로 지탱해온 정부를 비판하고 공격하는 데 사용될 수 있었다. 이는 국내 전선에서 정부를 소문에 대한 수군거림, 유권자를 존중하는 체하는 것과 시민이 '존엄'하게 대접받는 진정한 정치적 사회의 부재 사이의 치욕적인 격차에 대한 수군거림 앞에 내어놓았다. 이것이 2011~2012년 선거 부정에 대한 대규모 시위를 불러온 요인이었다. 시위자들은 '도스토인스트보 Dostoinstvo'(시민의 존엄)라는 슬로건을 사용하면서 정권이 이전에 의지했던 정당성 공식을 비방했다.

2012년 이후 크렘린은 서방식 민주주의를 모방함으로써 내부적 정통성을 떠받치려는 시도를 포기했다. 부정선거는 계속됐지만, 그것은 이제 더 이상 정권의 인기와 권위를 떠받치는 기둥으로 이용되지 않았다. 모방 정치를 국제무대로 돌린 것은 크렘린이 앞으로 대중의 불만과 민주주의를 내세운 것에 부합하지 않는 위선에 대한 비난을 비켜간다는 것을 의미했다. 새로운 목적은 서방의 근본적인 위선을 폭로함으로써 서방이 지배하는 국제 질서에 대한 신뢰를 무너뜨리는 것이었다. 새로운 접근법은 비아냥거리는 투였다. 우리가 듣기에 미국인들은 국제법에 대해 입에 발린 말을 하지만, 행동은 '총의 법칙'을 따른다는 것이다. 크림반도 합병에 대한 서방의 비판에 대응하면서 푸틴은 말장난을 했다.

"그들은 우리가 국제법 규범을 어겼다고 말합니다. 우선 그들이 적어도 국제법 같은 것이 있음을 기억한다는 것은 다행스러운 일입니다. 늦더라도 아예 기억 못하는 것보다는 낫죠."[65]

모스크바의 저항 군중들이 푸틴에게 가르침을 주는 것이 아니라 푸틴이 이 군중들을 등에 업고 서방을 가르치려 한 것이다. 이 새로운 접근법은 또한 러시아의 문화적·정치적 예외론을 주장해, 1991년 이래 서방이 러시아인들에게 하고 있던 모든 점잔빼는 설교들을 즉각 거부할 수 있는 도덕적 기반을 제공했다. 전역한 군 장교 한 사람은 푸틴이 크림반도를 병합하고 도네츠크 분리파를 위해 우크라이나 정부에 맞서 싸움으로써 러시아의 위신을 되찾은 것을 자랑스러워하며 특파 언론인에게 이렇게 말했다.

"나는 러시아 인민들을 위한 러시아의 사상을 원합니다. 나는 미국인들이 우리에게 사는 방법을 가르쳐주기를 원치 않습니다. 나는 사람들이 자랑스러워할 수 있는 강한 나라를 원합니다. 나는 삶이 다시 어떤 의미를 갖기를 원합니다."[66]

푸틴 덕분에 러시아는 더 이상 미국으로부터 가르침을 받지 않게 됐다. 더 이상 "열등의식을 가진 모방 민주주의"[67]를 추구하지 않는다는 것이다. 그들의 열등의식은 결코 사라지지 않았지만, 크렘린은 더 이상 민주주의를 모방함으로써 이에 대처할 생각이 없었다. 그들은 대신에 "약점을 가리고, 깊은 원한을 갚으며, 무슨 수를 써서라도 살아남기 위해 위험한 공격"[68]을 사용할 생각이었다.

5년 전인 2007년(푸틴이 입이 떡 벌어지는 뮌헨 연설을 한 바로 그해다), 푸틴의 협력자로 잘 알려진 유명한 러시아 영화감독 니키타 미할코프Nikita

Mikhalkov가 매혹적인 영화 한 편을 내놓았다. 시드니 루멧Sidney Lumet의 고전 〈12인의 성난 사람들〉(1957)을 개작한 것으로, 미할코프의 〈12〉는 다음 시기(러시아가 더욱 공격적으로 서방을 모방하는 시기)의 도입부에 해당한다. 이 시기는 몇 년 뒤인 2011~2012년 저항의 겨울 이후에야 본격적으로 시작되며, 저항의 겨울은 우리가 주장해왔듯이 크림반도 합병으로 가는 우회로에 의해 인도된 것이었다.

루멧의 〈12인의 성난 사람들〉에서는 열여덟 살의 푸에르토리코 소년 이 자기 아버지를 찔러 죽인 죄로 법정에 선다. 유죄가 인정된다면 그는 사형을 당할 것이다. 숙의를 빨리 끝내고 싶어 안달이었던 열한 명의 배심원은 소년의 유죄가 자명하다는 데 의견을 모았지만, 헨리 폰다가 연기한 열두 번째 배심원은 이들 무리에 맞서 '합리적 의심'이 있다는 주장을 펴며 검찰 측 증거를 탄핵하는 과정을 시작한다. 결국 수많은 밀치락 달치락 끝에 소년은 무죄를 선고받는다.

당시 할리우드 대작 영화 명단에 자주 올랐던 〈12인의 성난 사람들〉은 미국의 자유주의를 그린 고전적인 작품이다. 이는 진실을 위해 싸우고 계급 및 인종 편견에 맞서 싸우는 자유로운 개인의 힘에 바치는 칭송의 교향곡이다. 이는 합리적 주장, 증거 존중, 공평한 재판에 바치는 영화의 헌정물이다. 매카시즘이 한창일 때 제작된 이 영화는 미국의 자유주의 가치관을 강력하게 옹호하고(매우 양식화되긴 했지만) 있다.

역시 겨냥했던 국내 관객에게서 성공을 거둔 〈12〉는 서방 모방을 이용해 서방으로부터의 독립을 선언하려는 탈공산주의 러시아의 분투를 예술적으로 표현한 작품이다. 이 영화는 양아버지를 살해한 혐의로 기소된 한 체첸 소년의 이야기다.

특수부대 장교인 양아버지는 체첸의 전쟁으로 친부모를 잃은 소년을 모스크바로 데려왔다. 루멧의 원작에서처럼 모두 남성으로 이루어진 배심원단이 모여 피고의 유죄에 기본적으로 동의하는 것으로 시작된다. 역시 한 명의 반대자가 의문을 제기하고, 배심원들은 자신들에 대한 개인 정보를 공개하고 증거 재검토를 요구한다.[69] 추상적인 논쟁이 아니라 구체적인 경험이 서서히 배심원들의 생각을 바꾼다. 진실이 아니라 연민이 그들로 하여금 정의를 찾는 데 도움을 준다.

그러나 결말은 원작의 결말과 사뭇 다르다. 미할코프의 개작 영화에서 중요한 것은 추상적인 정의가 아니라 소년의 개인적인 운명이다. 소년을 감옥에서 풀어준다는 것은 진짜 살인자들이 그를 찾아내 죽일 것이라는 의미임이 분명해진다. 이에 따라 미할코프의 분신 역할을 하는 인물(전직 KGB 요원으로, 푸틴처럼 보고 말하고자 애쓰는 사람이다)이 배심원단 앞에서 선택의 틀을 제시한다. 그들은 소년의 목숨을 살리기 위해 죄 없는 그를 감옥에 가둬두거나, 소년에게 무죄가 선고되어 석방될 경우 배심원들 스스로가 소년을 보호하는 데 헌신할 준비가 돼 있어야 한다는 것이다. 이 보람 없는 일에 헌신하려고 하는 유일한 사람은 당연히 전직 KGB 요원이다.

미할코프의 영화에 나오는 체첸 소년은 탈제국주의 시대의 버려진 고아다. 영웅적인 보호자가 때맞추어 나타나지 않으면 세계화된 이 아귀다툼의 세계에서 죽어야 할 운명이다. 푸틴은 노보오가료보에 있는 대통령의 별장에서 체첸의 독재자인 람잔 카디로프Ramzan Kadyrov 대통령과 함께 이 영화를 본 뒤 "눈물이 고였다"[70]고 한다. 푸틴의 눈물에 대해 설명하는 것은 일거리 없는 러시아 연구자의 마지막 피난처일 것이다.[71] 그러나 마음대로 추측하는 일이 허용된다면, 푸틴의 입장에서 고전적인 미국의 자유주의 찬가를 미할코프가 역설적으로 러시아판으로 각색한 것은 그의 나라가 직면하고 있는 극적인 선택을 담아낸 것이다. 러시아가 미국 주도의 세계화를 끝장내거나, 아니면 미국 주도의 세계화가 러시아를 끝장내거나 둘 중 하나다.

그러나 미국 주도의 세계화에 효과적으로 도전하려면 러시아에게는 2012년 이전에 채택했던 것과는 다른 전략이 필요했다. 1991년 직후에 서방을 모방하는 것은 세계 패권국에 알랑거리며 위기에서 살아남는 한 방편이었다. 모방은 당시의 혼란스러운 불확실성(크렘린이 최종적으로 추구하고자 하는 전략적 목표에 관한 불확실성도 포함해서)에 대한 자연스러운 반응이었다. 단기적으로 정부가 생존을 의지할 서방 열강의 조직 형태를 모방하는 것은 완전히 합리적인 것이었다.

그러나 외국 모델에 대한 순응론은 러시아가 잃어버린 세계 역사 속의 주역 위치를 회복하도록 허용하지 않았다. 진정한 자주권은 유엔 안전보장이사회의 자리가 아니었다. 또한 세계무역기구(WTO)에 가입하라는 너그러운 초청으로 다시 얻을 수 있는 것도 아니었다. 국제무대에서의 존경은 단지 낯선 사람에 대한 친절 같은 것이라면 의미가 없었다. 그것은 정치적 능력, 경제적 활력, 군사적 힘, 문화적 정체성을 통해 얻어내야 했다. 러시아의 핵무기 보유량은 그것이 아무리 어마어마하고 두려운 것이라 해도 푸틴이 분명히 갈망하고 있는 것 같은 국제적인 존경을 다시 얻어내기에 충분치 않다.

"나는 우리 러시아가 스스로의 독창성과 정체성을 잃는 것을 바라지 않습니다. 나는 러시아 문화의 뿌리, 영적인 뿌리가 (…) 보존되기를 바랍니다."[72]

이것이 2012년 이후 푸틴의 공식 입장이었다. 러시아의 새로운 전략에는 두 가지 요소가 있다. 국내적으로는 보수적인 입장에서 가짜 서방화에 등을 돌리는 것이고, 해외에서는 새로이 적극적인 모방을 추진하는 것이다. '자주민주주의suverennaya demokratiya'는 이제 서방의 면전에서 무례하게 문을 쾅 닫을 권리와 능력을 의미하게 됐다.

추정이지만 크렘린이 전통적인 보수적 가치관으로 돌아온 것은 서방 자유주의에 대한 거부의 신호이자 봉인으로서, 완전히 예상 밖의 일은 아니었다. 프랜시스 후쿠야마의 《역사의 종말》은 러시아에서 결코 베스트셀러가 아니었지만, 새뮤얼 헌팅턴의 《문명의 충돌》은 베스트셀러였다. 민족주의 성향의 러시아 지식인들은 헌팅턴 교수의 다음과 같은 주장을 열심히 홍보했다.

이 새로운 세계에서의 충돌의 근본적인 원인은 주로 이데올로기적이거나 주로 경제적인 것이 아닐 것이다. 인류 사이의 커다란 분할과 갈등의 주요 근원은 문화적인 것이 될 것이다.[73]

비슷한 맥락에서, 민족 전통과 국내 정치와 시민사회가 어느 정도 외부의 영향으로부터 차단될 수 있어야만 안전하게 세계 경제에 통합될 수 있는 원리주의적인 국가가 푸틴이 권좌에 오른 이래 그의 국가 건설 계획의 주요 목표였다.

푸틴의 관점에서 자기네 정권의 취약성의 중요한 근원은 러시아 엘리트들이 문화적·재정적으로 서방에 의존한다는 점이다. 푸틴은 러시아에서 정말로 중요한 몇 가지를 제외한 모든 것을 통제한다. 그 예외가 석유·천연가스 가격과 대중의 정서(그의 지지도가 2018년에 15퍼센트 떨어졌다),[74] 그리고 부자들의 충성심이다. 사업의 상당 부분을 해외에서 하고 있는 경제 엘리트들에 대한 그의 통제력은 상당하지만 그럼에도 불구하고 제한적이다. 이는 그의 취임 초기에 세계를 누비는 이 나라의 사업가들을 다시 국내로 끌어들이는 것이 그의 주요 목표 중 하나가 됐던 이유를 설명해준다.

그가 지금은 추방된 러시아의 올리가르히 보리스 호도르콥스키^{Boris} ^{Khodorkovsky}를 오랫동안 투옥한 일이나 2008년 조지아와의 전쟁, 그리고 악명 높은 뻐기는 걸음걸이와 세계의 지도자들이 정중하게 행동해야 한다는 무언의 규범을 자주 무시하는 무례함은 모두 서방을 헐뜯기 위한 것이었다. 통신의 디지털화 같은 대항 세력에 맞서 러시아가 경제적·정치적·문화적으로 거리를 두고 있음을 강조하기 위해서다.⁷⁵ 푸틴의 게이와의 전쟁(타락한 서방주의자들에게 분노한 보수파를 지지층으로 끌어들이기 위한 것이다)과 크림반도 합병(러시아 민족주의자들을 열광시키고 자유주의 서방의 간담을 서늘하게 하기 위한 것이다)은 거리를 두고 볼 때는 연관이 없어 보일 것이다. 그러나 이들은 같은 공격적인 고립주의적 각본 속에서 나온 것이다.

러시아 정치가 보수 쪽으로 돌아선 데 대해서는 많은 글이 나왔지만, 이렇게 분명하게 오른쪽으로 이동한 것은 러시아의 공격적인 고립주의를 고려하지 않는다면 이해하기가 쉽지 않다. 가장 일반적인 해석은 러시아가 보수 혁명의 투사가 되기로 결심했다는 것이다. 그 지도자들이 권위주의를 선호하기 때문이다. 이런 이론에서는 러시아 보수주의의 푸틴적 변형은 이반 일리인이나 알렉산드르 두긴^{Aleksandr Dugin} 같은 사상가들의 영향을 받은 것으로 여겨진다. 그러나 푸틴은 가끔 일리인을 언급하기는 하지만, 고전적인 이데올로기형 독재자의 이미지와 쉽게 부합하지 않는다. 그는 예컨대 스탈린과 달리 열렬한 독서가로 알려져 있지 않다.

그의 전기를 쓴 거의 모든 사람들은 그가 "근본적으로 소련인"이라는 데 동의한다. 그의 표현 방식은 부활시킨 슬라브 숭배 전통에서 유래한다기보다는 소련의 적들의 논점에 대한 역설적 모방에 가깝다. 실제로 크렘린은 지금 서방을 비난할 때, 1920년대 서방이 소련에 경멸을 퍼부을 때 사용하던 말을 사용한다. 서방은 신에 대한 믿음을 상실했으며, 자유로운 사랑과 온통 좀먹은 상대주의를 부추김으로써 가정을 파괴하려 들고 있다고 말이다. 러시아는 이런 방식으로 상황을 뒤집으면서 스스로를 타락한 서방에 배반당한 '옛 유럽'의 수호자이자 구세주로 자처했다. 그러나 여기에 반영된 '슬라브 숭배 보수주의'는 피상적이다.

이는 러시아 지도자들이 정통 보수주의를 역설하고 있지만 러시아 사회에는 보수적인 구석이 없기 때문이다. 예를 들어 오늘날 러시아에서의 결혼은 소련 시절의 결혼에 비해 안정적이지 못하다. 그때도 이미 이 나라의 이혼율이 높기로 악명이 높았는데도 말이다. 러시아에서는 100쌍에 56쌍 꼴로 이혼한다. 시들해지는 결혼생활의 전통주의와 정절에 관한 불완전하지만 시사적인 지표다.

이혼율만 타락했다는 서방만큼 높아진 것이 아니다. 낙태 역시 더 많아졌다. 1970~1980년대 소련에서처럼 충격적일 정도로 흔하지는 않지만 말이다. 교회에 가는 비율도 낮다. 그러면 러시아가 보수주의로 돌아섰다는 추정을 어떻게 설명해야 할까?

그러려면 러시아 지도자들이 영토 분할의 악몽에 시달리고 있을 뿐만 아니라 인구 감소의 유령에도 시달리고 있음을(동유럽의 지도자들과 똑같다) 이해해야 한다.

1993년에서 2010년 사이에 러시아 인구는 1억 4860만 명에서 1억 4190만 명으로 줄었다. 여러 가지 척도로 볼 때 러시아의 인구 지표는 세계에서 가장 가난하고 가장 발전이 덜 된 상당수의 나라와 비슷하다. 2009년 러시아에서 15세 때의 전반적인 기대수명은 방글라데시, 동티모르, 에리트레아, 마다가스카르, 니제르, 예멘보다 낮은 것으로 평가됐다. 러시아 성인 남성의 기대수명은 수단 및 르완다보다, 심지어 에이즈에 유린된 보츠와나보다도 낮은 것으로 평가됐다. 러시아 여성들은 러시아 남성에 비해 상대적으로 낫지만, 2009년 경제활동 연령 러시아 여성의 사망률은 남미에서 가장 가난한 나라인 볼리비아의 경제활동 연령 여성에 비해 약간 높은 수준이었다. 20년 전 러시아 경제활동 연령 여성의 사망률은 볼리비아보다 45퍼센트 낮았다.[76]

크렘린 도서관의 슬라브 숭배 고전이 아니라 아프리카의 사망률과 유럽의 출생률을 조합한 러시아의 독특한 인구 지표가 크렘린의 정치적 발언이 보수주의로 돌아선 것을 가장 잘 설명해준다.[77]

보수주의적인 표현은 또한 푸틴의 다수파에 약간의 이데올로기적 모습을 가미하고 크렘린이 애국적 러시아인과 자유주의적 반역자들(그들의 세계에 대한 그림에서는 외국 대사관에 의해 조종되는 사람들이다)을 구분하는 일을 돕기 위해서도 필요했다. 그러나 이는 유용한 선전 활동이지 도덕적 확신이 아니다. 그리고 그것이 행동을 좌우하는 것은 무시할 정도이고 일시적이다. 반면에 외국의 음모에 관한 피해망상은 심대한 영향을 미친다.

크렘린의 과열된 정치적 상상 속에서 인구 감소는 단순히 러시아의 반갑잖은 운명에 그치는 것이 아니다. 그것은 또한 서방의 사악한 음모이기도 하다. 1994년 미국 오하이오주의 라이트연구소Wright Laboratory(미국공군연구소의 전신)에서 상상력이 지나친 한 종업원이 '게이 폭탄gay bomb'을 개발하자는 제안을 했다.[78] 이 심리-화학적인 가상의 폭탄은 적군에게 여성 페로몬을 뿌리면 병사들이 서로에게 성적으로 이끌리고 감상에 빠져 전쟁이 아니라 사랑에 열중할 것이라는 개념을 바탕에 깔고 있었다.

당연한 일이지만 이 우스꽝스러운 제안은 결코 '기발한 생각' 단계를 넘어서지 못했다. 그러나 러시아 지도자들은 1991년 마치 게이 폭탄을 맞은 것처럼 행동했다. 푸틴은 이렇게 설명했다.

"게이 퍼레이드나 일반적으로 성 소수자와 나와의 관계는 간단합니다. 그것은 공식적인 내 직무 및 나라의 중요한 문제 가운데 하나가 인구 문제라는 사실과 연관돼 있습니다."[79]

푸틴의 정신세계에서 러시아의 인구 위기는 세계적 도덕 위기를 반영한다. 오늘날 서방을 따르는 것은 "양심과 정치적 견해와 사생활의 자유에 대한 모든 사람의 권리를 인정"할 뿐만 아니라 "선과 악의 평등을 무조건 받아들이는 것"[80]을 의미한다.

러시아 사회의 서방화가 세대 사이의(특히 러시아 엘리트 안의) 우려스러운 관계에 미치는 극적인 영향이라는 사실을 깨닫지 못하면 최근 러시아에서 잇달아 만들어지고 있는 억압적인 법률들('동성애자 운동'을 막는 법 같은 것들이다)을 이해할 수가 없다.[81] 공산주의의 정통성을 갉아먹은 중요한 힘 가운데 하나는 소련 엘리트들이 그 자손들에게 특권을 제한된 정도로밖에 물려줄 수 없었다는 점이었다. 분명히 노멘클라투라의 자녀들은 졸로타야 몰로됴스^{zolotaya molodyozh}(귀공자)였고, 그들이 얼마나 특권을 누렸는지는 누구나 알고 있었다. 그러나 그들은 합법적으로 부모의 지위를 이어받을 수 없었다. 이는 생물학적 자손을 선호하는 인간 본성의 고유한 성향에 위배되는 것으로, 인생의 기회가 태어난 가족의 사회적 지위에 따라 배분돼서는 안 된다는 평등사상을 바탕으로 세워진 정권의 근본적인 약점이었다.

1991년 마침내 이런 제약에서 탈출한 러시아의 탈공산주의 엘리트들은 권력과 부와 명망에 대한 사회적 경쟁에서 자기 자녀들을 지원하는 일에 열성적으로 뛰어들었다. 그들은 때로 자녀들을 해외로 유학 보내는 방법을 썼다. 문제는 이 행운아들 상당수가 고국에 돌아가지 않기로 결심했다는 점이다. 그렇지 않은 사람들은 매우 이질적이고 비러시아적인 습관과 신념을 지닌 채 돌아왔다.

과거 공산주의 국가들의 민족 엘리트들의 심리를 이해하면 이런 역설을 이해할 수 있다. 즉 이 엘리트들이 자녀들을 챙겨줄 기회를 다시 얻은 그 순간에 그 자녀들은 부모의 영향력을 떨쳐내기 시작했다는 것이다. 외국에서 교육받은 이 엘리트들의 자녀들은 서방의 규범 체계에 **동조**同調해, 더 이상 이전 세대들이 살았던 고국의 규범적 기대와 **조화**를 이루지 못했다. 따라서 서방이 러시아 엘리트의 아이들을 훔쳐가고 있다는 비난은 크렘린 반서방주의의 핵심 교리 가운데 하나로서, 해외 거주 기업인들의 송환을 시도하게 만들었다.

이 나라의 지도자들은 러시아가 결국 제정 시대와 마찬가지로 서방 문화에 물든 본토박이 시민들에 의해 지배될 것을 두려워한다. 그럴 경우 이들은 오늘날의 특권층이 익숙해진 방식대로 계속 살 수 없도록 획책할 수 있다. 서방에서 1968년이 부모의 억압적인 가치관과 선택에 대한 아이들의 반란이었다면, 러시아의 2010년대는 서방에서 교육받은 자녀들의 낯선 사회적·문화적 가치관에 대한 부모들의 저항이다.

오늘날 푸틴의 정책을 소련의 지리정치학적 영향력 회복, 더 나아가 소련의 재건을 위한 시도로 해석하는 것이 유행이다.[82] 다른 평론가들은 유럽을 자신의 형상(현대의 타락에 맞서 성전을 벌이는)대로 개조하려는 보수 세력으로서의 러시아의 역할을 강조한다.[83] 서방 매체에서는 러시아 유라시아주의의 대중적인 스타인 알렉산드르 두긴의 경고문이 자주 등장하고 있다. 그러나 이는 모두 상당히 오해의 소지가 있다. 크렘린은 보수주의적인 소음을 일으키고 있고 제국을 지향하려고 애쓰지만, 푸틴의 정책은 러시아의 전통적인 제국주의나 팽창주의와는 거의 아무런 관련이 없다. 또한 푸틴 지지자들이 현대의 합리주의와 개인주의에 등을 돌리고 중세 농민 공동체와 전통적 전원생활의 유기체적 일체감이라는 이상화된 비전을 받아들이려는 것도 아니다.

따라서 푸틴의 반미주의와 19세기 자파드니체스트보^{zapadnichestvo}(서방화론)에 대한 친슬라브파의 적대감 사이의 유사성은 기껏해야 피상적인 것이다. 더구나 소련 시절에 성년이 된 사람들에게 종족적 민족주의는 많은 평론가들이 단언하듯이 그렇게 결정적인 요인이 될 수 없다. 그리고 푸틴이 크림반도 합병을 합리화하면서 민족주의적 표현법을 사용했지만, 그는 민족주의가 소련을 파괴해 민족적 동질성 같은 것을 찬양하는 데 충실하도록 했고 그것이 다민족 러시아연방 역시 폭발시킬 것임을 너무도 잘 알고 있다.

푸틴은 바르샤바를 정복하거나 리투아니아 수도 리가를 재점령할 꿈을 꾸지 않는다. 오히려, 반복하자면 그의 정치는 적극적인 고립주의, 즉 독자적인 문명 공간을 굳건히 하려는 시도의 표현이다. 그 정책들은 세계 경제의 상호 의존과 통신망의 상호 이용 및 제지할 수 없어 보이는 서방의 사회·문화 규범의 확산에 의해 제기된 러시아에 대한 위협에 대처하기 위한 그의 방어적 대응을 구현한 것이다. 이런 의미에서 크렘린의 정책은 1980년대 이후 전개됐던 바대로 세계 금융위기 이후 세계 다른 나라들의 장벽을 세우는 자폐적이고 반세계적인 행동에서 찾아볼 수 있는 일반적인 경향을 반영하고 있다.

표면적으로 푸틴의 행동이 19세기 러시아의 제국주의 정책과 유사한 것은 사실이다. 그러나 이는 규제가 없고 기업에 개방적이며 통제가 불충분한 세계화에 대한 21세기의 전 세계적인 저항의 일부로서 훨씬 잘 이해될 수 있다. 해외여행은 형편이 되는 러시아인에게 제한되지 않았다. 그러나 트럼프와 달리 푸틴은 러시아를 자유주의 서방으로부터 고립시키기를 원한다. 그에게는 이것이 이웃 나라를 합병하는 것보다 더 중요하다. 서방을 노골적으로 위협함으로써 그는 "장벽 값을 치르도록" 강요하기를 원하고 있는지도 모른다. 미국과 유럽 정치에 대한 러시아의 사이버 개입을 봉쇄하기 위해 많은 투자를 해야 하는 것이다. 이러한 공격은 무엇보다도 예컨대 '구글 번역'의 점진적인 개선 등의 결과로 전 세계의 정부들이 국가의 정보 공간에 대한 독점적 통제권을 잃고 있는 순간에 국가 간의 정보 경계를 부활시키려는 헛된 시도다.

물론 러시아를 걸어 잠그려는 푸틴의 움직임을 설명하는 과거의 유사 사례를 생각해볼 수 있다. 러시아가 세계에 대해 문호를 열 때는 언제나, 패닉이 시작되고 이 나라의 권위주의적 지도자들이 신경질적으로 맹렬하게 고립주의로 돌아간 시점이 있었던 듯하다. 이런 일은 19세기에 러시아가 나폴레옹에게 승리를 거둔 이후에 일어났다. 1946년에 스탈린은 악명 높은 사해동포주의 반대 운동을 일으켰고, 수십만 명의 소련 병사들이 수용소로 보내졌다. 정권은 그들이 유럽에 관해 너무 많은 것을 보았다고 우려했다.

아마도 우리는 오늘날 덜 잔인하지만 비슷한 일을 목격하고 있는 듯하다. 또 한편으로 스탈린은 이데올로기와 사명과 특히 대량학살의 욕구를 가지고 있었지만 푸틴 체제에서는 그에 해당하는 것이 없다. 그럼에도 불구하고 크렘린은 여전히 정권의 생존이 자유주의 서방의 세계 패권을 약화시키는 데 달려 있다고 확신하는 것으로 보인다.

폭로로서의 모방

2012년, 크렘린은 서방의 국내 제도를 모방하는 일이 위험스럽게도 체제를 전복할 수 있는 잠재력이 있음을 발견할 바로 그 무렵에, 또한 미국 외교정책의 유용성을 상찬하게 됐다. 방어 무기로서, 그리고 자유주의 세계 체제의 합법성을 훼손하는 방법의 하나로서다. 모방을 적을 약화시키는 도구로 사용한 대표적인 사례는 나치가 영국에 위조지폐를 대량으로 투입해 영국 파운드화의 폭락을 획책한 일이다.[84] 그러나 이는 적에게 스스로의 야만성과 위선을 볼 수 있도록 거울을 비춰주는 것과는 사뭇 다르다. 2012년 이후 러시아의 정책은 그러한 미러링이, 훨씬 약한 쪽에서 더 강한 적을 공격하고 당황하게 하며 사기를 떨어뜨리기 위해 채용될 수 있음을 보여준다.

러시아 이외에 이런 식의 공격적인 모방을 한 가장 극적인 최근 사례는 미디어 감각이 있는 자칭 이슬람국가(ISIS) 선전원들이 포로 처형 전에 그들에게 주황색 낙하산복을 입힌 것을 들 수 있다.[85] 이 섬뜩한 무언극은 미국이 관타나모 수용소에 가둔 이슬람교도들을 모욕한 것을 모방하려는 의도적인 시도다. 이 지하드 전사들은 미국이 수감된 이슬람교도들의 기본적인 인간 존엄성을 훼손하는 모습을 반사영상mirror-image으로 보여주고자 했다. 그들은 이 지독한 경멸을 담은 모방이 서방이 주장하는 도덕적 우월의 공허함을 드러내줄 것이라고 생각했다.[86]

2014년 이후 푸틴은 미국이 세계에 대고 행하는 고질적인 위선을 드러내기 위해 이런 식의 극단적인 미국 외교정책 패러디에 반복적으로 의존해왔다. 위선은 모욕적이고 상처를 주는 믿음을 숨김으로써 충돌을 피하는 데 도움을 주기 때문에 위선에 대한 공격은 때로 싸우고자 하는 욕구를 나타낸다. 러시아가 가장에서 조롱으로(국내적으로 민주적 책임을 위장하는 것에서 국제적으로 미국의 비행을 들춰내는 것으로) 전환한 것이 위험한 이유가 바로 이것이다. 이러한 변화는 아마도 러시아 내부에서 오로지 서방처럼 되고자 하는 열망이 유력자들에 의해 진정으로 내면화된 적이 없기 때문에 가능했을 것이다.

공격적인 모방의 좋은 사례는 러시아의 2014년 3월 크림반도 합병을 선언하는 푸틴의 연설이다. 이 공식 연설은 코소보의 세르비아 영토 해체를 합리화하는 서방 지도자들의 연설에서 가져다 크림반도 사례에 적용한 것이다.[87] 따라서 대부분의 서방 관측통이 러시아 제국을 재건하려는 푸틴의 시도의 첫 발자국으로 생각한 것은 대중의 기본적인 자결권을 찬양한 미국 대통령 우드로 윌슨(1856~1924)의 표현에 의해 명쾌하게 정당화됐다.

외교정책 흉내 내기를 눈에 띄게 만드는 것은 아마도 나쁜 원본의 불합리함을 폭로하도록 설계한 그 방식일 것이다. 러시아는 스스로의 난폭한 행동을 미국에서 글자 그대로 빌려온 이상주의적인 언어로 표현함으로써 '모방 시대'의 정체가 '서방 위선의 시대'임을 드러내려 한다. 민족자결권 같은 서방의 가치들은 그저 가면을 쓴 서방의 이익이다. 다른 나라들이 **진짜** 서방을 모방하기 시작하면 2차 세계대전 이후의 전체 국제체제는 붕괴할 것이라는 의미다. 심지어는 푸틴이 찰리 채플린이 〈위대한 독재자〉에서 아돌프 히틀러를 모방하지 않을 수 없었던 것과 비슷한 이유로 부시의 미국을 모방했다고 생각할 수도 있을 것이다.

그는 거울을 들이대 적국 지도자들의 허세를 적나라하게 비춤으로써 그들을 약화시키고 사기를 꺾어놓고자 했다. 이 미러링 전술이 전략적 관점에서 반드시 효과적이었다는 얘기를 하고자 하는 것이 아니라, 그것이 적의 자아상과 함께 세계 다른 나라들 사이에서의 그 명성에 흠집을 내게 된다는 것이다. 그러나 미러링은 서방의 자유주의 가면을 벗기고 위선을 드러내기 위한 시도로서, 전향적인 정책이라기보다는 퇴영적인 복수의 냄새를 풍긴다.

오늘날 크렘린의 외교정책의 주요 목표는 서방의 이른바 보편주의의 가면을 벗기는 것이다. 그들의 편협한 지리정치학적 이익을 추구하는 가리개로서 말이다. 적의 구제할 수 없는 부정직을 드러내는 이 활동에서 가장 효과적인 무기는 풍자적인 모방이다. 크렘린은 아마도 그들이 실제 또는 상상 속 미국의 악한 모습을 비춰 보여주는 것이 최고 형태의 교육이라고 생각하는 듯하다. 복수와 마찬가지로 그 한 변종인 이것도 "꿀보다 달게" 느껴질 테지만, 그것은 또한 세계를 훨씬 위험한 곳으로 만들고 있다.

러시아는 그들의 공격적인 해외 개입에 대한 서방의 항의에 대해, 자신들은 오직 서방을 상대로 서방이 그들에게 반복적으로, 그리고 모욕적으로 했던 일을 하고 있을 뿐이라고 주장한다. 사소하지만 상징적인 사례가 미국인 양부모의 과실로 죽은 러시아 입양아의 이름을 딴 디마야코블레프Dima Yakovlev 법으로, "러시아 시민의 인권과 자유 침해"와 관련된 미국 시민에게 제재를 가하는 것이다.[88] 이는 분명히 2009년 모스크바 감옥에서 미국인 세무사가 죽은 사건에 관련된 러시아 관리들을 처벌하는 것을 목표로 한 미국의 마그니츠키Magnitsky 법을 비추도록 설계된 것이다.

그러나 다른 사례는 아주 많다. 나토가 1999년 세르비아의 영토 보전을 침해한 것과 똑같이, 러시아는 2008년 조지아의 영토 보전을 침해했다. 미국이 러시아 국경 가까이에 장거리 폭격기를 띄운 것과 똑같이, 러시아 역시 현재 미국 국경 가까이에 장거리 폭격기를 띄우고 있다. 미국 행정부가 몇몇 저명한 러시아인들을 블랙리스트에 올려 이들의 미국 입국을 막은 것과 똑같이, 크렘린도 몇몇 저명한 미국인들을 블랙리스트에 올려 그들의 러시아 입국을 막았다. 미국인과 유럽인들이 소련의 해체를 축하한 것과 똑같이, 러시아인들도 이제 브렉시트와 유럽연합의 와해 가능성을 축하하고 있다. 서방이 러시아 내부의 자유주의적 비정부기구들을 지원한 것과 똑같이, 러시아인들은 나토를 약화시키고 미국의 미사일 방어 프로그램을 봉쇄하며 제재 지원을 약화시키고 유럽의 단합을 무너뜨리기 위해 서방의 극좌 및 극우 단체들에 재정을 지원하고 있다. 서방이 나토 확대 계획과 리비아 공격에 대한 유엔의 승인에 관해 러시아에 뻔뻔스럽게 거짓말(러시아의 관점에서)을 했던 것과 똑같이, 러시아도 우크라이나에 대한 군사적 침략에 대해 서방에 뻔뻔스럽게 거짓말을 한다. 그리고 미국이 전통적으로 러시아의 영향권에 있는 우크라이나의 군대에 원조를 제공하는 것과 똑같이, 러시아도 전통적으로 미국의 영향권에 있는 베네수엘라의 군대에 원조를 제공하고 있다. 이 거울놀이의 최종 결과는 불신 심화와 음모론, 그리고 상호 협상 기반의 완전한 상실이다.

이는 러시아가 2016년 미국 대통령 선거에 개입했다는 주장으로 이어진다. 러시아가 공식적으로(일관성은 없지만) 부인하고 미국 정보요원들이 긍정적으로 확인한 사실이다. 미국이 외국의 선거에 자주 끼어든 것은 잘 알려져 있다.[89] 여기에는 적어도 한 건의 중요한 러시아 사례가 포함돼 있다. 옐친이 대통령으로 복귀한 1996년 선거다. 한 미국 정치 자문단이 없었다면, 특히 클린턴이 주선해 선거 직전에 도착한 국제통화기금(IMF)의 융자금이 없었다면 보리스 옐친은 1996년 재선에 실패했을 가능성이 매우 높다.[90] 러시아가 미국에 대해 공격적인 모방 정책에 나설 생각이었다면 크렘린은 미국 선거 개입에 집중하는 것이 완벽하게 합리적이었을 것이다. 푸틴은 러시아 선거에 개입한 미국의 '사적' 조직이 미국 국가의 도구라고 보았기 때문에[91] 러시아가 미국의 국내 문제를 가지고 장난친 것에 대해 미국 쪽에 위선적 분노를 터뜨리지 않을 수 없었을 것이다. 실제로 '안전장치'를 이용해 당황한 민주당 이메일을 은밀하게 해킹하고 흘려주며 크렘린이 부인할 수 있도록 해주는 것은 러시아의 입장에서는 미국이 양심의 가책 없이 은밀하고도 개연성 있게 했다고 그들이 믿는 것에 대해 충분히 할 만한 맞대응 보복일 것이다. 2016년 대통령 선거운동에 대한 러시아의 개입을 평가하는 임무를 맡은 미국 정보기관은 이렇게 판단했다.

푸틴은 공개적으로 '파나마 문서'(국제탐사보도언론인협회가 폭로한 파나마 최대 로펌 모삭폰세카Mossack-Fonseca의 비밀문서로, 전 세계 부유층의 조세 회피 정보가 담겨 있다―옮긴이) 폭로와 올림픽 도핑 스캔들을 러시아를 헐뜯기 위해 미국이 지휘한 활동이라고 지적했다. 그가 폭로를 이용해 미국의 이미지를 떨어뜨리고 미국을 위선자로 몰고자 했음을 시사한다.[92]

왜 '파나마 문서' 누설은 괜찮고 민주당 이메일 해킹은 나빴는지는 러시아의 문제다. 서방 입장에서 그 비교가 아무리 자의적으로 보였더라도 말이다. 미국의 선거에 은밀하면서도 부인할 수 있게 개입하는 것은 아마도 냉전 말기에 만들어진 미국과 러시아 사이의 비대칭적인 관계를 바로잡기 위한 푸틴의 방식이었을 것이다. 크렘린은 러시아의 조잡한 민주주의 허울을 떠받치는 대신에 미국 민주주의 자체가 조잡한 허울 외에 아무것도 아니라는 점을 세계에 보여주기로 결정했다. 이것이 크렘린이 자기네의 선거 개입이 '알려지는' 것을 특별히 조심하지 않은 이유다. 물론 그런 일은 없었다고 부인했지만 말이다.

다시 말해서 러시아는 그들이 도널드 트럼프를 당선시키려는 목적으로 미국 선거에 개입했다기보다는, 미국 선거에 개입하는 것(미국이 러시아에 대해 했던 일을 미국에 대해 하는 것이다)이 러시아로서는 무시할 수 없는 세계적 강국으로서의 잃어버린 지위를 회복하는 첩경이었기 때문이다. 뉴욕 뉴스쿨사회과학대학(NSSR) 외교학 교수이자 전 소련 총리 니키타 흐루쇼프의 증손녀 니나 흐루쇼바Nina Khrushcheva는 《뉴욕 타임스》와의 인터뷰에서 이렇게 말했다.

"이 작전은 미국의 모습을 보여주기 위한 것이었습니다. 너희 놈들도 우리와 똑같이 엉망이라고."[93]

푸틴의 반미 외교정책 상당수가 그렇듯이, 크렘린의 미국 선거 개입의 가치는 유용하거나 전략적이기보다는 과시적이고 보복적이었다. 푸틴이 서방 지도자들에게 전하고자 했던 한마디는 서방이 '진짜' 서방의 모조품들로 가득 찬 세계를 두려워해야 한다는 것이었다.

파괴적 모방의 막다른 골목

2014년 3월 미국 정부는 분노를 시적 감흥의 경지에까지 끌어올렸다. 국무부의 한 보도자료는 이렇다.

러시아는 우크라이나에서의 불법행위를 합리화하기 위해 거짓말을 늘어놓고 있는데, 세계는 도스토옙스키가 "2+2=5라는 공식도 매력이 없는 것은 아니다"라고 쓴 이래 그렇게 놀라운 러시아 소설을 본 적이 없다.[94]

시적 감흥을 느낀 정부는 미국뿐만이 아니었다. 2014년 3월 2일 일요일, 앙겔라 메르켈 독일 총리는 푸틴 대통령과 대화한 후 오바마 미국 대통령과 통화했는데, 누설된 정보에 따르면 푸틴이 현실에 발을 붙이고나 있는지 의문이라는 말을 했다고 한다. 메르켈에 따르면 푸틴은 정말로 "또 다른 세계에 살고"[95] 있다. 러시아와 서방 사이의 대립은 더 이상 누가 더 나은 세계에 살고 누구에게 미래가 있는가에 관한 것이 아니었다. 그것은 냉전 대결의 논리였다. 이제 러시아와 서방 사이의 갈등은 누가 가상의 세계가 아닌 진짜 세계에 살고 있는가에 관한 것이 됐다.

미국은 충격을 받은 듯했다. 러시아가 분명한 사실을 부인하다니! 미국 관리들은 푸틴이 이렇게 주장하는 이유를 이해할 수 없었다.

"크림반도의 사회 기반시설과 군사시설을 점령한 것은 러시아 군대가 아니라 '시민방위단'입니다."[96]

푸틴이 러시아는 민주당 이메일 해킹과 어떤 관련도 없다고 부인한 이유도 이해할 수 없기는 마찬가지였다. 러시아 특수부대가 크림반도의 공공건물을 점령하는 모습이 텔레비전에 넘쳐나고 미국 연방수사국(FBI)이 해킹을 한 정보 장교를 찾아냈는데도 그런 이야기를 하는 게 말이나 되는가? 푸틴의 거짓말은 자동 노출의 시대에 터무니없는 듯했다.

그러면 러시아 관리들은 거짓말이 몇 시간 뒤에 탄로 날 것을 잘 알면서도 왜 그리 뻔뻔스럽게 거짓말을 했을까? 푸틴의 뻔뻔스러운 거짓말은 현실정치의 기본 전제에 역행하는 것이었다.

거짓말은 거짓말을 하는 사람이 아마도 진실을 말하고 있다고 희생자 될
사람이 믿을 때에만 효과가 있다.

아무리 대의명분이 있는 일이라 하더라도 거짓말쟁이라 불리기를 원하는
사람은 아무도 없다.[97]

푸틴은 크림반도에 러시아 군대가 없다고 불쑥 내뱉었지만 금세 탄로
나고 말았다. 그러나 그는 '거짓말쟁이'라 불리는 것을 두려워하지 않았
다. 이는 서방의 충격과 분노의 표현이 러시아의 살짝 가려진 악행 앞에
서 서방의 실질적인 무능력을 간과할 수 없게 만들었기 때문이다. 1990
년대에 러시아는 분노가 아무것도 이루지 못하고 좌절케 하는 효과를 스
스로 경험한 바 있다. 이제 미국이 당할 차례였다.

러시아가 비난받는 어떤 행동에도 자기네에게 책임이 없다고 딱 잘라
부정하는 푸틴의 전략은 단순히 속이는 행위로 이해하기 어렵다. 오히
려 그것은 상습범들에게 나타나는 어떤 행동 유형을 쏙 빼닮았다. 그들
은 징역형이 선고되면 개명된 규칙과 규범에 대한 그들의 완전한 경멸을
자랑스럽게 내보이며, 어둠의 세계에서 그들의 명성은 교도소 당국에 대
한 눈곱만큼의 협조도 거부하는 데 달려 있다. 러시아 범죄자들의 은어
로 그런 행동은 '오트리찰로보otritsalovo'로 알려져 있다. '오메르타omertà'(어
떠한 일이 있어도 조직의 비밀을 지킨다는 시칠리아 마피아의 규칙—옮긴이)의 요
소를 지니는 '저항적 비협조' 정도로 번역할 수 있는 말이다.

그러나 푸틴의 거짓말에는 다른 목적도 있다. 푸틴의 뻔한 거짓 행동
으로 유발된 모든 반격은 그의 관점에서 볼 때 세계와 특히 미국에 서방
이 과거 러시아에 얼마나 자주 거짓말을 했는지를 상기시키는 방법이
었다. 그 목표는 전략적 우세를 차지하는 것이기보다는 '주적主敵'의 정신

상태와 자아상을 바꾸려는 것이었다. 다시 말해서 미국인들이 편할 대로 잊어버린 것을 뼈저리게 기억하도록 하기 위한 것이었다. 그런 맥락에서 적의 행동을 노골적으로 반복하는 것은 언제나 원본에 대한 경멸적인 비평을 함축하고 있다.

1954년부터 1975년까지 중앙정보국(CIA) 방첩부장을 지낸 제임스 지저스 앵글턴James Jesus Angleton은 오늘날 미국 정보기관에서 일하는 그의 후계자들처럼 푸틴의 행동에 흥분하지 않았다. 그는 이렇게 확신했다.

"속임은 마음의 상태다. 그리고 상태의 마음이다."

앵글턴은 여가를 난초 화원에서 보냈다. 그를 매혹시킨 것은 이런 말이었다.

"대부분의 난초 종에서 살아남는 것은 가장 적합한 것이 아니라 가장 속임수에 능한 것이다."

문제는 대부분의 난초가 꽃가루를 날라다 주는 바람을 찾아 수풀 곳곳에 퍼져 있다는 것이다. 그들은 이 결정적인 일을 곤충과 새들에 의존하고 있다. 그러나 난초는 이 운반자들을 위한 어떤 음식이나 영양물을 제공하지 않기 때문에 그들을 속여 종을 영속시켜야 한다. 앵글턴은 난을 보살피고 소련 이중간첩을 적발해내면서 "역정보의 정수精髓는 거짓말이 아니라 도발이다"[98]라는 것을 믿게 됐다.

푸틴이 증거가 충분한 러시아 특수부대의 크림반도 및 동부 우크라이나 투입을 부정했지만, 그는 거짓말을 한 것이 아니었다. 그는 도발을 하고 있었다. 다시 말해서 서방을 향해 치고 찌르고 쑤신 것이었다. 덜 합리적이고 더듬거리는 대응을 끌어내기 위한 것이었다. 그는 서방을 힘의 한계로 몰아붙임으로써 그들을 불안정하게 만들고 사기를 떨어뜨리려 애쓴 것이다.

러시아의 크림반도 합병 이후 서방 평론가들은 크렘린의 '혼성混成 전쟁'에 집착했다. 적의 정치적 의지를 꺾으려는 의도로 군사 자원과 정보 자원, 그리고 기타 자원들을 전례 없이 혼합한 것이다. 분석가들은 이 새로운 전략을 과거 소련의 '각본'과 연결시켰다. 그들은 틀렸다. '혼성 전쟁'은 역행공학逆行工學(RE)의 결과였다. 러시아인들은 서방에 대해, 사실 여부와 상관없이 서방이 그들에 대해 하고 있다고 확신하는 일을 하고 있었다. 그들은 서방이 '색깔 혁명'들을 조직한(그들 입장에서다) 방식을 힘들여 재구성했고, 비슷한 것을 조직하기 위한 지침서를 만들어냈다. 서방이 자유주의적 비정부기구들을 지원한 것과 똑같이, 러시아 역시 서방의 극우 및 극좌단체들에 자금을 대기로 결정했다.

2012년 이후 러시아 지도자들은 냉전 이후 시기 자기네 나라 정치의 주요 약점은 그들이 **진짜** 서방을 모방하지 않은 것이라고 결론지었다. 자세히 검토해보니 그들의 서방 민주주의 모방은 형식적이고 허울뿐이었다. 그래서 그들은 이제 서방의 진짜 위선을 모방하기로 작심했다. 러시아는 과거 자신의 취약성에 집착했지만, 이제 서방의 취약성을 발견하고 이 취약성을 세계에 드러내기 위해 모든 자원을 동원했다. 역설적인 것은 음모론에 빠진 러시아 지도자들이 자기네의 음모론적 믿음에 따라 행동하면서 세계의 많은 사람들로 하여금 세계 정치를 거대한 음모에 불과한 것으로 보도록 만드는 데 성공했다는 것이다.

러시아의 풍자 작가 빅토르 펠레빈Viktor Pelevin의 부조리 중편소설 《버닝 부시 작전Operatsiya 'Burning Bush'》(2010)[99]은 이런 세계사 이해를 여러 가지 비밀 음모와 책략으로 보여준다. 이는 러시아의 한 별 볼일 없는 영어 교사의 이야기다. 우렁찬 목소리를 타고난 그는 특수정보 작전에 투입돼, 조지 W. 부시 미국 대통령의 이식 치아를 통해 그와 대화를 나눈다. 이 교사는 크렘린의 지시에 따라 하느님의 목소리를 가장해 부시 대통령이 이라크를 침공하도록 부추긴다. 이 소설의 뒷부분에서 우리는 1980년대 미국 중앙정보국도 비슷한 작전을 펼쳤음을 알게 된다. 이때는 레닌의 정령을 가장해 고르바초프로 하여금 페레스트로이카를 추진하도록 설득한다. 거기서 출발해 여러 가지 사건을 거쳐 소련의 해체로 끝이 난다. 네가 전에 내게 했던 일을 이제 내가 너에게 하겠다는 얘기다.

러시아는 단순히 복수의 욕망 때문에 서방의 공격성, 특히 서방의 위선을 비춰내도록 내몰린 것은 아니었다. 크렘린은 또한 냉전 종식 후 기울어진 러시아와 미국 사이의 균형을 적어도 표면적으로라도 되살리고 싶었다. 러시아의 잃어버린 세계 초강대국 지위 회복보다는 미국과의 관계에서 잃어버린 균형을 되찾는 것이, 러시아가 비대칭적 형태의 전쟁(과거 약한 나라가 강한 나라를 상대로 이용해 효율성이 입증된 것이다)에 의존하는 이유를 설명해준다. 미국에게 냉전의 종말은 승리와 입증의 경험이었지만, 러시아에게는 방향 감각 상실과 사기 저하와 초강대국 지위 상실의 경험이었다. 그러나 러시아는 푸틴이 이를 받아들이기로 결심하기 이전에도 이미 패배한 나라였다. 1945년 이후처럼 승리한 두 강대국이 대결하는 대신, 1989~1991년 이후에는 의기양양한 승자가 지리정치학적 굴욕과 영토 절단으로 비틀거리는 멍한 패자의 회복을 지휘했다. 이 태생적으로 불안정한 비대칭은 패자 없는 승자라는 설득력 없는 줄거리로 가려졌을 뿐 고쳐지지 않았다.

냉전 시대에 교육받은 서방 분석가들이 가장 이해하기 어려운 것은, 푸틴이 어떤 대안 이데올로기나 대안 조직을 대신해 미국이 만든 세계 체제를 공격하는 것이 아니라는 점이다. 공산주의와 달리 권위주의는 이데올로기가 아니다. 그것은 그저 서로 다른 이데올로기의 틀 안에 존재할 수 있는 하나의 정부 형태다. 따라서 푸틴은 자유민주주의 국가를 러시아식의 권위주의 국가로 만들겠다는 야망을 전혀 가지지 않은 채 그들을 공격하고 있다. 그는 자유주의적 국제 질서를 교육적 목적에서 공격하고 있다. 자신의 주장을 입증하고 서방에 가르침을 주며, 그 위선과 숨은 취약성을 드러내고, 그 옹호자들을 더욱 약하게 만들기 위해서다.

비非이데올로기적인 푸틴이 매우 이데올로기적인 ISIS와 아주 흡사한 방식으로, 그리고 똑같이 현실 인식과 얻고자 하는 긍정적 목표에 관한 계획 없이 국제 질서에 도전하고 있다. 그는 경쟁을 통한 타도에 몰두하고 있다. 다시 말해서 러시아가 최근 대외 모험주의로 돌아선 것은 모방 대상을 타도하고 미국의 명성과 모방해야 할 모델이라는 자기인식을 파괴하는 무기로 모방을 사용한 고전적인 사례다. 그러나 최종 목표는 무엇인가?

푸틴은 불리한 싸움을 교묘하게 하고 있는지 모르겠지만, 그의 불리함이 너무도 분명하다는 문제는 남는다. 이는 21세기 지리정치학적 지형을 바꾸고 있는 것이 중국의 부상인 시기에 미국이 왜 그렇게 푸틴의 러시아에 집착하는가라는 문제를 제기한다. 이 질문에 대한 대답은 푸틴이 왜 당분간은 그의 모방 전쟁에서 승리하고 있다고 느끼는지를 설명하는 데 도움을 줄 수 있다.

결탁 의혹은 분명 한 요인이다. 그러나 더 깊숙한 동력의 단서는 유명한 러시아 문학 작품인 도스토옙스키의 《분신Dvoynik》에서 찾아볼 수 있다. 자신의 분신을 만난 뒤 정신병원으로 가게 되고 마는 하급 서기의 이야기다. 그 분신은 자신과 똑같이 생기고 자신과 똑같이 말하지만, 아주 매력 있고 자신감이 넘친다. 고통에 시달리는 주인공에게는 전혀 없는 모습이다. 그리고 그 분신은 서서히 '그'가 되고 있다.

러시아에 관해 서방은 자신의 분신 앞에 선 도스토옙스키의 주인공과 비슷하다. 그러나 소설과 현실의 간극은 엄청나다. 소설 속 분신은 주인공이 언제나 되고 싶었던 사람처럼 보인다. 반면에 서방에게 러시아는 서방이 그렇게 될까 봐 겁냈던 분신이 됐다. 몇 년 전 서방의 대중에게 러시아는 과거의 유물로 인식됐지만, 이제는 미래에서 시간여행을 온 존재처럼 보인다. 미국인과 유럽인들은 지금 러시아에서 일어나고 있는 일들이 앞으로 서방 여러 나라에서 일어날 수 있다는 두려움을 갖기 시작했다.[100] 모방 정치는 우리가 공통의 현실 속에서 살고 있다는 느낌을 부숴버렸지만, 그것은 우리가 이전 어느 시기에 생각했던 것보다도 더 비슷하게(똑같이 부도덕하고 냉소적이라는 말이다) 돼가고 있다는 두려움을 증대시켰다.

냉전 시대에 역사가 로버트 콘퀘스트Robert Conquest는 이렇게 주장했다.

공상과학적 태도는 소련을 이해하는 데 매우 큰 도움이 된다. 그들이 좋든 나쁘든 꼭 그만큼은 아니다. 그들은 우리가 나쁘거나 좋았던 것만큼 나쁘거나 좋지 않다. 그들을 바라볼 때 우리 같은 사람이라기보다는 그저 화성인이려니 하고 보는 것이 훨씬 낫다.[101]

오늘날 이런 충고는 낡아 보인다. 우리는 지금 그저 러시아인들이 콘퀘스트가 주장했던 것보다 더 서방 사람들과 비슷해진 것이 아니라 서방 사람들이 그가 상상할 수 있었던 것보다 더 러시아인들과 비슷해진 것을 느끼고 있다.

탈공산주의 이후 첫 20년 동안에 러시아는 민주주의의 제도적 외관 뒤에서 움직이는 비민주주의의 전형적인 사례였다. 선거는 정기적으로 치러지지만 집권당이 정권을 잃을 위험은 전혀 없는 정치체제다. 이는 오늘날에도 마찬가지다. 적어도 어느 정도까지는 말이다. 푸틴의 체제에서는 주기적인 가짜 경쟁 선거가 아직도 시민에게 힘을 부여하는 것이 아니라 힘을 빼는 도구로 이용되고 있다. 따라서 배후조종을 한 러시아의 선거 이야기는 본래 종잡을 수 없는 지배자의 변덕으로부터 시민을 해방시킨 기구와 관행들이 어떻게 해서 사실상 시민의 권리를 박탈하는 가짜 민주주의 제도로 바뀔 수 있는지를 역사적으로 생생하게 보여준다.

이는 우리를 다시 '전염성 민주주의'로 돌아가게 한다. 서방 사람들은 이제 민주주의에 환멸을 느껴 자신들의 정치체제가 러시아의 것보다 더 순수하게 민주적이라는 생각을 버리기 시작했다. 최근 연구를 보면 서방 선진 민주국가들에서 최근 10년 동안 민주주의에 대한 신뢰는 하락했으며, 정치체제로서의 민주주의에 대한 불신 수준은 젊은 층에서 가장 높았다.[102]

푸틴의 반서방 정책의 핵심은 의심의 씨앗을 키워 미국과 유럽 시민들에게 서방의 주기적인 선거가 대중의 이익으로 귀결된다는 것을 불신할 더 많은 이유를 제공하는 것이다. 예컨대 브렉시트 국민투표에서 국민의 목소리가 반영됐다는 것은 결정의 중요성이 사전에 숙고됐다는 것을 의미하지는 않는다. 서방 선거에 러시아가 개입해 결과에 중대한 영향을 미쳤는지는 논란이 있다. 그러나 서방은 이제 러시아가 냉전 이후 겪은 양극화와 통제 불능과 분열의 공포를 공유하고 있다. 이 경우에도 역시 모방자와 모방 대상의 관계는 공산주의 붕괴 이후 금세 이해할 수 있었듯이 가차 없이 역전된 것으로 보인다.

푸틴의 '거울'은 '적극적인 수단'이다. 그것은 정확하게 비추도록 만들어진 것이기보다는 도덕적으로 낙담하도록 만들어진 것이다. 크렘린이 미국 선거에 개입하는 주요 목적은 서방의 경쟁 선거(돈의 조작 능력에 의해 변형되고, 점차 확대되는 정치적 양극화에 의해 흠집이 나고, 진정한 정치적 대안 부족으로 무의미해진)가 크렘린이 조작한 선거와 서방 사람들이 생각하고 싶어 하는 것 이상으로 닮았음을 드러내려는 것이다. 이것이 푸틴이 1989년 이후 구체화된 서방 승리 이야기를 끝장내려 애쓰는 방법이다.

전 세계에 민주주의가 퍼져 나가는 것은 개명한 대중이 엘리트의 지배로부터 해방되는 신호라기보다는 막후에서 움직이는 어둠의 세력들에 의해 대중이 조작되는 신호라고 할 수 있다. 그의 노력은 급격하게 변하고 있는 정치에서 소셜미디어의 역할에 대한 인식에 의해 부추겨졌다. '아랍의 봄' 초기의 행복했던 시절에 소셜미디어가 '해방 기술'[103]로 인식되고 페이스북·구글·트위터가 다가오는 미래 민주주의 세계의 신호였다면, 이 같은 소셜미디어들이 이제는 일반적으로 탈진실 세계의 분열과 양극화, 그리고 다가오는 민주주의의 종말과 연결되고 있다.

탈공산주의 러시아는 정치적으로 책임지지 않고 탐욕스러운 소수의 지배자들이 내부의 경쟁에도 불구하고 어떻게 나라의 파편화된 사회의 꼭대기에 성공적으로 머물 수 있는지를 보여준다. 역사적으로 중요한 의미를 갖는 정도의 대중 폭력에 의존하지 않고서 말이다. 경제학자 가브리엘 주크만Gabriel Zucman은 2015년에 러시아 부의 52퍼센트가 나라 밖에 있다고 추산했다.[104] 이 정치 모델은 민주주의적인 것도 아니고 권위주의적인 것도 아니며, 마르크스주의적 의미에서의 다수 노동계급 착취도 아니고 자유주의적 의미에서의 모든 개인 자유의 억압도 아니며, 밤에 잠을 이룰 수 없는 미래의 모습이다. 이것이 우리가 꾸었으면 하고 크렘린이 바라는 악몽이다.[105]

일부 서방 자유주의자들 사이에서 불안을 야기하고 있는 것은 러시아가 세계를 운영할 것이라는 공포가 아니라 세계의 상당 부분이 현재 러시아의 방식으로 운영될 것이라는 공포다. 불안감을 주는 것은 서방이 우리가 인정할 준비가 돼 있는 것 이상으로 푸틴의 러시아를 닮기 시작했다는 것이다.

그 유사성 가운데 하나는 서방의 적이 꾸민 음모의 결과로 서방에서 민주주의가 추락을 보이는 경향이다. 다른 많은 나라처럼 미국은 언제나 음모론적이었다. 일부 연구자들은 심지어 민족 예외론의 신화는 음모론적 사고를 환영한다고 주장한다. 한 민족에게 사명이 있다면 이 민족의 적은 이 사명이 실패하도록 만들기 위해 노력하리라고 생각하는 것은 당연한 일이다.[106] 그러나 음모론이 미국 정치의 맨 밑에 놓이게 된다면 그것은 이제 여러 정치 영역에서 환영을 받게 된다(어떤 경우에는 다른 경우보다 더 정당하게 받아들여진다).

그러나 분노로 불붙은 러시아의 정치는(그들이 아무리 크렘린 지도부에 감정적으로 만족을 느끼든, 그들이 어떤 입증 욕구를 성취하든) 사려 깊은 장기 전략의 수준으로까지 올라가지는 않는다. 실제로 러시아의 미국의 위선에 대한 역설적 모방과 역행공학은 세계를 서서히 재앙으로 밀어 넣을지도 모른다.

공격적인 모방은 자기충족적인 방식으로 러시아와 서방 사이의 모든 신뢰 기반이 치명적으로 무너졌음을 전제로 한다. 졸렬한 계획, 시간 때우기, 서방 쪽의 전문적 협력 부족 등 서방이 자기네 이상에 부응하지 못한 데 대한 또 다른 설명은 미국 쪽에 대한 쓸모없는 행동을 완고한 불신에 전가하기 위해 경시됐다. 위선을 폭로하는 것은 사악한 의도를 순진함과 자기기만, 관료의 내분이나 무능보다는 적의 탓으로 돌린다. 공개적인 변명을 숨겨진 동기로부터 구분하는 것은 오직 상식뿐이다. 그러나

이 구분에 교조적이고 강박적으로 초점을 맞추는 것(푸틴이 그러는 듯하다)
은 파멸에 이르는 길이다.

서방의 위선에 초점을 맞추는 것은 전략적으로 무의미한 러시아 쪽에
대한 적의를 점차 증가시키도록 부추겼다. 그들은 미국의 모든 인도주의
적 이상에서 나온 주문呪文 뒤에 냉소가 있음을 알아챘고, 나토를 동쪽으
로 확대하지 않겠다는 미국의 표리부동한 약속을 믿었을 때처럼 더 이상
순진하지 않음을 증명하고 싶었기 때문에, 기본적인 인도주의적 가치들
을 거만하게 묵살하는 일에 몰두했다. 예컨대 알레포 포위에서 도덕적인
금제를 버린 것이 그들을 비도덕적인 미국(그들의 이른바 악행을 러시아는
즐겨 매도하고 있다)의 가치 있는 상대로 만들었다는 듯이 말이다.

자신의 공격적 행동을 합리화하기 위해 적의 위선을 폭로하는 데 의존
하는 것은 기존 세계 질서를 대신할 수 있는 긍정적인 대안을 전혀 제시
하지 않고도 이를 공격할 수 있게 해준다. 이는 제한된 수단을 성취 가능
한 목표에 투입하는 진지한 외교정책을 위한 방식은 아니다. 정말로 푸
틴은 미국에 핀잔을 주고 빠져나갈 수 있고, 미국의 위선을 폭로하기 위
해 그 외교정책을 패러디할 수도 있다. 그러나 그가 이 가운데 어느 것도
러시아의 발전에 도움이 되도록 돌릴 수 있는 방법은 없다.

러시아는 2000~2008년의 푸틴 임기 동안에 더 부유하고 더 안정된
나라가 됐다. 수익성이 있는 서방과의 협력에 대한 서방의 영향력을 제
한하려는 그의 욕망(물론 러시아를 완전히 고립시키자는 것은 아니었다)을 조
절할 수 있었기 때문이다. 2012년 이래 이 균형은 사라졌다. 그 결과가
기본적으로 손가락으로 미국의 눈을 찌르는 것을 목표로 하는, 미래지향
적이기보다는 과거지향적인 정책이다. 시리아 및 동부 우크라이나 개입
은 일신된 러시아가 미국이 하는 것이면 자신들도 뭐든지 할 수 있음을

보여주기 위함이었지만, 러시아 군대를 이 나라의 국가 안보에 아무런 도움도 되지 않고 분명한 최후 결전이나 출구전략도 없는 피비린내 나는 싸움의 덫에 빠뜨렸다.

외국에서 자기네가 벌이는 공격적 행동을 그저 서방의 공격성을 따라한 것이라고 합리화하려는 러시아의 시도는, 서방이 이제 자기보호의 목적에서 거꾸로 러시아의 행위를 모방하기 시작하는 상황을 낳았다. 예를 들어 2016년 11월 유럽의회는 러시아의 선전 활동에 대응하기 위한 결의안을 채택했다. 이런 내용이다.

러시아 정부는 정책 연구소와 (…) 다중언어 텔레비전 방송국(예컨대 러시아 투데이), 가짜 뉴스 통신사와 멀티미디어 서비스(예컨대 스푸트닉), (…) 소셜미디어와 인터넷 트롤 등 광범위한 도구와 수단을 이용해 민주적 가치에 도전하고 유럽을 분열시키며 국내의 지지를 결집하고 유럽연합의 동쪽 이웃에서 실패한 국가라는 인식을 만들어내려 하고 있습니다.[107]

유럽의회는 이런 혐의를 근거로 회원국들에게 대응을 주문했다. 유럽 각국 정부는 기본적으로 러시아의 '외국 대리인' 입법(몇 년 전 러시아연방 영토에서 이루어진 서방의 이른바 체제 전복적인 활동에 대한 대응으로 채택한 외국인의 미디어 소유 제한 같은 것이다)을 복제하는 방식으로 대응할 가능성이 매우 높다. 미국의 제재 정책은 러시아를 목표로 하고 있지만 또한 개방적인 세계 무역의 기반시설을 해체하는 데도 기여한다. 러시아도 그것을 파괴하기를 원하고 있다.

냉전 시대의 '수렴 이론convergence theory'은 기술 발전이 모든 공업화 사회를 똑같은 모습으로 만듦으로써 자본주의와 사회주의 사이의 분열을 끝장낼 것이라고 상정했다. 이런 예측은 실현될 것으로 보인다. 그러나 이유는 다르고, 역설적인 의미에서다. 러시아와 미국은 정말로 서로를 닮기 시작했다. 그러나 이번에 '푸틴의 거울'이 제시한 방침에 따라 스스로를 개조하고 있는 것은 미국이다. 이 역모방은 충격적이기만 한 것은 아니다. 그것은 크렘린을 잠시 미소 짓게 할 것이다. 그러나 그것이 세계의 안정과 평화를 보증할 것 같지는 않다. 오히려 더욱 치열해지는 경쟁과 증가하는 폭력에 기름을 부을 가능성이 높다. 소련과 달리 러시아연방은 서방을 물리친다는 희망을 품을 수 없다. 그들이 희망하는 것은 서방이 산산조각이 나는 수준에 이르게 하는 것이다. 1989~1991년에 소련 블록과 소련에 일어났던 일과 똑같이 말이다. 그 결과가 러시아의 이익이 보호되는 안정된 세계가 되리라고는 상상할 수 없다.

제3장

탈취로서의 모방

그들은 '미국 우선'을 말한다. 그러나 그 의미는 '미국 양보!'다.

– 우드로 거스리Woodrow Guthrie

애거사 크리스티의 흥미진진한 추리소설 《오리엔트 특급 살인》(1934)[1]에서 명탐정 에르큅 푸아로는 악당인 미국인 승객이 피살된 사건의 미스터리를 멋지게 풀어낸다. 칼에 여러 번 찔린 시체는 기차 안에서 발견됐다. 꼼꼼한 조사 끝에 그는 승객 전원이 새뮤얼 래칫이라는 수상쩍은 이름을 가진 사내가 죽기를 바라는 개인적 동기를 가지고 있음을 알아낸다. 뿐만 아니라 그들은 모두 공공연히 음모에 가담하고 있었고, 각 가담자들은 교대로 사냥감을 찔러 죽음에 이르게 했다.

앞의 두 장에서는 우리가 자유주의적 세계 질서라고 부르는 것의 이상한 죽음에 공동 책임이 있는 범인들을 검토했다.[2] 우리는 중부유럽 대중주의자들 및 푸틴의 분노와 열망, 그리고 속임수를 분석했다. 그러나 그들은 분명 혼자 행동하지 않았다. 사실 현재의 미국 대통령이 자발적 공범이었음을 알아내기 위해 푸아로식의 조사를 할 필요는 없다.[3] 그가 미국의 동맹에게서 등을 돌리고, 다자간 협정을 깨고, 2차 세계대전 이후 미국이 만든 국제기구를 파괴하려는 이유에 대해서는 논란이 있다. 그러나 그 이유가 무엇이든, 그는 1989년 이후 30년 동안 국제정치의 특징을 이루던 '자유주의 패권'의 집단살해에서 대표적인 공범 노릇을 해왔다.

범죄 음모가 나름의 매력이 있기는 하지만, 우리는 푸아로의 뒤를 따라 트럼프는 왜 그 일을 했는가를 묻지 않는다. 그 대신 이렇게 묻는다. 미국 대중의 상당수와 미국 기업계, 그리고 대부분의 공화당 지도부는 왜 신보수주의 역사가 로버트 케이건Robert Kagan이 충분한 이유를 가지고 "미국이 만든 세계"[4]라 부른 것을 해체하는 일에 무비판적으로 동조했는가?

그런 정치학적(범죄학에 상대되는 의미에서) 질문에 대답하기 위해서는 편협한 음모론과 오로지 미국이라는 무대에서 트럼프 혁명을 검토하는 것만으로는 충분하지 않을 것이다. 그것을 세계 다른 곳에서 진행되고 있는 다양한 반자유주의 운동과 경향이라는 맥락 속에 놓음으로써 우리는 그러지 않았다면 우연적이고 설명할 수 없는 것으로 보였을 것의 진상을 알아내는 데 도움을 얻을 수 있다. 우리가 중부유럽과 러시아와 미국의 사례를 관통하고 있어 비교 분석이 가능하고 생산적임을 확인한 공통 주제는 모방의 정치와 그 의도치 않은 결과에 관한 것이다. 트럼프 역시 단극의 '모방 시대'에서 생겨난 환멸과 분노를 이용함으로써 권력을 잡았다.

트럼프는 백인 민족주의에 추파를 던질 용의를 가짐으로써 분명히 자신의 대중적 호소력에 도움을 얻었다. 그러나 우리는 초점을 넓혀 그의 지지자들이 나머지 세계를 어떻게 보고 있는지를 묻고자 한다. 왜 '합법적이고 정당하게' 대통령을 선출하는 서방 패권국의 그렇게 많은 시민들이 전통적으로 미국을 모범국으로 보고 오랫동안 자유민주주의를 가장 모방할 가치가 있는 유일한 정치 모델로 여겨왔던 나라들을 불신하게 됐는가? 모방자의 모방 대상에 대한 쌓인 분노를 설명하는 것은 상대적으로 쉽다. 특히 모방 관계에 내포된 도덕적 위계가 대안 부족과 도덕주의적 감시, 그리고 미심쩍은 성공으로 인해 악화되는 경우에는 말이다. 그러나 모방 대상은 왜 모방자에게 분노하는가?

새끼를 칠 수 있는 이 질문에서 여러 가지 다른 질문이 생겨난다. 왜 트럼프 지지자들은 세계의 미국화를 미국의 재앙으로 보는가? 그들은 왜 미국이 세계 무역과 국제기구, 그리고 대서양 동맹에서 한 중심적인 역할로부터 상당한 이득을 얻기보다는 형편없이 고통을 당했다는 데 동의하는가? 그리고 왜 그렇게 많은 미국인들이 서방을 자기네로부터 분리하고 미국 경제를 탈세계화하는 것이 미국의 수십 년에 걸친 국가적 수모를 갚는 것이라고 주장하는 대통령에게로 결집하는가?

트럼프는 미국의 가장 가까운 맹방을 공격하고 미국을 가장 날카로운 용어로 비난한 지도자들을 공개적으로 포용한 뒤에도 많은 동포 시민들 사이에서 무시할 수 없는 수준의 지지를 유지하고 있다. 더욱 알 수 없는 것은 많은 미국인들이, 이례적인 모방 역전의 하나로서 중부유럽의 이방인 혐오적 토착민주의와 크렘린의 적대적 반미주의에서 베껴 공개 발언을 하고 있는 것으로 보이는 사람의 지도력을 받아들이고 심지어 찬양하고 있다는 점이다. 이런 기묘함을 어떻게 설명할 수 있을까?

분노의 축

도널드 트럼프의 정치적 중요성을 제대로 인식하는 데 가장 큰 장애가 되는 것은 그가 투박하고 기회주의적이며 상스러운 사람이라는 점이다. 그의 미학적 또는 윤리적 감수성에 공감하는 분석가는 거의 없다. 그는 교육 수준이 높은 분석가들의 도덕과 기호를 거스름으로써 그들로 하여금 글을 통한 복수를 하게 만든다. 그를 병적인 바보천치로 폄훼하는 것이다. 그러나 이런 조롱 태도는 트럼프의 충격적인 정치적 성공의 근원을 파헤치는 데 방해가 된다.

트럼프 혁명을 자유민주주의 및 자유주의적 국제주의에 대한 당대의 전 세계적인 저항이라는 맥락에서 보면 복잡한 것을 꿰뚫어보는 데 도움이 된다. 우리는 트럼프 운동이 예컨대 오르반 빅토르나 블라디미르 푸틴 같은 과거 공산국가 지도자들이 이끌고 조작한 세계적인 불만과 피해의식의 문화에 부합한다는 점에 초점을 맞출 것이다. 이런 접근은 트럼프 시대에 관해 결정적인 이야기를 해주지는 않을 것이다. 그러나 이는 그를 이른바 정상 체제(그가 사라지면 다시 회귀하게 될)로부터의 짧은 일탈이 아니라 급진적으로 변혁적인 정치적 인물인 지금의 그로 이해하는 데 도움을 줄 것이다. 트럼프가 이룩한 변화는 되돌리기 어려울 것이다. 그것들은 한 개인의 지저분하고 위법적인 행위에 바탕을 둔 것이 아니라 자유주의적인 '긴요한 모방'이라고 널리 받아들여진 것에 대한 전 세계적 저항에 바탕을 둔 것이기 때문이다. 그는 그 가운데서 특히 천박한 모습으로 나타난 한 사례에 불과하다.

트럼프는 문맹이라고 할 정도로 지성과는 담을 쌓은 사람이고 또한 정책을 발표하는 방식도 엉뚱해서, 자유주의적 평론가들은 그에게 이론을 세우고 반박하는 등의 일이 필요한 논리 정연한 계획은 없다고 생각하고 있다. 그러나 세계관은 이데올로기적이거나 철학적이기보다는 직관적일 수 있다. 그리고 전략은 냉철하거나 심사숙고한 것이기보다는 본능적인 것일 수 있다.

이는 우리의 비교를 통한 접근에 또 다른 근거를 제공한다. 트럼프의 자기 배를 불리기 위한 밀실 음모와 책략이 아니라 세계 안에서의 미국의 위치에 대한 그의 별난 사고방식은 그가 유지하고 있는 인기를 모두 설명해준다. 그리고 그의 직관적인(이데올로기적이 아니라) 세계관은 그의 발언과 행동이 탈공산주의 국가 지도자들의 것과 비교되고 1989년 이후 세계가 단극으로 재편된 데 대한 공통된 불만에 기인한 것임이 드러나면 더욱 뚜렷해진다.

트럼프 대통령은 본능적으로 미국의 동맹들을 폄훼하면서 러시아와 중부유럽 등의 권위주의적 지배자들을 비판하기를 꺼렸다. 그들은 미국의 자유민주주의 모델을 공격해 국내의 지지를 결집하고 있었다. 이는 그가 말하듯이 단순히 그가 '부드러운' 동맹들보다 '거친' 독재자들과 더 사이가 좋다는 말은 아니다.[5] 이는 그가 미국이 이중잣대를 가지고 있고 위선적이라고 폄훼하는 데 몰두하고 있는 권위주의적 지배자들 사이에서 잘나간다는 말이다.

세계 지도자 역할을 누려온 정치 기득권층에게 미국이 세계에서 가장 큰 '희생자'라는 트럼프의 생각은 받아들이기 어렵다. 트럼프가 세계사적인 인물로 판명이 나든 그렇지 않든 상관없이, 칼럼니스트 기디언 래크먼Gideon Rachman은 이렇게 평가했다.

"그는 자신이 절반밖에 이해하지 못하는 세력들을 이용하고 포괄하는 (…) 본능적인 정치가일 것이다."[6]

우리에게 주어진 과제는 결탁의 증거를 찾아내는 것이 아니라 비자유주의가 이 시대에 가지는 힘의 근원을 드러내는 것이다. 우리는 모두 세계 정치의 구조와 환경 안에서 무언가 깊숙한 움직임이 일고 있으며, 그러한 훼방꾼이 미국 대통령 자리를 차지한 것이 그 일부임을 느끼고 있다. 나폴레옹이 말을 탄 영웅적인 세계정신이었다면, 트럼프는 아마도 트위터상의 반자유주의적 시대정신^{zeitgeist}으로 생각해도 좋을 것이다.

이런 보다 넓은 반자유주의적 반항에 대한 트럼프의 선택적 친화력이 없었다면 우리는 그가 대통령이 된 것을 다수의 지지나 지속적인 역사적 중요성이 없는 요행으로 일축하려는 유혹을 받았을 것이다. 그것은 잘못일 것이다. 그가 미국의 자아인식과 세계에서의 평판에 초래한 변화는 급격하기만 한 것이 아니었다. 그것은 또한 우리가 중부유럽에서 만났던 것처럼 초대는 해놓고 들여보내지는 않는 사해동포주의적 세계에 대한 변두리 사람들의 똑같은 분노의 에토스를 반영한 것이었다.

더구나 트럼프는 한마음의 친구인 오르반이나 푸틴과 마찬가지로 모범 국가라는 미국의 전통적인 자아상을 단호하게 거부한다. 이에 따라 그는 상당한 대중의 지지를 등에 업고 미국 건국으로까지 거슬러 올라가는 "세계는 (…) 우리의 사례를 축복하고 모방할 것"[7]이라는 자부심 담긴 선언을 공격했다. 따라서 트럼프 혁명은 정책의 전환에서 훨씬 더 나아간 것이다. 그것은 미국이 자신과 그 역사적인 역할을 규정하는 방식에서 되돌리기 어려운 변신을 표명하고 이끄는 것이었다.

트럼프의 심모원려하는 능력을 과장해서는 안 되겠지만, 그는 헝가리·러시아와 다른 비자유주의 정권들을 '정상화'하는 일에 착수한 것으로 보인다. 과거의 대통령들처럼 그들에게 자유민주주의 규범을 채택하도록 권장하는 것이 아니라 그 반대로 미국이 그들의 분신이 되도록 촉진함으로써다. 심지어 그가 반대 방향의 '체제 변화'를 조직해 수많은 일상적인 규범들을 부숴버리고 미국 헌법의 단편적인 부분들을 비자유주의 노선에 따라 다시 설계하고 있다고 말할 수도 있을 것이다. 그리고 그의 국내 의제가 헝가리의 것을 반영하고 있다면, 국제 의제는 러시아의 것을 바싹 따르고 있다. 트럼프 역시 유럽연합의 해체 가능성에 환호했다. 미군의 나토 철수라는 크렘린의 꿈에 대해서도 계속해서 불장난을 해보고 있다. 트럼프와 푸틴이 음모를 공모했음이 밝혀질지는 알 수 없지만, 그들은 혁명 동지가 되고 있는 것이다.[8]

트럼프의 드러난 중부유럽 비자유주의 애호와 푸틴의 독재자 이미지에 대한 어린아이 같은 경외는 틀림없이 자유주의적 입헌정치의 책임지는 정부에 대한 사적인 불편함을 반영한다. 그러나 그는 법에 의한 지배가 자신을 개인적으로 위협한다는 이유만으로 그것을 폄훼하는 게 아니다.[9] 그는 또한 불편부당한 정의라는 개념 자체가 미국을 역사적으로 독특하고 도덕적으로 우월하며 세계의 훌륭한 본보기로 보이게 만든다는 이유로 그것을 거부한다.

우리는 우리가 누구라고 생각하는가?

2013년 《뉴욕 타임스》에 실린 사외 칼럼에서 푸틴은 농담조의 경건함으로 미국 예외론이라는 공상적 전설을 정조준했다.

이유가 무엇이든 사람들에게 스스로를 예외적인 존재로 생각하도록 부추기는 것은 극도로 위험하다. 세계에는 큰 나라도 있고 작은 나라도 있으며,

부유한 나라도 있고 가난한 나라도 있으며, 민주주의 전통이 긴 나라도 있고 아직도 민주주의로 가는 길을 찾고 있는 나라도 있다. 그들의 정책 역시 서로 다르다. 우리는 모두 서로 다르지만, 우리가 신의 은총을 빌 때 우리는 신이 우리를 평등하게 창조했다는 것을 잊어서는 안 된다.[10]

경쟁 국가의 지도자들이, 미국이 스스로의 독특함과 도덕적 우월성에 대해 과장된 느낌을 갖고 있음을 비판하는 것은 특이할 것 없는 일이다. 여기서 주목할 점은 한 사람의 시민으로서 트럼프가, 미국이 가장 깊숙이 간직한 신화 가운데 하나에 대한 푸틴의 비난을 찬양하고 되풀이했다는 것이다. 트럼프는 미국 예외론이라는 말이 "매우 모욕적"이라는 데 동의하고, "푸틴은 실제로 이에 관해 (오바마에게) 문제를 제기"[11]했다고 말했다. 푸틴의 미국 예외론 공격을 트럼프가 시인한 것은 오바마를 헐뜯고자 하는 사소한 감정에서 나온 것이지만, 정치생활에 대한 트럼프의 직관적인 비전과 그의 대중적 호소력의 심리학적 근원 모두에 대한 중요한 단서를 제공한다.

트럼프의 세계관에서 미국 예외론에 대한 공격이 중심을 차지하고 있음은 그가 그것으로 돌아가는 빈도와 열의로 보아 분명하다. 2014년 그는 미국 예외론의 의미에 대한 기자의 질문에 답하면서 이 생각에 대한 자신의 두 가지 주요 반론을 요약했다. 그 특유의 두서없는 의식의 흐름식의 반응은 우리의 주장과 매우 핵심적인 관계가 있기 때문에 상세히 인용할 가치가 있다.

네, 나는 그것이 어떤 의미에서 매우 위험한 말이라고 생각합니다. 나는 푸틴이 "저들은 자기네가 예외적이라고 말하면서 스스로를 어떤 사람이라고 생각하는 걸까?" 하고 말하는 것을 들었기 때문입니다. 당신이 스스로 예외적이라고 생각할 수는 있어요. 그러나 당신이 그것을 다른 나라의 면상이나 다른 사람의 면상에 던지기 시작하면 나는 사실상 그것이 사용하기에 매우 위험한 말이라고 생각합니다. 네, 나는 푸틴이 누군가에게 (…) "저들은 자기네가 예외적이라고 말하면서 스스로를 어떤 사람이라고 생각하는 걸까?" 하고 말했다는 것을 들었습니다. 그리고 나는 그것을 알아들었습니다. 말이지요, 그는 이렇게 말한 겁니다.

"저들이 왜 예외적이라는 거지? 저들은 거리에서 사람을 죽여. 시카고나 다른 곳에서 일어나는 일들을 보라고. 온갖 혼란스러운 일들이 일어나고, 거기서는 온갖 일들이 일어나고 있다고."

그리고 나는 세계의 많은 나라들이 '미국 예외론'이라는 말에 대해 극도로 화가 나 있는 것을 말씀드릴 수 있습니다. 우리보다 더 나은 나라들이, 우리보다 훨씬 더 나은 나라들이 말이죠. 당신은 세계와 잘 지낼 거라고 생각합니까? 당신이 예외적이라고 말할 수 있습니까? 그래서 나는 특히 그 말을 절대 좋아하지 않습니다. 나는 당신이 그렇게 생각할 수 있다고 생각해요. 그러나 나는 그것이 꼭 그렇게 많이 이야기해야 할 것이라고 말할 자신은 없어요.[12]

지어낸 푸틴의 말 인용이 자꾸 나오는 이 두서없는 독백은 트럼프가 미국 예외론에 관해 러시아 대통령의 말에 동의하는 놀랍도록 훌륭한 이유 두 가지를 제시한다. 첫째로, 외국인에게 자기네 나라가 그들 나라보다 우월하다고 말하는 것은 모욕적이다. 미국이 지구상에 존재했던 모든 나라 가운데서 단연 가장 좋은 나라라고 말하는 것은 무례하며 반갑잖은 대응 조치를 유발하기 십상이다. 이는 다른 나라의 감정에 쓸데없는 상처를 주는 것으로, 국제적으로 유리한 성과를 내려는 미국의 노력을 불필요하게 헝클어버린다.[13] 둘째로, 약간 모순되지만 미국은 더 이상 세계가 선망하는 대상이 아니며, 따라서 그런 척하는 것을 그만두어야 한다는 것이다. 언덕 위의 빛나는 도시를 닮기는커녕, 미국의 대부분은 지금 제3세계 나라들의 허물어져가는 기반시설을 보여주고 있다. 참으로 미국인의 꿈은 "우리보다 더 나은, 우리보다 훨씬 더 나은" 모든 나라들의 웃음거리가 됐다.

설교를 듣는 것(특히 미국인들에게서)에 대한 푸틴 대통령의 유명한 분노는 트럼프에게 완벽하게 납득이 가는 일이었다.

"나는 우리에게 설교할 권리가 있는지 모르겠습니다."

그가 생각하기에 거리에서 폭력이 난무하고 있다는 사실이(현실보다는 상상에 가까운 것이지만) 미국이 설교업에서 손을 떼야 하는 주요 이유 가운데 하나였다.

"우리 나라에서 무슨 일이 일어나고 있는지 한 번 둘러보세요. 사람들이 우리 경찰관을 냉혹하게 쏴 죽이는데 우리가 어떻게 설교를 하려 합니까? 바로 우리 나라에서 폭동과 참사가 일어나고 있는 것을 보면서 우리가 어떻게 설교를 하려 합니까?"[14]

미국인들이 왜 외국인에게 설교할 권리가 없는지를 설명할 때 트럼프는 계산된 군격정꾼처럼 들리게 하면서 또한 그답지 않게 겸손을 떨었다. 그러나 이 주장의 혁명적 본질을 간과돼서는 안 된다. 그는 자신이 미국은 가르칠 만한 생각을 가진 나라라는 확신을 폐기하는 미국 역사상 첫 대통령이 될 것임을 선언하고 있다. 미국을 위대하게 만드는 것은 미국이 아무것도 높여주거나 고무하지 않음을 확실히 하는 것이다. 그것은 영리한 움직임이다. 한 나라가 충실하게 도덕적 이념을 고수하면 모방자와 기식자寄食者를 끌어들이고, 그들이 장래에 말썽을 일으킬 것이기 때문이다.

트럼프가 미국 우선을 떠벌리는 것은 미국 예외론 거부와 모순되지 않는다. '미국 우선'은 다른 나라의 행복에 전혀 신경 쓰지 않고 국제 무역 협상에서 그들을 이기려는 것이기 때문이다. 거기에는 예외적인 것은 아무것도 없다. '승리'는 '솔선수범'과는 반대다. 트럼프에게 후자는 시간 낭비보다 더 나쁘다. 그것은 남을 가르쳐 자신을 추월하도록 하는 것이기 때문이다.

트럼프의 급진주의의 중심에 있는 것은 외국, 특히 과거의 적국을 미국화하는 것은 미국에 나쁘다는 생각이다. 그런 이야기는 구조적 변화를 의미한다. 무엇보다도 그것은 미국이 예외적으로 훌륭하고 순수한 나라이며 그 예외적인 훌륭함이 그 영향력을 해외로 확산시킬 권리와 의무를 주었다는 생각의 전면적인 포기를 의미하기 때문이다.[15] 이전 미국 대통령 가운데 그 누구도 하지 않았지만 그는 뿌리 깊은 미국의 믿음을 명쾌하게 포기했다. 미국은 외국 사람들에게 사회를 어떻게 조직하고 어떻게 살아야 하는지를 가르칠 역사적 책무가 있다는 믿음을 말이다.[16] 트럼프는 아마도 어떤 조건에서도 우드로 윌슨의 이런 유명한 말을 반복할 수 없었던 첫 번째 대통령이었을 것이다.

"당신은 미국인이며, 어디를 가든 자유와 정의와 인도주의 원칙을 지니고 있다는 것을 의미합니다."[17]

트럼프는 민주주의와 인권으로 전향하는 것을 반대하는 데 그치지 않는다. 그는 인권과 민주적 규범을 존중하는 나라와 위반하는 나라 사이의 경계를 한결같이 무시한다. 미국은 어떤 책무도 없고, 누구의 모델도 아니다. 인류 역사가 도덕적 목적이나 목표라는 의미에서 '종말'이 없는 것과 마찬가지다. 이것이 그가 고집스럽게 미국이 구세주라는 자기인식과 미국이 모든 인류를 위한 자유와 정의의 등불이며 모든 개발도상국이 열망하는 모델이라는 생각을 거부하는 이유다.

트럼프가 당선된 뒤 그를 가장 가혹하게 비판한 사람 중 한 명이 논평을 했다. 아첨을 의도한 말이 아니었다.

"미국은 다시 한 번 정상 국가처럼 행동하기 시작할 것이다."[18]

그러나 미국을 다시 한 번 정상으로 만드는 것은 레이건 시대의 열광으로 돌아가는 것을 의미하지 않는다. 반대로 그것은 미국의 국제적 이미지를 도덕적 의미에서 다른 어떤 나라보다 더 낫거나 나쁘지 않은 것으로 변경함을 의미한다. 2016년 선거 전에 밋 롬니Mitt Romney는 트럼프가 대통령이 된다면 "미국은 더 이상 언덕 위의 빛나는 도시가 아닐 것"이라고 경고했다. 바로 그것이 트럼프의 의도임을 깨닫지 못한 말이었다.[19] 트럼프는 미국의 순결함 및 품위와 다른 나라들의 사악함 및 무례 사이의 대비를 버림으로써 미국이 다른 나라들과 똑같이 방종할 뿐만 아니라 스스로도 그렇게 보고 있음을 다른 나라들에게 알리고 싶었다.

트럼프에게 정상화란 "이기적인 국가들의 틈바구니에서 이기적인 국가로서의 미국을 회복하는 것"을 의미한다.[20] 미국은 민주주의와 인권 같은 다른 나라들에게 도움을 주려는 공허한 이상들에 더 이상 매달리지 않아야만 정상에 설 수 있다. 이전의 미국 대통령들은 미국 예외론을 신봉한다고 공언했다. 그러나 그것은 위험한 자기최면이었다. 스스로 놓은 덫이었다. 순진한 미국인들은 자주 거기에 빠진다. 미국이 다른 나라들을 위해 사심 없이 행동하는 데 전념하는 것보다 바보 같은 일이 어디에 있겠는가?

무자비하고 비도덕적인 '모두에 대한 모두의 투쟁'이라는 다원적 삶의 비전이 이런 미국 예외론 신화의 폐기를 뒷받침한다. 텔레비전 언론인 조지프 스카버러Joseph Scarborough가 푸틴은 "자신에게 동의하지 않는 언론인들을 죽인다"라고 말하자 트럼프는 유명한 대답을 했다.

"네, 우리 나라 역시 많은 사람을 죽인다고 생각해요, 조."[21]

미국은 정상 국가다. 다른 어느 나라와 마찬가지로 죄 없는 사람들을 죽이고, 때로는 정당한 이유도 없다.[22]

트럼프는 미국이 순결하지 않음을 인식할 뿐만 아니라 기꺼이 받아들이기를 원한다. 이 냉소적인 도덕관념 부재를 이전 자유주의자들의 비슷하게 들리는 미국의 순결성 부정과 비교해보자. 빌 클린턴과 오바마는 미국의 순결성이라는 생각을 일축했는데, 그들이 그렇게 한 이유는 트럼프와는 완전히 반대였다. 그들은 모두 자기네 나라가 저지른 심각한 비행을 인정했다. 그러나 미국이 전 세계가 감탄할 만한 도덕적 이상이라는 자부심은 버리지 않은 채였다.

예를 들어 1999년에 클린턴 대통령은 자신이 설교를 하거나 미국에 대해 자랑하기 위해 앙카라에 온 것은 아님을 보여주고자 터키 대국민회의에서 이런 연설을 했다.

나는 모두가 평등하게 창조됐다는 신념 위에 세워진 나라에서 왔음을 유념해주십시오. 그러나 우리 나라가 세워졌을 때 우리에게는 노예가 있었습니다. 여성에게는 투표권이 없었습니다. 남성이라도 재산이 없으면 투표권이 없었습니다. 나는 한 나라의 이상에 대한 불완전한 인식에 대해 조금 알고 있습니다. 우리는 미국에서 긴 여행을 했습니다. 나라를 세우면서부터 오늘에 이르기까지 말입니다. 그러나 이 여행은 할 만한 가치가 있었습니다.[23]

미국의 불완전성에 대한 이 고백의 표현상의 요점은 청중들에게 미국의 '긴 여행'을 모방하도록 설득하자는 것이었다. 터키인들이 미국의 인도를 따르기만 하면 그들은 결국 자기네 나라 안의 민족 차별을 극복할 수 있다는 것이었다. 그럼에도 불구하고 미국은 여전히 모두를 위한 자유와 정의라는 목표에 도달하려면 아직도 먼 길을 가야 한다. 그러나 그것이 이 나라의 예외적인 본질에 영향을 미치지는 않는다. 미국을 예외적 존재로 만드는 것은 바로 미국 대통령이 해외로 날아와서 주눅 들지 않고 자기네 나라의 결점을 공개적으로 인정할 수 있다는 점이다. 이 진심 어린 유죄 인정은 미국인들이 도덕적 진보로 가는 도정에서 청중인 터키인들보다 더 낮은 곳에 있음을 간접적으로 의미하는 것이었다.

10년 뒤 오바마는 카이로에서 미국 예외론에 대해 비슷하게 교묘한 찬가를 불렀다.[24] 미국을 독특하게 만드는 것은 그 지도자들이 과거의 죄를 고백할 용의가 있다는 점이었다. 이 마음을 누그러뜨리는 솔직함은 분명히 이 나라가 인류를 위한 등불로 남아 있는 이유였다. 이는 그 대표들이 남들에게 어떤 일을 '해야' 하고, 어떤 우수 사례들을 모방'해야' 하는지 말할 권리와 의무를 지닌 이유다. 클린턴과 오바마에게 미국의 순결성을 부인하는 것은 널리 논란이 된 미국 예외론과 특히 나머지 세계에 대한 도덕적 모범으로서의 미국의 지위를 지켜내는 간접적인 방법이었다.

트럼프는 고백 차원이라기보다는 좀 더 사악한 동기에서 미국의 죄악을 인정한다. 무자비하고 경쟁적인 세계에서는 오직 순진한 자만이 순결함을 추구하려 하고 오직 패자만이 사과하려고 돌아다닌다. 그 결과 자신이 순결하지 않다는 인식은 죄의식을 갖거나 유감스러워할 이유가 되지 않는다. 반대로 그것은 수완이 있다는 징표다. 어쨌든 포커 게임에서 혼자만 정직할 필요가 어디 있는가? 그에게 미국의 고결함을 포기하는 것은 미국 예외론이라는 신화가 초래한 자멸적인 공상적 자선가 환상에서 벗어나기 위한 첫걸음이다.

트럼프의 '카리스마'(그렇게 부를 수 있다면)는 대체로 그의 틀을 깨는 방식에 바탕을 둔 것이다. 그리고 그의 예외적인 대통령 노릇에서 가장 예외적인 부분은 그가 미국 예외론이라는 신화를 거부한 것이다.[25] 그는 과거에는 불가능하다고 생각했던 것을 해냈다. 그는 미국의 가장 강경한 애국주의자들이 미국은 세계의 지도자가 되지 않고도, 도덕적으로 우월하지 않고도, 특별히 순결하지 않고도, 그리고 다른 나라들에게 설교할 어떤 권리를 가지지 않고도 '위대'해질 수 있다는 생각을 받아들이도록 만들었다. 그는 미국의 타고난 자기 사랑과, 미국은 도덕적으로 우월하다는 의미에서 '특별'하다는 생각을 분리시켰다. 이런 맥락에서 민주당의 가장 좌파적인 당원들만이 "미국은 다른 나라 위에 있다"[26]라는 말을 부정한다는 것을 지적할 필요가 있다. 이것이 트럼프의 최면력을 높여주는 좋은 수단이 된다. 그는 국수주의적인 자신의 지지층이 편협하고 인종차별적인 환상을 버리도록 강요하지 않고도 가장 자유주의적인 회의적 민주당원과 똑같이 생각하도록 현혹시켰다.

트럼프의 독전督戰 함성은 이것이었다.

"우리는 미국이라는 **상표**를 들고 그것을 다시 위대하게 만들 수 있는 누군가가 필요합니다."[27]

이것은 역설적인 슬로건이다. 그는 명백히 미국을 다른 나라보다 낫지 않거나 못한 나라로 다시 포장하는 것을 목표로 하기 때문이다. 이는 미국 예외론과는 아무런 관련이 없기 때문에 그가 말하는 미국의 '위대함'은 역사적으로 전례가 없는 것이다. 그는 다시 위대해지는 것을 말했지만 정말로 미국이 전쟁으로 피폐해진 세계를 능가하고, 노동자-사용자 갈등을 해결하고, "비트족과 시민권이 대두한"[28] 1950~1960년대를 뒤돌아볼 수 없다. 이 시기는 분명히 미국 예외론의 전성기였기 때문이다. 트럼프의 '위대함'은 완전히 다른 부류의 것이다. 이는 미국이 스스로 밝힌 독특함을 지워버리고 자기네를 평범한 세계에 동화시켜야 함을 의미한다.

그것은 충격이었을 것이다. "미국인들은 자기네 나라가 다른 어떤 나라와 같다고 생각하는 데 익숙하지 않기"[29] 때문이다. 그러나 특히 공화당 지도자들은 자기네 나라의 이 '정상화'를, 대체로 반발하거나 조건을 달지 않고 받아들였다.[30] 이 저항 부재를 이해하려면 그의 이례적인 정치적 성공을 이해하기 위한 먼 길을 가야 한다. 그는 어떻게 해서 깃발을 휘두르는 국수주의자들에게 미국이 도덕적으로 다른 나라들보다 낫다는 생각을 버리도록 만들 수 있었을까?

'환상적인 민주국가'

미국인들은 왜 자기네 나라의 깊숙한 문화 전통과 상당히 배치되는 정치적 견해를 받아들이려 했을까? 그렇게 공개적으로 미국의 도덕적 지도력에 적대감을 표시한 인물을 선출한 것은 미국인의 여론 깊숙한 곳에서 소용돌이치고 있는 암류暗流를 시사한다.

1980년대에 미국이 '패자敗者' 국가가 됐다고 트럼프가 주장하기 시작했을 때 관심을 기울인 사람은 거의 없었다.[31] 그 사이에 변한 것은 트럼프의 생각이 아니라 그의 메시지에 대한 미국 내 주요 세력의 감수성이었다. 그러나 미국이 세계의 미국화의 가장 큰 희생자라는 이 믿기 힘든

관념이 왜 갑자기 정치적 동력을 얻은 것일까? 그전에는 전혀 그런 적이 없는데 말이다. 이 질문에 대한 우리의 생각을 심화시키려면 이라크 점령과 테러와의 전쟁이 어떻게 해서 여론이 트럼프의 철저하게 수정주의적인 사고방식에 동조하도록 만드는 데 도움을 주었는지를 재검토해야 한다.

트럼프는 대통령 선거운동 과정에서 "서방식의 민주국가가 되는 데 아무런 경험이나 흥미가 없는 나라들을 서방식 민주국가로 만들 수 있다는 위험한 생각"[32]을 줄곧 비난했다. 그는 분명히 이라크에 대해 생각하고 있었다. 그는 2004년에 이미 이라크가 "환상적인 민주국가"가 될 것이라는 데 의문을 표시하면서 오히려 "우리가 떠나고 2분 뒤에 혁명이 일어날 것"이라고 예언했다. 그 가운데서 권력을 잡는 것은 "가장 비열하고 가장 거칠고 가장 똑똑하고 가장 악랄한 자"[33]일 것이라고 했다. 그리고 그는 대통령이 되자 미국이 모방 장려 정책에서 최종적이고 결정적으로 손을 뗄 것임을 분명히 밝혔다.[34]

미국이 세계의 미국화 과정에서 가장 큰 패자라는 생각은 트럼프의 가장 독특한 직관일 것이다. 그러나 그는 미국이 독일과 일본을 제대로 된 자본주의적 민주국가로 변모시키는 데 도움을 줄 수 없었다는 이전 주장보다, 미국이 이라크를 민주화시키려 해서는 안 된다는 주장으로 더 큰 호응을 얻어냈다.[35]

시대는 변했다. 그러나 이 두 가지 주장에 대해 여론이 갈라진 더 구체적인 이유는 미국이 1945년 이후에는 과거 적국들의 민주화를 추동하고 조종할 수 있었다는 점이다. 이전의 선진국 대부분을 깡그리 파괴한 전쟁 이후 미국이 경제적·군사적으로 세계를 지배했기 때문이다. 미국은 분명 더 이상 그런 일방적인 세계 강국의 지위를 누리지 못하고 있다. 그리고 세계를 미국의 형상대로 개조하려는 미국 대중의 열성은 이제 더이상 그럴 능력이 없다는 사실이 분명해지면서 사그라질 수밖에 없었다.[36] 밖에서 보더라도 미국식 자유민주주의는 미국이 세계 패권을 상실함에 따라 표준적 지위를 잃을 수밖에 없었다. 이 상대적인 힘의 감소로 인해 미국의 이익과 가치 판단을 다른 나라들에게 강요하는 것이 불가능해 보이도록 만들었다. 능력이 안 되는데 애쓰는 것은 아무런 의미가 없다. 그런 의미에서 미국 예외론에 대한 트럼프의 '비非미국적' 거부는 로버트 케이건의 다음과 같은 전형적인 미국인의 신념에 비해 보다 현실적이다.

"하락은 (…) 선택이다. 그것은 불가피한 운명이 아니다."[37]

상대적 하락은 미국의 운명이다. 남은 선택은 오로지 이 하락을 얼마나 현명하게 또는 어리석게 관리하느냐에 관한 것뿐이다.

트럼프가 취임 연설에서 "미국의 기반시설이 망가지고 퇴락"[38]했다고 한 말이 옳았음도 상기할 필요가 있다. 미국의 외교정책상의 선택을 모든 인류를 대신한 보편적 사명이라는 말로 치장하는 것의 정당성도 미국이 근대성의 최첨단이라는 자신감을 상실하자 좌초할 수밖에 없게 됐다. 미국의 상대적인 힘과 세계에서의 위신이 줄어들고 있다는 현실 인식은 미국 유권자의 상당수가 자기네의 정치적·경제적 모델을, 힘으로는 아니더라도 모범을 통해 전 세계에 확산시켜야 한다는 이 나라의 '소명'을 공개적으로 조롱한 후보를 왜 지지했는지를 설명하는 데 도움을 준다.

1989년 이후 미국 외교정책의 주류에 속하는 많은 유명 인사들은 "미국이 이끌고 미국을 모델로 하는 세계의 민주주의적 자본주의 혁명이 임박"[39]했음을 믿었다. 이런 식의 생명력 강한 과신이 이라크 침략을 설명해주지는 않지만, 공개적으로 표명된 침략의 명분은 설명해준다. 사담 후세인(1937~2006)이 대량살상 무기를 가지고 있지 않음이 분명해진 뒤 조지 W. 부시 행정부는 오로지 자유주의적이고 인도주의적인 견지에서 이라크 민간인들의 인권을 보호하고 총의 위협을 받고 있는 민주주의를 촉진한다는 것을 전쟁의 명분으로 삼는 쪽으로 옮겨갔다. 이는 미국 대중이 늘 지지해오던 열망이었다. 여러 정권 비판자들이 재빨리 지적했듯이, 전쟁의 실제 동기는 전혀 다른 것이었다.[40] 그러나 동기야 어쨌든, 이 전쟁은 자유민주주의적 규범과 제도를 세계에 보급하는 도덕적 의무에 의해 공개적으로 정당화됐다.

현재로 돌아와 보자. 트럼프의 반전도反傳道 메시지는 정부가 9·11에 대해 비합리적으로 대응해 국제사회에서 미국의 이미지가 심각하게 손상된 데서 힘을 얻었다. 미국의 실패로 끝난 전쟁뿐만 아니라 사진으로 찍힌 아부그라이브 교도소의 수감자 학대, 관타나모만 수용소에서 아무 수용자나 자의적으로 구금하는 수십 년 된 문제 등으로 인한 것이다. 그러한 악폐가 드러나자 한때 미국을 자유주의의 '등불'로 존경하던 다른 나라들조차도 미국의 '십자군 전사'로서의 의욕과 미국의 모범에 대한 모방 가능성에 회의를 품게 되었다.

자유주의적 신념을 가진 사람들을 포함한 많은 미국인들이 트럼프의 도덕적 우월성 포기를 받아들일 용의가 있었음은 미국이 객관적으로 도덕적 우위를 상실한 데서 가장 경제적으로 설명될 수 있다. 이에 따라 미국은 이전에 뽐냈던 '모범의 영향력'의 상당 부분을 21세기의 첫 10년 동안에 상실하고 말았다. 트럼프는 미국이 세계의 지도자임을 알리기 위해 세계를 선동하지 않았다. 대신에 그는 미국의 선교사 전통에 대한 본능적인 적대감으로 대중의 공감을 얻기 시작하면서 당선 가능성을 높이게 됐다.

이는 우리를 다시 한 번 1989년에 미국이 세계 문제에서 급격하게 태도를 바꾼 일로 돌아가게 한다. 그 이전 40년 동안 소련은 미국의 군사적 주적이었다. 뿐만 아니라 소련은 이데올로기적으로나 도덕적으로 '맞수'였다. 미국의 좌익과 우익은 모두 스탈린주의의 악몽에 반응하면서 자유주의 사회에 대한 자기네의 경쟁적인 비전을 옹호했다. 이런 의미에서 냉전은 미국의 공공철학을 근본적으로 변모시켰다. 사실 냉전은 미국의 공공철학이었다고 할 수 있다. 소련 공산주의와의 대결이 필요해지면서 미국인들은 자기네의 기본적인 제도를 떠받치고 있는 핵심 원칙들을 생각하는 방식에 영향을 받았다. 미국의 자유주의는 소련의 전체주의를 뒤집어놓은 것이었기(또는 그렇게 보였기) 때문이다.

언론 및 출판의 자유나 양심의 자유는, 그것이 소련 치하에서 철저히 억압되고 있다는 바로 그 이유 때문에 이상화됐다. 같은 생각에서 미국인들은 거주 이전의 자유, 사적 결사의 권리, 공정한 재판을 받을 권리, 현직자를 자리에서 물러나게 할 수 있는 경쟁적인 선거에서 투표할 권리 등을 강조했다. 마찬가지로 강조된 것이 사유 재산 축적 허용이었다. 분산되고 비계획적인 경제만이 번영과 정치적 자유의 토대를 제공할 수 있다는 가정에 따른 것이었다. 1989년에 문제는 이런 '미국적 가치들'이 그들을 전략적으로 필수불가결하게 만든 지리정치학적 경쟁에서 살아남을 것인가였다.

역설적이게도 냉전에서 승리한 초강대국은 이데올로기적으로 정치적·경제적 경쟁의 지고한 가치에 헌신한 쪽이었다. 언제나 경쟁의 플러스 효과를 찬양했던 서방에게는 더 이상 공개적으로 천명된 자기네의 이상을 지키려는 지난한 노력을 북돋우기 위한 똑같이 국제적인 비전을 가진 대등한 경쟁자가 없었다.[41] 초강대국 지위에서 독점을 얻게 된 승자 미국은 안보뿐만 아니라 정치적 가치관에서도 유일한 공급자가 됐다. 이러한 발전을 환영한 대부분의 사람들은 자유주의 이론이 예언해왔던 것을 심각하게 생각하지 않았다. 즉 경쟁 압박에서 해방된 독점 공급자들은 낭비적이고 무모하게, 그리고 자기네 행동의 비용에 대해 별다른 고려를 하지 않고 행동하기 시작한다는 것이다. 특히 그들이, 그리고 그들만이 공급하고 있는 것을 소비하는 사람들에 대해서 말이다.

이것이 미국의 자유주의가 소련 공산주의와의 경쟁에서 '해방'되자 방향을 잃기 시작한 이유 가운데 하나다. 민주주의와 인권은 국가의 정체성에 덜 핵심적인 것으로 생각되기 시작했다. 미국인들은 더 이상 자기네 공공철학을, 치명적으로 무장을 하고 실존을 위협하는 대등한 경쟁자가 옹호하는 모델과의 대비 속에서 규정하지 않았기 때문이다. 보편적 인권은 냉전 기간 동안 전략적 자산으로 간주됐다. 이와 대조적으로 테러와의 전쟁 동안 자의적인 체포로부터의 자유와 공정한 재판을 받을 권리는 전략적 부채로 보이기 시작했다. 그것은 미국 관리들이 새로 발견한 자기네 나라의 적인 지하드 전사들을 공격하기 위해 써야 한다고 생각하는 가혹한 방법을 지나치게 제한하고 있었다. 이에 따라 해외에 인권을 확산시키는 것은 민주주의를 확산시키는 것만큼이나 정치적으로 미심쩍어졌다.

마찬가지로 '개방 사회'(국경을 넘어 자유롭게 여행할 수 있는 자유도 포함돼 있다)는 희망적이기보다는 위협적인 것이 되어갔다. 소련이 "그 장벽을 부숴야" 한다는 레이건의 요구는 강화된 방어벽과 곳곳에 쳐진 철조망이라는 새로운 안정책에 자리를 내주었다. 그것이 궁지에 몰린 자유주의 세계를 그 바깥의 정글 세계로부터 보호할 수 있는 유일한 방법이었다. 이것이 트럼프와 장벽을 통한 구원이라는 그의 약속을 탄생시킨 공포였다.

미국의 온실

모방이 모방 대상을 심각하게 위협해 그들의 방향 감각을 잃게 하고 그들을 내쫓는다는 역설적인 생각에 접근하는 유용한 방법은 영어의 전 세계 확산과 관련이 있다. 중부유럽의 대중주의자들은 늘 영어를 사용하는 엘리트들을 민족 반역자라고 비난해 비상구를 독점하고 자기네 동포들을 당장 버리려 한다. 이제 이 문제를 반대쪽 관점에서 접근해보자.

10년이나 20년 전에 미국 바깥의 사람들은 영어의 확산에 대해 미국의 가치관과 생각이 세계를 정복하는 것이라고 생각했다.[42] 철학자 필리프 방 파레이스Philippe Van Parijs는 언어 정의正義에 관한 그의 이론에서 영어 사용 사회 성원들에게 언어 특별세를 부과해야 한다고 주장했다. 영어를 사용하지 않는 사회의 구성원들이 영어를 배우는 비용을 보조해주기 위한 것이다.[43] 그러한 이전 프로그램에 대해 내놓은 논거는 영어가 모국어인 영어 사용자들이 막대한 공짜 이득을 얻는다는 것이다.

어떤 면에서는 맞는 얘기다. 미국 달러가 세계의 준비통화 역할을 하고 있는 것과 마찬가지로 미국 영어는 세계의 '준비언어' 역할을 하고 있기에 미국인들이 모든 종류의 국제 교류에서 불공평한 도움을 받는 것이다. 그러나 미국이 전 세계적 불안정의 중심으로 변모하고 난 뒤, 영어의 확산이 원어민들에게 부인할 수 없는 이득을 제공한다는 생각은 직관적으로 덜 그럴듯해 보인다. 분명히 미국인들은 전 세계 사람들이 영어를 배우고 미국 대학에서 공부하고 싶어 한다는 사실을 여전히 자랑스러워한다. 그러나 영어의 확산은 여러 가지 방식으로 미국인들을 서로 연결된 세계에서 경쟁 열위에 처하게 한다는 사실이 점점 더 분명해지고 있다. 그것은 심지어 미국 안보에 전략적 위협을 제기하기도 한다.

분명한 것부터 보자. 미국인들은 다른 나라 사람들에 비해 외국어를 배울 이유가 적다. 갤럽 여론조사에 따르면, 미국인의 4분의 1 정도만이 영어 이외의 다른 언어로 대화를 할 수 있다. 그 4분의 1 가운데 55퍼센트는 에스파냐어 화자다. 그들 대부분은 에스파냐어가 제2 언어가 아니라 사실상의 제1 언어이기 때문이다. 미국외국어교육위원회(ACTFL) 대표는 미국인들이 외국어 능력에서 세계 '꼴찌' 수준이라고 보고했다.[44]

이른바 최고 국가가 하위권으로 처지면서 불행한 결과가 나타났다. 영어만 사용하는 미국인들과 영어가 모국어는 아니지만 그래도 영어를 유창하게 하는 사람들 사이의 비대칭이, 교육이 계층 이동과 급격한 변화에 대한 적응성이 핵심인 세계에서 나타나는 가장 중요한 권력 비대칭 가운데 하나다. 아민 말루프는 이렇게 썼다.

"영어를 모른다는 것은 언제나 심각한 약점이 될 것이다. 그러나 영어만 아는 것 역시 갈수록 더 심각한 약점이 될 것이다."[45]

편협한 미디어 문화를 떠안고, 언어로써 가능한 배움을 통해 지역 현실에 뛰어들거나 그것을 이해할 능력이 없는 미국인들은 점점 물정에 어두워지고 있다. 미국 밖 사람들의 세계관은 기업계와 외교계와 언론계와 심지어 학계 엘리트들에게 점점 더 이해할 수 없는 영역이 되고 있다. 너무도 흔하게 그들은 외국의 이야기 상대로부터 오직 그들이 듣고자 한다고 생각되는 말만을 듣는다.[46]

미국 문화가 전 세계적으로 인기를 끄는 것이 미국이 세계적으로 뛰어나고 힘이 있다는 징표라는 주장이 많다. 다음은 대표적인 사례다.

서방 자유민주주의가 절정에 있는 동안 미국은(그리고 조금 덜하지만 서유럽도) 가장 유명한 작가와 음악가, 가장 많은 사람들이 보는 텔레비전 쇼와

영화, 가장 발전한 산업, 그리고 가장 명망 있는 대학의 산실이었다. 1990
년대 아프리카와 아시아에서 성년이 되는 많은 젊은이들의 마음속에서 이
모든 것은 똑같아 보였다. 엄청난 서방의 부를 공유하고자 하는 욕망은 또
한 그 생활방식을 받아들이고자 하는 욕망이었고, 그 생활방식을 받아들이
고자 하는 욕망은 그 정치체제를 모방하는 일이 필요한 듯했다.[47]

이 훌륭한 필자들은 더 나아가 그러한 "문화적 영향력"이 미국으로 하
여금 "다른 나라들의 발전에 영향을 미치게"[48] 했다고 주장한다. 그러나
미국의 '연성권력'에 대한 그러한 주장은 미심쩍다. 사실 영어 능숙도의
전 세계 확산과 그로 인해 가능해지고 부추겨진 전 세계에서의 미국 문
화에 대한 친밀성은 미국인들이 이제 온실 속에 살고 있음을 의미한다.
세계는 미국을, 미국이 세계를 아는 것보다 더 잘 안다. 이는 다음과 같
은 질문을 불러온다. 누가 더 잘 해내고, 누가 이길 수 있을까?

세계가 미국 영화를 보고 미국의 정책을 따르는 것은 사실이다. 그러
나 이는 러시아 같은 외국 세력이 예컨대 미국 정치에 은밀하게 개입하
겠다고 결정할 경우 그들에게 엄청난 이점을 제공한다. 보도에 따르면
푸틴 대통령은 휘하의 세르게이 쇼이구Sergey Shoygu 국방부 장관에게, 미국
이 어떻게 돌아가는지 알고 싶으면 미국 넷플릭스 드라마 〈하우스 오브
카드〉를 보면 된다고 말했다고 한다.[49]

다른 나라 사람들은 미국인에 대해 많이 아는 반면에 미국인들은 세계
의 여러 나라 사람들이 무슨 생각을 하고 어떻게 사는지 잘 모른다. 미국
인들은 영어권 이외의 유명 배우에 대해 들어본 적이 없으며, 다른 나라
의 정치적 갈등이 무엇 때문에 일어나는지 아주 흐릿하게만 알고 있을
뿐이다. 이런 이해의 총체적인 비대칭이 전략적 취약성을 야기한다. 예

컨대 사우디아라비아 지다와 파키스탄 카라치의 스무 살 청년은 인터넷을 검색해 미국 오클라호마의 비행 교육에 등록할 수 있지만, 오클라호마의 스무 살 청년 가운데 지다나 카라치에 개설된 교육에 참여할 수 있는 사람은 거의 없다. 그곳의 말을 할 줄 모르기 때문이다.

《위키리크스WikiLeaks》가 미국 국무부의 비밀 전문을 공개하자 그것은 전 세계 언론에 대서특필됐고, 미국 외교는 망신을 당했다. 반면에 몇 년 전 새어 나간 중국의 외교 전문은 틀림없이 전문가들에게 매우 흥미로운 내용이었음에도 불구하고 세계적으로 독자의 관심을 끌지 못했고, 중국 외교정책에 심각한 차질을 빚지도 않았다. 중국어를 술술 읽을 줄 아는 사람이 비교적 적기 때문이다. 중국인 자신들과 외국의 극소수 전문가들만이 그 내용을 읽을 수 있었다.

미국은 현재 중국에 대해 상당한 군사적 우위를 자랑하고 있을 것이다. 그러나 문화적·정치적으로 투명한 미국과 문화적·정치적으로 불투명한 중국으로 대표되는 비대칭은 무역 분쟁에서의 미국의 우세한 영향력에 의문을 제기한다. 로버트 우드워드Robert Woodward는 2018년에 시작된 미중 무역전쟁에 대해 이렇게 썼다.

중국은 경제적·정치적 고통을 가하는 방법을 정확히 알았다. 미국은 유치원생인 반면에 중국은 박사였다. 중국은 어떤 선거구에서 어떤 것을 생산하는지 알았다. 예컨대 콩이 어디서 나는지 말이다. 그들은 하원에 대한 통제력을 유지하려면 어느 부동浮動 지역구가 중요해질 것인지를 알았다. 그들은 그런 지역구들의 생산물에 대해 표적 관세를 매길 수 있다. 주 단위로도 할 수 있다. 중국은 미첼 매코널Mitchelle McConnell 공화당 상원 원내대표의 지역구인 켄터키주의 버번위스키나 폴 라이언Paul Ryan 하원 의장의 지역구

인 위스콘신주의 낙농 제품을 목표로 할 것이다.[50]

미국에 있는 중국 학생이 중국에 있는 미국 학생보다 많을 뿐 아니라, 중국 학생 쪽이 평균적으로 훨씬 더 많은 것을 알고 있다.

영어가 국제 통용어가 된 것은 한때 미국 연성권력의 상징으로 보였으나, 이제 그것은 미국의 군사적 지배와 경제적 성공이 문화적인 무식함과 부주의한 편협성, 그리고 무관심으로 인해 약화되는 세계를 만들어냈다.[51] 이 문제는 언어와 문화를 아는 국무부 전문가들이 그것을 모르는 국방부의 덩치들에게 밀려나는 경향에 의해 더욱 악화됐다. 어떻든 다른 나라의 언어·역사·정치에 대한 소양 부족은 당연히 희미하게밖에 알지 못하는 일에 대한 의혹과 공포를 불러일으킨다. 그것은 또한 세심하게 조정되고 의제에 맞춘 역정보에 의식적으로 현혹될 가능성을 높인다. 아프가니스탄이나 이라크에 주둔하는 미군 관계자들이 현지인들에 대해 "저들이 이해하는 유일한 말은 힘"이라고 보고할 때, 그들은 자기네가 주둔하고 있고 그 내부 갈등에 대해 해독하려고 헛된 노력을 하고 있는 나라에 대해서보다, 자신들의 단일 언어로 인한 편협성과 관견管見에 관해 더 많은 것을 드러내고 있는 것이다.[52]

남이 어떻게 생각하는지를 파악하지 못하면 전략적 행동을 하기 어렵다. 전략이란 이쪽의 선제 행동에 대해 상대가 어떻게 대응할지를 예측하는 능력을 필요로 하기 때문이다. 미국 정부는 미국인들이 단일 언어 교육과 물려받은 문화적 눈가리개(불가역적으로 세계화된 국제 사회에서 위험스러울 정도로 시대에 뒤처지게 된)에 여전히 발목이 잡혀 있는 한 "다른 나라의 발전에 영향을 미치는" 것이 불가능하다.

알렉산드르 볼로신Aleksandr Voloshin 전 러시아 대통령 비서실장이 저자 가운데 한 사람에게 말했듯이 모방자는 모방 대상을, 그들이 자기네를 아는 것보다 더 잘 안다.[53] 성공적인 포식자는 먹잇감이 자기네를 아는 것보다 더 잘 먹잇감을 안다. 미국은 담장을 쳐서 스스로를 경쟁자들로부터 분리시키기보다는 담장 없는 활짝 열린 세계를 만들고 유지함으로써, 단일 언어의 미국을 여러 언어를 쓰는 외국 습격자들의 손쉬운 목표물로 만들고 있다. 수상쩍은 침입자들 가운데는 세계 자유주의 패권국의 기대에 부응하려 하면서 수십 년 동안 의식적으로 미국의 정치와 문화를 연구해온 나라들도 있다.

중국의 경제적 영향력이 서방을 희생시키며 계속 커감에 따라 기술 이전을 우려하는 기업 경영자들과 일자리 상실을 걱정하는 대중주의적 유권자들은 트럼프가 수십 년 동안 거의 모든 사람이 무관심하다고 했던 대외 경쟁의 피해망상적 공포를 중심으로 한데 집결했다. 미국의 상대적 힘이 약화되면서 온 나라의 점점 더 많은 정치인들이(민주당 정치인들을 포함해서) 세계의 상호 의존에 대해 우려하게 됐다. 트럼프의 부상은 이런 문화적 변화에 의해 준비됐다. 영어의 세계화로 외국이 미국 현실을 이해할 수 있게 됨에 따라, 이는 이제 정치적 전복과 기술 절취의 도구가 된다는 광범위한 공포를 불러일으키고 있다.

경쟁자가 된 모방자들

'모방의 시대'는 상생의 세계를 가장했다. 그러한 순진한 자유주의의 가짜 도덕성은 그에 대한 대중주의자들의 비판처럼 "남에게 대접받고자 하는 대로 남을 대접"하는 것이다. 그런 도덕적 규범은 경계를 풀라는 초대장이다. '미국 우선주의'는 이 황금률과 반대다. 이는 지리정치학 수준에서 미국의 경제적 경쟁자 모두가 미국을 속이기 위한 음모를 꾸미고 있으며, 미국은 모든 양자 간 거래에서 이득을 보기 위해 사정을 봐주지 않아야 함을 의미한다. 이기는 것은 앞서가는 것이고, 지는 것은 뒤처지는 것이다. 그러므로 상생의 세계는 설사 그것이 가능하다 하더라도 미국이 더 이상 '승리'할 수 없는 세계다. 그것이 바로 트럼프의 끝없는 불만이다.

우리 논의의 틀 안에서 당연히 떠오르는 질문이 있다. 무엇이 트럼프로 하여금 모방자와 모방 대상 사이의 구분에 대해 본능적인 불편함을 느끼도록 만들었는가? 한 가지 답변은 그것이 보다 의미 있다고 생각하는 구분, 즉 승리와 패배 사이의 구분을 모호하게 한다는 것이다. 트럼프의 전기를 쓴 사람들은 그의 "승자 대 패자라는 단순한 사고방식"과 그의 "승자와 패자로 이루어지는 제로섬 세계"[54]에 대해서 견해가 일치하는 듯하다. 이에 대해 그는(사실은 대필 작가다) 이렇게 썼다.

많은 사람들은 좋은 거래란 양쪽이 모두 승리하는 거래라고 말한다. 말짱 헛소리들이다. 좋은 거래에서는 내가 승리해야 한다. 상대가 승리해서는 안 된다. 상대를 뭉개버리고 자신에게 더 좋은 무언가를 얻어내야 한다.[55]

지배하거나 지배당하거나, 둘 중 하나다. 그것이 정글의 법칙이다. 한때 친구였던 사람 역시 이렇게 설명했다.

그에게는 양자택일이고, 제로섬의 선택이었다. 지배하거나 혹은 복종하거나. 공포를 만들어내고 이용하거나, 그것에 굴복하거나다. (…) 수없는 대화 속에서 그는 내게 분명하게 밝혔다. 자신은 모든 만남을 자신이 승리해야 하는 경쟁처럼 다루었다고. 왜냐하면 그의 관점에서 또 다른 유일한 가능성은 패배하는 것이고, 그것은 소멸과 같은 것이기 때문이다.[56]

더 일상적인 수준에서 트럼프는 당연히 모방의 정치에 불편함을 느낀다. 기업가의 관점에서 모방자는 위협이기 때문이다.[57] 미국 기업가들은 트럼프의 조세 감면과 규제 완화 조치를 환영하지만, 그의 엉뚱하고 무원칙한 관세 부과나 철폐는 좋아하지 않는다. 그럼에도 불구하고 그들 상당수를 트럼프 편에 묶어두고 있는 것은 바로 외국의 미국 모방자들이 미국의 특허권과 저작권을 침해하고 있다고 그가 강력하게 주장한다는 점이다.

모방자가 모방 대상의 사업 방식을 성공적으로 복제하면(그리고 개선하면) 다음에는 모방 대상의 고객을 떼어갈 것이다. 성공적인 모방자는 모방 대상의 무기를 가로채고 심지어 그 대상을 파산으로 내몬다. 트럼프에게 독일과 일본은 여러 해 동안 가장 가증스러운 사례였다. 미국은 2차 세계대전에서 그들을 궤멸한 뒤 한때의 적에게 경제적 경쟁자가 될 수 있도록 허용했다. 1945년 이후 미국의 외교정책을 맡은 '현자賢者'는 이를 반박할 수 없는 거래라고 생각했다. 당시에는 혹시 있을지 모를 무역 불균형이 혹시 있을지 모를 핵전쟁보다 낫다고 생각됐기 때문이다. 이는 실수가 아니라 의도적인 정책이었다. 그러나 불과 수십 년 안에, 군사적으로 미국에 패배한 적은 상품 수출이라는 상대방의 게임에서 미국을 무너뜨리기 시작했다. 미국은 독일과 일본의 민족주의를 군사적 경쟁에서 미국 모델을 따른 경제적 경쟁으로 돌리도록 장려했는데, 열성적인 보호경제론자들의 말마따나 스스로 무덤을 판 셈이 됐다.

그동안에 미중 관계는 트럼프의 관점에서 볼 때 비슷한 노선에 따라 전개됐다. "우리가 중국을 건설"했다고 그는 생각했다.[58] 서방은 중국의 경제 개방(분명히 그것이 중국을 자유민주주의적 자본주의로 이끌 것이라는 가정에 따른 것이었다)을 부추기고 난 뒤, 당이 이끄는 중상주의 체제와 맞닥뜨리게 됐음을 깨닫자 충격을 받았다. 그들은 여러 전선에서 서방을 앞지르고 있었다. 공교롭게도 중국의 엄청난 경제 성장은 중·동유럽의 과거 공산주의 국가들을 미국화하려는 미국의 헛된 시도와 동시에 일어났다. 반면에 중국은 모방을 통한 개혁에서 출판의 자유, 견제와 균형 같은 서방 가치관의 모방을 배제했다. 평등한 참여와 선거를 통한 책임도 포함되지 않았다. 처음에 일부 관찰자들은 중국이 당연히 이를 따를 것이라고 생각했던(적어도 최종적으로는) 부분이다.

트럼프(를 비롯한 많은 사람들)가 볼 때 중국의 경제 기적은 미국에 재앙이었다. 중국인들이 세계 정상급의 모방자라는 바로 그 이유 때문에 중국은 미국으로부터 경제 선두주자의 표상을 훔쳐가고 있거나 어쩌면 이미 훔쳐갔는지도 모른다. 사실 레이건은 정당하게 미국 예외론을 설파한 마지막 대통령이었다. 그의 재임기는 아직 중국의 부상이 미국 경제에 영향을 미치기 전이었기 때문이다.

트럼프와 그의 업계 지지자들은 미국이 개방적인 세계 무역 체제를 공짜로 만들었다는 주장을 자주 편다. 이는 우선 독일과 일본의 변화에 도움을 주었고, 이제는 중국을 강력한 수출 지향 자본주의 경제로 변모시켰다. 경제적 민족주의자들에게 미국의 관리 방식과 산업 생산 방법이 과거와 미래의 적들에게 이전됐다는 것은 국가적으로 당혹스러운 일이다. 그들에게 공짜로 안전을 제공하는 것은 너무도 좋지 않았다. 그러나 미국은 그들을 부추겨 그들의 부족한 자원과 에너지를 경제 발전에 돌리도록 하고 그들의 민족적 열망을 미국을 비롯한 세계 시장을 향한 고급 제품을 생산하는 데 쏟도록 도왔다. 이 잘못 태어난 정책이 미국의 제조업 파괴라는 재앙을 불러왔다는 것이다.

당초 트럼프를 가장 짜증나게 했던 것은 독일과 일본이었다. 군사적으로 참패한 뒤 모방 자동차 산업을 일으켜 세계 시장에서 선구자인 미국을 이기는 데 성공했다. 그는 캐딜락을 좋아하고 그 경쟁 차종들을 싫어하는 것으로 유명한데, 이는 특히 다른 방식으로는 설명할 수 없는 독일 고급차에 대한 그의 강박관념을 설명하는 데 도움을 준다. 트럼프는 1990년 유명한 《플레이보이》와의 인터뷰에서, 가능하다면 "이 나라로 굴러들어오는 모든 메르세데스 벤츠 차에 세금을 매기겠다"[59]라고 말했다. 25년 뒤 트럼프는 멕시코가 강간범들을 미국에 들여보내고 있다고 말한 그 유명한 연설에서 이렇게 불평했다.

"우리가 무슨 일에서든 일본을 이겨본 게 언제입니까? 그들은 자기네 차를 수백만 대씩 보내는데, 우리는 무엇을 하고 있습니까? (…) 저들이 줄곧 우리를 이기고 있습니다."[60]

미국의 유명한 자동차 애호는 소비자의 외국 자동차 선호를 미국 기업의 탁월성에 대한 신의 없는 공격으로 보이게 만든다. 2018년 여름의 이 일은 우스꽝스러우면서도 시사적이다.

"트럼프는 윌버 로스[Wilbur Ross] 상무부 장관에게 자동차 관세를 조사하고 자동차 수입이 국가 안보에 위험 요소가 되는지를 알아내라고 지시했다."[61]

1945년 이후 미국의 국가 안보 엘리트들이 계획적으로 독일과 일본의 전쟁 지향적인 군사적 민족주의를 평화적인 상업적 민족주의로 대체하려 했다는 것은 자주 나오는 이야기다. 독일과 일본 모두에서 미국의 전후 수출 주도 공업화를 모방하는 일을 장려하고 보조한 것은 대량살상이 가능한 소형 무기의 발전 추세를 감안할 때 진정한 '역사의 종말'로 이어지게 될 3차 세계대전을 피하려는 목적이었다. 과거 미국의 적이었던 이들 두 나라는 자기네 에너지를 군사적 강자보다는 경제적 강자가 되는 쪽으로 돌리려 했기 때문에 핵무기 개발을 포기하고 미국의 반소련 동맹 체제에 참여하는 대가로 미국의 핵우산을 받아들이기로 했다. '자유주의적 세계 체제'는 여러 가지 의미가 있겠지만, 거기에는 2차 세계대전 이후 독일과 일본을 핵무기 보유국 클럽에서 배제한 것도 포함된다.

그러나 트럼프는 핵겨울이나 3차 세계대전에 대해서는 전혀 신경을 쓰지 않는 듯하다. 그에게는 죽여야 할 다른 용들이 있다. 즉 2차 세계대전 이후 독일과 일본에서, 그리고 냉전 이후 중국에서 이룩한 엄청난 수출 주도형 경제 성장이다. 미국은 두 전쟁에서 이겼지만 두 번 다 전후에 졌다. 자국의 수출 능력을 외국의 경쟁자들에게 수출한 때문이었다. 파시즘에서 벗어난 독일·일본과 공산주의에서 벗어난 중국의 경제 기적을 미국을 위한 승리라고 보는 것은 우스운 일이라고 그는 주장한다. "전리품은 승자의 것"[62]이고, 세계 무역의 전리품은 미국의 정책 결정자들(그들은 아마도 지배의 열매를 따 먹기에는 자유주의의 죄책감에 너무나 괴로워하고 있었는지도 모른다)이 무안하게도 한때 미국의 적이었던 나라들이 차지했기 때문이다. 3차 세계대전을 피하는 대가는 너무 큰 듯하다. 도요타와 메르세데스 벤츠가 국경을 넘어 '침략'해오는 것을 비용으로 지불해야 하니 말이다.

트럼프를 지지하는 많은 기업가들은 가장 중요한 형태의 초국가적 모방이 저작권 침해라는 데 동의한다. 남에게 스스로를 모방하도록 허용하면 경쟁 우위를 잃을 위험에 빠진다. 그러한 우려는 세금 감면 및 규제

완화와 아울러 트럼프가 미국 기업계의 상당 부분을 그의 편으로 결집시킬 수 있었던 이유를 설명해준다.

멕시코인들과 이슬람교도들에 관한 트럼프의 완고한 발언들은 그가 1930년대 '미국 우선주의' 운동의 친나치 고립주의 정책을 되살리려 하고 있다는 주장에 신빙성을 더한다.[63] 그가 백인 우월주의에 대해 무의식적으로 공감하고 있다는 데는 의문의 여지가 전혀 없다. 그러나 트럼프판 미국 우선주의는 미국 제품이 세계 시장에서 모든 경쟁자들을 물리치는 일과 관련한 것이다. 캐딜락과 메르세데스 사이의 인기투표에서는 미국 차가 '승리'해야 한다. 다시 말해서 '우선First'은 '1등in first place'을 의미하는 것이지 '군림über Alles'이 아니다. 남을 지배하는 것은 그들과 상호작용한다는 의미이며, 트럼프 같은 본능적인 이방인 혐오자(이자 결벽주의자)가 관심을 가질 가능성은 별로 없기 때문이다. 그는 언제나 수익이나 챙겨가는 편이지, 남을 지배하기 위해 어슬렁거리지 않는다. 그는 남을 지배하는 것을 부담스럽고 의미 없는 일로 여긴다.

그가 보기에 미국의 브랜드는(그리고 브랜드들은) 다른 나라들이 미국의 독창성에 무임승차하는 한 절대로 1등을 하지 못한다. 미국인들은 세계의 분쟁 해결 구조에서 핵심 설계자였다. 그러나 지금은 중재 재판소들이 자주, 그리고 배은망덕하게도 미국에 불리한 결정을 내린다. 더욱 괘씸한 일도 있다. 미국은 세계의 다른 나라들에게 공짜로 인터넷을 제공했다. 그 뒤 미국은 자기네의 창조성이 도용되는 것을 가만히 구경하고만 있다. 미국은 더 이상 인터넷을 통제하지 않는다. 그것은 본래 미국 국방부 시설에서 만들어낸 것인데도 말이다. 인터넷은 세계에 거저 제공돼 미국의 라이벌들이 익혔고, 이제 그것을 처음 만든 나라보다 더 잘 이용하고 있다. GPS나 기타 미국이 발명한 세계화 시대에 적합한 제품들에 대해서도 같은 이야기를 할 수 있다.

미국은 스스로 창조한 것들에 대한 통제권을 잃었다. 중국이 의무적인 합작 사업 협정을 통해 기술을 가진 서방 기업을 어물쩍 인수하고 이를 통해 산업 비밀을 중국 기업에 공개하는 데 대한 분노는 광범위하다. 이것이, 미국이 정당한 유산을 빼앗겼고 세계의 미국화로 인해 손해를 보았다는 트럼프의 메시지에 미국인들이 동의하는 주요 이유 중 하나다.

몇몇 평론가들은 트럼프가 "냉전 경쟁에 전혀 관심이 없었다"는 데 주목했다. 냉전은 "트럼프가 처음 소용돌이 속에 뛰어든 1980년에 최고조에 달했으며, (당시) 미국이 지고 있다고 널리 인식되던 전쟁"[64]이었다. 이런 측면에 대해 그가 무관심했던 한 가지 이유로는 소련이 냉전 시대의 독일이나 일본과 달리 미국식의 자본주의적 민주주의를 모방하지 않았다는 점을 들 수 있다. 소련은 세계 무역 체제 안에 들어온 적이 없었다. 따라서 오늘날의 중국과 달리 미국 기업을 이기거나 고객을 훔쳐갈 위치에 있지 않았다. 비슷한 이야기를 오늘날의 러시아에 대해서도 할 수 있다. 러시아는 더 이상 공산국가는 아니지만, 미국 기업들과 시장 점유율을 다툴 만한 수출 기업이 아직 많지 않다.

이는 트럼프가 냉전이 끝나기 적어도 10년 전에 냉전 이후의 전망을 이미 갖고 있었음을 시사한다. 그는 줄곧 국가 안보에 대한 위협보다는 상업적 경쟁에 절대적 우선순위를 두었고, 지금도 여전히 그러하다. 그는 지금은 잠잠해진 국가 안보를 내세우는 공화당 매파들과 달리 21세기의 미국 여론을 따르고 있다. 이 여론에서는 동아프리카의 몇몇 테러리스트나 남중국해의 인공 섬 몇 개보다는 식탁의 이슈들이 유권자들을 사로잡고 있다.

트럼프는 과거 권위주의적이고 군국주의적이었던 미국의 적을 평화적이고 자본주의적인 민주국가로 변모시키는 것을 미국 외교정책의 승리라고 보지 않는다. 그는 독일식의 모방을, 오스카 와일드가 주장했듯이 "평범한 사람이 위대한 사람에게 바칠 수 있는 가장 진실한 형태의 아첨"이기보다는 미국 경제를 해치는 사기극이라고 본다. 이미 1980년대에 트럼프는 미국이 모방 게임에 배신을 당했다고 말했고, 아직도 분명히 그렇게 믿고 있다. 나라는 모방자들 때문에 혼란스러워졌고, 모방자들의 거짓 아첨 역시 닫힌 문 뒤의 웃음을 숨기고 있다. 궁극적인 무례의 징표다.

이민을 통한 정체성 도둑질

모방에 대한 불안만이 미국의 중심부에서 트럼프의 메시지가 공감을 얻는 이유를 설명해준다고 하면 과장일 것이다. 그러나 그것은 분명히 중추적인 역할을 하고 있다. 기업계에 있는 그의 지지자들과 달리 일반 유권자들은 두 가지 의미에서 이민에 의해 위험에 빠졌다고 느끼고 있다. 두 경우 모두 모방되는 것에 대한 두려움은 대체되는 것에 대한 두려움과 연결돼 있다.

트럼프 지지자들에게 '세계화'는 금기어다. 그것은 실직과, 실업이나 불안정한 임시직에 동반되는 사회적 지위 및 자존감의 추락을 함축하고 있기 때문이다. 트럼프는 이 실존적 불안에 대해 직접 이야기한다.

"저들이 우리 일자리를 빼앗아가고 있습니다. 중국이 우리 일자리를 빼앗아가고 있습니다. (…) 인도가 우리 일자리를 빼앗아가고 있습니다."[65]

이 지구촌 일자리 도둑질의 비유가 미국의 핵심부에서 반향을 불러일으키고 있다는 사실은 의심할 여지가 없다.[66] 사실 트럼프의 무역 정책은 중국이 미국인의 일자리를 훔쳐가는 것을 막기보다는, 일자리를 없애는 미국의 로봇을 훔쳐가는 것을 막는 데 더 관심을 두고 있다. 그러나 그의 지지자들이 듣고 싶어 하는 외침은 이런 것이다.

"우리 중산층의 재산이 그들 집에서 뜯겨 나가 전 세계에 분배됐습니다."[67]

중국과 인도의 중산층은 기하급수적으로 늘어난 반면에 미국의 중산층은 이에 비례해서 줄어들었다. 따라서 세계화란 실업을 의미할 뿐만이 아니라, 중산층의 지위를 미국으로부터 해외의 그 경제적 모방자에게로 몽땅 이전하는 일이 수반되는 것이다.[68]

트럼프의 기반을 위협하는 모방에 대한 두려움의 두 번째 형태는 더욱 심각하고 다층적이다. 미국이 모범국이어서 남쪽 국경 너머로부터 비백인 이민자들을 끌어당기는 제어할 수 없는 자석이 될 것이라는 두려움이다. '일자리 도둑질'에 관한 공포 팔이는 대중주의 정치가들에게는 잘 먹히는 정치 전략이다. 그것이 외국의 침략에 대한 공포를 외국과의 경쟁에 관한 공포와 뒤섞어버리기 때문이다. 더 많은 사람들이 더 적은 일자리를 놓고 경쟁해야 한다는 전망은 당연히 취업 가능성이 현저히 떨어지는 사람들을 괴롭힌다. 그러나 이민에 대한 공포는 일자리와 지위를 잃는다는 두려움보다 더 깊은 뿌리를 가지고 있다. 그것은 정체성 상실과 관련돼 있다.

이른바 '기득권 엘리트'에 대한 경멸과 아울러 이민에 대한 증오와 공포는 미국과 중부유럽 대중주의 사이의 수렴 현상의 가장 두드러진 부분이다. 트럼프는 이렇게 약속했다.

미국은 이민자 수용소가 되지 않을 것입니다. 그리고 난민 수용시설이 되지 않을 것입니다. 유럽에서 일어나고 있는 일을 보고 계시지만 (…) 우리는 그런 일이 미국에서 일어나도록 내버려둘 수 없습니다. 내 눈앞에서는 안 됩니다.[69]

"유럽 전역에서 저질러진 커다란 잘못"은 "수백만 명의 사람들을 받아들여서 그들이 유럽 문화를 그렇게 강력하고 폭력적으로 바꾸도록 한 것"[70]이었다. 유럽 이민이 유럽연합 내 탈민족주의자들의 묵인 아래 유럽에 스며들어가 유럽 문화와 문명을 역사책에서 점차 지워가고 있다는 생각은 비유럽인에 의한 유럽인의 '전면 교체'라는 극단적 민족주의자들에게 악몽의 핵심이다.[71] 트럼프가 잔인한 폭력을 정당화하는 데 사용되는 그런 극우적인 비유를 기꺼이 따라 하려 한다는 것은[72] 트럼프식 대중주의가 대중에게 먹히는 것 역시 인구 구성상의 불안 때문임을 시사한다. 기업계의 트럼프 지지자들이 저작권 침해와 기술 도둑질을 두려워하는 반면에, 그에게 도취된 대중은 문화적 침해와 정체성 도둑질을 두려워하고 있는 것이다.

트럼프와 오르반은 모두 상상 속의 느릿한 '침략'에 대한 적개심을 북돋움으로써 정치적 난민과 경제적 이민자 모두에 대한 본능적인 적대감을 부채질한다.[73] 그들의 목표는 추종자들 사이에서 인구 구성상의 공포를 조장하고 그럼으로써 백인 정체성의 마지막 구세주에 대한 원초적 열망을 일깨우는 것이다. 트럼프는 이렇게 경고한다.

"잘 조직된 대규모 이주민 집단이 우리 남쪽 국경으로 다가오고 있습니다. 어떤 사람들은 이것을 '침략'이라고 부릅니다. 그것은 침략이나 마찬가지입니다."[74]

이와 비슷하게, 오르반은 역겨울 만큼 트럼프를 칭찬했던 2016년 7월 연설에서 자기네 청중들에게 이전의 '전면 교체'를 상기시켰다.

"나는 심지어 이민에 대한 미국인들의 긍정적인 관점조차도 이해할 수 있습니다. 미국이 그렇게 해서 존재하게 됐기 때문입니다. 그러나 그들은 볼 수 있어야 합니다. 지금 상황에서는 우리가 인디언이라는 사실을 말입니다."[75]

실제로 미국의 백인 우월주의자들은 중부유럽의 대중주의자들과 마찬가지로 스스로를 새로운 아메리카 원주민으로 보고 있다. 외국의 침략자들에게 유린당하고 민족이 절멸 위협에 처해 있는 '토착'민인 것이다. 자기네들이 한때 원주민과 멕시코인들에게 했던 일을 이제 거꾸로 당하는 것이다. 미국의 백인 민족주의자들에게 이는 황금률을 거부할 충분한 이유가 된다.

이런 침략자들에 대한 환상 역시 "미국! 미국!"을 연호하는 군중이 어떻게 미국은 특별하게 선한 나라가 아니라는 트럼프의 부정 또한 받아들일 수 있는지를 설명해준다. 그의 가장 열성적인 지지자들은 직관적으로 모방할 가치가 있는 '언덕 위의 빛나는 도시'라는 레이건 시대의 미국의 상에 대해 회의적이다. 레이건이 이런 이미지를 미국은 "자유를 가져야 하는 모든 사람에게 여전히 등불이고 여전히 자석"임을 강조하기 위해 사용한 것임을 올바르게 파악한 것이다. 대중주의자들에게 그 '모든 사람'에는 남쪽 국경에서 몰려와서 미국의 백인을 쫓아내고 그들의 것을 빼앗는 비백인 이민자들이 들어 있는 것이다.[76]

반이민 정치는 매우 감정적이다. 실제든 상상이든 대량 이민은 상정된 공동체(부수적인 역사적 이유로 이미 해체되고 있는)의 마지막 잔존물을 쓸어버릴 위험성을 내포하고 있기 때문이다. 이런 분석은 정체성이 남의 것과 내 것을 인식하면서 생겨나는 감정을 통해 가장 생생하게 경험된다는 것을 가정하고 있다. 확실히 현대 사회에서 대부분의 개인은 종교, 나이, 성별, 계급이나 대도시 거주 여부, 결혼 여부, 교육 수준, 종교에 대한 태도 등으로 규정되는 여러 준거집단에 소속돼 있다. 정체성은 한 가지 소속감(대개 당파적이고 인종적인 것이다)이 경쟁하는 다른 모든 소속감을 퇴색시킬 정도로 개인의 자기이해에서 두드러진 역할을 할 때에만 당파적 적대감이나 심지어 잔혹한 사회적 갈등으로 무너져 내린다.[77] 부족주의와 원리주의는 매우 효율적인 정치적 동원 수단이다. 이들은 '그들'과 '우리' 사이의 순전히 일차원적인 구분에 근거해 '우리가 누구인가'를 규정하기 때문이다. 이 구분은 경제적 긴장이나 급격하고 예측하기 어려운 사회 변화라는 조건에서 인간의 동기 유발에 대한 장악력을 높인다.

새뮤얼 헌팅턴은 미국이 스스로를 이민자의 나라로 보기를 꺼려하는 현상이 증대하고 있음을 가장 먼저 지적한 축에 속한다. 그가 문화적으로 다원적인 나라가 정치적으로 잘 조직될 수 있다는 데 대해 의문을 표한 것은 유명한 사실이다.[78] 이는 갈수록 문화적으로 다양해지고 있는 미국에는 아주 좋지 않은 얘기였다. 헌팅턴은 미국의 정치적 모순과 기능 장애를 수십 년 동안 지속된 자유주의적 이민 정책의 탓으로 돌렸다. 자유주의적 엘리트들의 보편주의 및 개인주의에 대한 헌신은 그들로 하여금 자유주의 국가에서의 시민권은 특정 종족과 민족 또는 특정 문화에 소속된 개인에게만 배타적으로 부여될 수 있고 또한 부여돼야 한다는 것을 부정하게 만들었다. 그들의 인종 차별 반대론과 비백인 차별에 대한 소극성은 자유주의적 정책 결정자들을 사실상 또는 잠재적으로 자기네 동포 다수에게 불충실한 "뿌리 없는 사해동포주의자"로 규정하게 만들었다.

2018년 중간선거 기간에 트럼프는 민주당과 해안 지역 엘리트(미국의 동북부 해안과 서부 해안에 거주하는 교육 수준이 높은 전문직 종사자들로 자유주의적 성향을 지닌 엘리트들을 말한다—옮긴이)들이 "미래에 '국경 개방'과 '끝없는 범죄'를 원한다"라고 주장했다. 이는 그들이 진짜 미국이라는 나라의 반역자로 분류돼야 하는 이유라고 그는 암시했다.[79]

헌팅턴은 이런 식으로 말하지는 않았지만, 그의 생각의 골자는 트럼프의 보다 조악한 직관을 아주 잘 추적하고 있다. 자유주의의 지나친 환대의 결과로 미국은 법에 의한 지배 같은 원칙에 의해서만 통일이 되는 문화적 혼성 또는 잡동사니 국가가 됐다. 그러나 그 원칙들은 세계의 수많은 나라들에서 온 사람들을 한데 묶기에는 너무 추상적이다. 그러나 중요한 뉘앙스가 있다. 헌팅턴은《미국, 우리는 누구인가》에서 미국인들의 '우리'라는 응집력은 문화적 동화뿐만이 아니라 혈통의 동질성에도 의존한다고 주장한다.[80] 그러나 그는 또한, 대부분의 시민이 같은 핏줄이던 때에 누리던 일관성을 상실한 뒤 미국은 국경을 아무리 꼭꼭 틀어막더라도 잃어버린 영혼을 결코 회복할 수 없음을 인정했다. 향수를 느낄 수는 있지만 돌아가는 것은 불가능하다.

이와 반대로 트럼프는 회복할 수 없는 과거에 대한 향수를 당파적인 정치 프로그램으로 돌리는 시늉을 함으로써 동포들을 벼랑 끝으로 이끌고 있다. 그는 미국을 다시 백인 세계로 만들 수 없다. 그가 할 수 있는 것이라고는 세계 모든 곳에서 오는 이민자들을 받아들이는 독특한 능력과 의지를 지닌 유일한 나라라는, 2차 세계대전 이후의 미국의 자아상을 파괴하는 것뿐이다.[81]

트럼프는 미국의 지방에서 가장 두드러졌던 문화적 변화를 이용했다. '우리는 누구인가'를 개방적이고 우호적으로 정의하는 것에서 폐쇄적이고 비우호적으로 정의하는 것으로의 변화다. 현재 미국 주민의 13.7퍼센트가 외국 출생이고, 이 비율의 증가 속도가 느리며, 인구 구성은 그 자체의 가차 없는 논리가 있다는 점을 감안하면 미국으로 들어오는 이민자들을 처리하는 데는 기본적으로 두 가지 선택지가 있다.

첫째는 이미 이 나라에서 살며 일하고 있는 수백만 명의 불법 체류자들이 시민권을 얻을 수 있는 길을 만들어주고, 그럼으로써 이민의 나라라는 미국의 이미지를 재확인하는 것이다. 그러면서 한편으로 이미 이 나라에 있는 사람들을 동화시키기 위한 프로그램에 많은 투자를 하고, 이에 따라 포용적이고 우호적이며 문화적으로 복합적인 나라라는 미국의 자아상을 보전하는 것이다. 두 번째는 미국을 장벽을 치고 쌀쌀맞은 단일 인종 사회로 급격하게 재규정하는 것이다. 그렇게 되면 이 나라는 기본적으로 50퍼센트를 차지하는 백인 기독교도 주민에게 속하고, 이후 비백인의 이민이 막히며, 국내에서 흑인·라틴아메리카계·이슬람교도 시민과 아마도 아시아계·유대계 시민들을 차별하는 데도 거리낌이 없어질 것이다.

트럼프는 적어도 말로는 두 번째를 선택했다. 논리적으로 실행 불가능하고, 정치적으로 선동적이며, 도덕적으로 혐오스러운 선택지다.

제1장에서 우리는 실제 이민이 없는 가운데서도 펼쳐지고 있는 중부유럽의 반이민 정치의 부상에 관해 설명했다. 이 지역의 파멸적인 인구 감소로 인해 초래된 인구 구성상의 불안이 완곡하게 표현된 것이었다. 미국의 경우 이민에 대한 적대감을 불러일으킨 직접적인 경험은 동유럽에서처럼 인구 감소가 아니라 제조업 쇠퇴다.[82] 불법 이민은 경제 불안정의 원인도 아니면서 대중주의자들에 의해 일자리와 기회 상실로 가장 큰 고통을 당하는 사람들이 결집할 수 있는 초점으로 변했다.

미국이 세계 유일의 공업 강국이었던 2차 세계대전 이후 20년 동안 미국의 노동자들은 엄청나게 잘나갔다. 미국의 사례가 해외의 많은 제조업의 모방자들에게 모범이 되었을 냉전 이후 20년 동안 같은 노동자 가정들은 고통을 당하기 시작했다. 이 기간 동안 많은 미국인들은 익숙해 있던 중산층 생활의 외양을 유지하기 위해 지나친 대출 잔치를 벌였다. 그러다가 2008년 금융위기가 닥쳤다. 신용카드로 유지돼온 모방 게임의 부담은 지속할 수 없게 됐고, 빚을 갚을 수 없는 사람들이 이어 경험한 갑작스러운 지위 상실은 헝가리에서 그랬던 것처럼 미국에서도 반자유주의적 저항에 기름을 부었다. 대중주의 선동 정치가들은 이 상황을 이용해 재산이 줄어들고 아이들의 전망도 불투명해진 유권자들을 설득해 이민자들과 다문화 엘리트들의 음모를 비난하도록 했다. 그들의 불운이 사실 중산층의 품위를(그리고 미래에 대한 확신을) 미국과 유럽에서 인도와 중국으로 전 세계에 퍼뜨린 것과 함께 자동화가 겹쳐져 벌어진 일인데도 말이다.

중하층 백인 미국인들이 소득이 높고 안정적인 일자리를 잃은 것은 물질적인 행복과 아울러 그들의 자존심에도 거친 일격을 가했다. 바로 그들이 사회적 지위에 위협을 제기했기 때문에 외주와 자동화가 '미국 대 그들'이라는 선동의 토대를 마련했다. 이런 맥락에서 중국의 급격한 세계 무역 체계 편입의 역할이 특히 중요하다. 그것이 미국 패권의 쇠락과 공산주의 이데올로기(미국인들이 그로 인해 맹렬한 싸움을 벌였다)의 종말을 연결시켰기 때문이다.

냉전의 종식은 자유주의적인 서방 내부에서 과두 지배에 대한 반발 압력을 크게 줄였다. 자본가들이 더 이상, 자유주의 체제에 대한 평등주의적 대안(강력한 군사력마저 갖춘)의 호소력을 줄이려는 바람에서 노동자들의 비위를 맞춰야 한다는 강박을 느끼지 않았기 때문이다.[83] 가공할 적 공산주의가 사라지자 미국 자본주의는 노동자라는 것들의 복리를 위해 가졌던 알량한 관심을 치워버리고 기본적으로 제한이 없는 부의 최상층 집중을 전폭적으로 받아들였다. 경제적 격차가 심화되고 계층 상승 가능성이 줄어들면서 미국의 냉전 승리는 계속해서 운 좋은 소수에게 힘을 실어주었다. 그러나 새로운 금권정치 속에서 '잊힌 자'에게는 그것이 냉전이 끝난 뒤의 패배처럼 느껴지기 시작했다.

백인 노동자 및 중산층의 분노 가운데 어느 정도는 불법 이민이 아니라 점점 더 부유해지고 따로 노는 자유주의적 기득권층이 눈에 보이게 발산하는 경멸에 대한 적대적 반응으로 설명할 수 있다.[84] 고등학교 졸업 정도의 정치적 식견이 부족한 중하층과 백인 노동자들의 고통은 트럼프에게 만만한 먹잇감이었다. 그들의 곤경에 그가 말로만이라도 관심을 가져주는 것은 아무리 기회주의적이고 진실 되지 못한 것이라 하더라도 온통 무관심한 양당 정치 엘리트들 가운데서 단연 돋보였다. 미국 기득권층을 주민 대다수로부터 떼어놓는 일(그것이 트럼프의 집권 가능성을 열었다)의 위험성에 관한 내용을 다룬 대표적인 책이 크리스토퍼 래시 Christopher Lasch의 《엘리트의 반역The Revolt of the Elites》(1995)이다. 래시는 이렇게 설명한다.

"(미국의) 특권층은 스스로를 무너져가는 산업 도시에서만이 아니라 공공 서비스 일반으로부터도 독립된 존재로 만들었다."

그들은 개인 의사에게서 진찰을 받고, 아이들을 사립학교에 보내며, 사설 경호원을 고용하고, 외부인 출입 통제 마을에 산다. 그들은 "어떤 중대한 의미로도 스스로를 미국인이라 생각하지 않으며", "미국이라는 나라의 쇠락 전망에도 전혀 무관심"[85]하다. 민주주의 사회에서 정치·경제·문화 엘리트가 자신의 일에만 관심을 갖고 다수가 몰두하고 있는 일에 무관심하다면 무시당하고 하소연할 데가 없다고 느끼는 사람들의 걱정을 들어주겠다는(또는 들어주는 척하는) 대중주의적인 대항 엘리트에게 문을 열어주게 된다. 공화당의 여론조사 전문가 프랭크 런츠^{Frank Luntz}는 트럼프가 지지자들에게 보내는 메시지에 대해 이렇게 말했다.

"그는 지지자들에게 그들이 중요하다고 말합니다. 그들의 표가 결정한다고 말합니다. 그들은 잊혔거나 이용당한 사람들이고, 자기네 존재가 중요하다는 말을 듣기를 고대하던 사람들입니다."[86]

미국의 반자유주의적 반발 속에 가득한 반엘리트적인 요소는 우리가 중부유럽 대중주의자들에게서 목격한 것과 매우 유사하다. 헝가리와 폴란드는 유럽연합에 가입하기 위해 서방 노선에 따라 정치와 경제를 개혁하라는 말을 들은 뒤 선진 자유민주주의 국가의 2류 모조품으로 무시당하고 경멸당한 데 대해 분노했다. '긴요한 모방'은 그들에게 훌륭함의 기준을 받아들이도록 강요했고, 그것은 그들에게 영원히 부족하다는 느낌을 주었다.

오르반은 화가 난 사람에게서 예상할 수 있는 방식대로 반응했다. 가치의 재평가다. 성적과 성공에 대한 서방의 표준은 편향되고 믿을 수 없다는 것이다. 그는 '능력주의'라는 발상 자체를 헝가리에 외국의 가치 위계를 강요해 헝가리 고유의 가치를 폄훼하려는 서방의 이데올로기라고 거듭 공격한다. 이것이 헝가리계 미국인 자선가 조지 소로스가 설립한 중부유럽대학(CEU)을 이 나라에서 쫓아낸 이유 가운데 하나다.[87] 대중주의는 헝가리에서 받을 수 있는 최고의 학문적 훈련이 머리부터 발끝까지 미국에서 이식한 것으로 보이는 대학 교육이라는 생각을 용인할 수 없고, 대다수의 헝가리인은 거기에 가려는 마음을 품을 수 없다.

마찬가지로 미국에서 대중주의의 반동은 노동자들의 정당이어야 했을 민주당이 교육 수준이 높은 엘리트의 정당으로 변모한 사실을 반영한다. 빌 클린턴과 버락 오바마는 모두 이렇게 말하는 듯했다.

"우리를 본받으세요! 대학 교육을 받으세요. 대학원에 가면 더 좋고요."

새로운 '지식경제' 사회에서 이미 잉여라는 생각을 갖고 있는 백인 고등학교 졸업자들에게 그런 '긴요한 모방'은 존재 자체에 대한 비난처럼 느껴졌다. 그들은 도시 엘리트와 그들의 자유주의적 가치관을 모방할 위치에 있지 않았다. 그들은 대학에 가지 못할 것이고, 따라서 당연히 반격을 하고 그들에게 대학 교육을 받지 않았다는 이유만으로 패자인 것은 아니라고 말해주며 그들이 학벌 좋은 사람들을 모방할 필요가 없고 계속해서 자기 주관대로 밀고 나갈 수 있다고 확신시켜주는 정치인을 원했다.

사회적으로 인정되는 능력이 전혀 없다고 느끼던 이 소집단에게 트럼프는 능력주의적 가치 위계에서 그들을 해방시켜준 대통령이었다. 헝가리와 폴란드의 일부 대중주의자들이 자유주의적인 서방을 모방하기를 거부했음을 자랑했듯이, 트럼프의 지지자들 역시 역할모델이 되기에는 거리가 먼 하버드대학을 졸업한 엘리트들이 심지어 근본적인 의미에서 미국인도 아니라는 말을 들었을 때 해방감을 느끼는 것이다.

침투로서의 모방

모방 대상이 자기네를 모방하는 자를 합리적으로 두려워하게 되는 이유는 많다. 모방은 예컨대 모방자가 적대적인 의도를 가지고 신분을 속인 채 몰래 한 집단에 침투한 경우에 두려움의 대상이 될 수 있다. 순간적인 이점을 얻기 위해 테러리스트의 소굴에 그들과 비슷한 복장을 하고 들어가는 것은 도니 브라스코Donnie Brasco(마피아 수사에서 활약한 미국 연방수사국 요원 조지프 피스토네Joseph Pistone의 위장명으로, 그를 다룬 영화 제목이기도 하다—옮긴이) 식으로 유용한 정보를 얻기 위해 범죄 조직이나 테러 조직에서 몇 달씩 가짜 정체를 유지하는 일보다 훨씬 쉽다. 그러나 둘 다 전투적이고 두려운(정당하지만) 모방의 형태다.[88]

우리의 주제와 더 가까이 연결된 달갑잖은 모방의 사례는 온라인에서 감쪽같이 미국인을 가장한 러시아의 해커들이 제공했다. 그들이 트럼프의 당선을 도왔는지도 모른다.[89] 그들은 정체성 모방이라는 대담한 선제공격을 누이 정당화된 보복행위로 간주했지만, 미국인들은 대개 이를 정당한 이유가 없는 행위로 본다. 그러나 양쪽은 모두 이것이 민주적 선거에서 대중의 신뢰를 허물어버림으로써 심각한 위해를 가하려는 의도를 지닌 공격적인 모방 행위를 수반하는 것이었음은 인정하고 있다.

그런 사례를 염두에 두면 오늘날 대중주의 혁명의 반이민적 요소에 관한 약간의 탐구된 전망을 할 수 있다. 이는 미국의 백인 민족주의가 새로 들어오는 이민자들이 미국 문화에 동화되지 못할 것이라는 우려 때문에 확산되는 것이 아니라 그들이 너무나도 잘 동화될 것이라는 우려 때문에 확산되는 것임을 시사한다.

벨기에의 역사학자 마르셀 드티엔Marcel Detienne은 민족 정체성이 현재 세대를 죽은 조상과 연결하는 혈연에 대한 신화적 믿음을 중심으로 한 것이라고 주장했다.[90] 성공적인 동화는 이 신화적이고 사이비생물학적인 연결을 끊어낸다. 성공적인 동화는 토착민의 문화적 정체성이 유전자의 상속이 아니고 그 대신 매우 피상적이고 신참자가 비교적 적응하기 쉬운 어떤 것임을 시사한다. 완전히 다른 유전자를 상속받은 사람들이 여러 세대를 살아온 수용국 주민들의 문화유산을 내면화할 수 있다면, 민족 정체성은 현대의 세대를 죽은 조상들과 이어주는 혈연적 유대를 실질적으로 반영하지 않는 것이다.

정말로 그렇다면 드티엔의 명제는 반이민 정치의 요동치는 감정적 성격을 설명하는 데 도움이 된다. 따라서 그것은 정체성 도둑질에 대한 무언의 공포에 기인한다. 백인 민족주의자들은 애지중지하지만 허구적인 그들의 민족 정체성의 당황스러울 만큼 얕은 뿌리를, 생물학적으로 연관이 없는 혈통을 가진 신참자들이 드러낼 것을 무의식적으로 두려워한다고 우리는 추측할 수 있다.

나치의 유대인들에 대한 분노와 히스테리가 독일의 기독교도와 유대인들의 교혼交婚에 의해 악화됐음은 유명한 사실이다. 그러한 결혼과 그들의 자손, 즉 선조가 뒤섞인 '미슐링Mischling'은 순혈 아리아인의 정체성의 이상을 흐릿하게 하고 묽게 하며 서서히 오염시키는 것으로 보였다.[91]

그러한 공포를 오늘날 미국의 인종 차별주의자들도 모르지 않는다. 스파이크 리Spike Lee의 영화 〈블랙클랜스맨BlacKkKlansman〉(2018)은 문화적 동화(즉 모방)가 배타적 인종 및 민족 정체성에 제기하는 위협을 확대해 보여주고 있다. 이는 아프리카계 미국인 형사 론 스톨워스Ron Stallworth의 실화에 바탕을 둔 것으로, 그는 백인 민족주의 단체 KKK에 잠입하는 데 성공한 사람이었다. KKK가 신입 단원을 모집하는 신문 광고를 본 스톨워스는 KKK 콜로라도스프링스 지부장인 월터 브리치웨이에게 전화를 걸어 자신이 백인이라고 속이는 데 성공했다.

그가 백인의 말투와 어휘와 억양을 흉내 낸 것은 속임수의 시작일 뿐이다. 스톨워스는 이어 유대인인 동료 형사 플립 지머맨을 설득해 KKK

회의에서 스톨워스 역할을 하도록 했다. 이러한 조직을 흔드는 잠입 수사가 가능했던 것은 KKK단으로서는 백인과 흑인 사이, 기독교도와 유대교도 사이, 또는 그들의 모든 생활을 좌우하는 내부자와 외부자 사이의 경계를 직접(또는 전화로) 찾아내기가 불가능했기 때문이다. 특히 유대인들이 비유대교도라고 '넘어갈' 수 있었던 것은 이 기독교도 민족주의자들을 격분시켰다. 그것이 그들 스스로는 양도할 수 없는 혈족 관계에 뿌리를 둔 것이라고 생각했던 정체성이 자유롭게 양도될 수 있음을 보여주고 있기 때문이다. 성공적으로 동화하는 자는 정체성을 허무는 자임이 드러났다. 그들은 가족의 혈통 이야기가 위안을 주는 거짓말에 지나지 않음을 보여준다.[92] 고집불통의 인종 차별주의자들에게 이런 폭로는 사기가 떨어지는 일이다. 그것이 그들에게 우리가 누구인가에 대한 가짜 확신을 주었던 '그들'과 '우리' 사이의 구분을 모호하게 만들기 때문이다.

〈블랙클랜스맨〉은 현지의 조상을 공유하지 않는 사람들이 현지 문화에 동화하고 남들의 눈에 띄지 않는 것이 얼마나 쉬운지를 드러냄으로써 생물학적 뿌리를 가진 민족 정체성의 신화를 무너뜨렸다. 백인 비기독교도는 얼마든지 백인 기독교도의 사고방식과 행동을 모방할 수 있기 때문에 완고한 트럼프 지지자들은 자기네의 가장 깊숙한 정체성이라고 믿고 있던 것을 빼앗겼다고 느낀다. 그들은 '문화 도용cultural appropriation'이라는 비난을 가져다가 대응한다. 백인 기독교도가 스스로를 장식할 때 소수민족의 정체성 상징을 사용하지 못하게 하는 데 사용됐던 개념인데, 그것을 반대로 비백인·비기독교도 비판자들에게 돌리는 것이다. 이러한 동종반격은 폭력으로 비화할 수 있다. 2016년 미국 버지니아주 샬러츠빌에서 열린 '우파통합대회Unite the Right'에서 그런 일이 실제로 일어났다. 스파이크 리는 영화를 통해 이 사건에 대해 냉소적인 답변을 할 생각이었다. 이 행사에서 시위자들은 정체성 도둑질에 대한 그들의 공포를 이런 유명한 구호로 표현했다.

"유대인이 우리를 대신할 수 없다!"[93]

그러나 미국에서 정치적 정명正名에 대한 대중주의자들의 공격을 가장 잘 요약해주는 구호는 '백인의 생명은 소중하다White Lives Matter'이다. 반복되는 경찰관의 젊은 흑인 남성 살해에 항의하기 위해 사용된 '흑인의 생명은 소중하다Black Lives Matter'를 뒤집어놓은 것으로, 인종 차별주의자들이 자기네들의 목적을 위해 반대 진영을 흉내 낸 고전적인 사례다.[94]

익히 알려진 소외된 소수자들에 대한 좌파의 감싸기는 경제적으로 곤궁에 처한 많은 유권자들 사이에서 역반응을 불러왔다. 그들은 오히려 백인 민족주의자의 정체성 문제에서 희생자를 자처했다. 미국에서 백인에 대한 차별이 흑인에 대한 차별만큼이나 심각하다는 암시는 너무도 놀랍다. 그러나 때로는 트럼프의 분노한 백인 민족주의 지지자들 또한 그의 재임 중에 그들이 마침내 "힘을 회복"하고 처음으로 "역사의 전면에 부상"하고 있다고 생각하는 것처럼 보이기도 한다. 그들은 소외된 소수자들을 모방하는 데 만족하지 않고, '동포의식이 없는' 엘리트의 가혹한 압제에서 마침내 해방된 탈식민지 사람들 역시 모방하기를 염원한다.

거짓말이 메시지다

많은 미국 우선론자들에게는 토론이라는 것이 없다. 심지어 사실을 앞에 두고도 말이다.[95]

– 필립 로스Philip Roth

미국의 외교관 조지 케넌^{George Kennan}은 1946년 모스크바에서 보낸 유명한 '긴 전문'에서 이렇게 썼다.

이 소련 공산주의 문제에 대처하는 데서 우리에게 닥칠 수 있는 가장 큰 위험은 우리 스스로, 우리가 대처하려는 사람들처럼 되도록 허용할 것이라는 점이다.

미국이 모방하기를 피해야 한다고 그가 가장 우려했던 소련의 습관은 이런 것이었다.

객관적 사실에 대한 러시아인들의 경멸(실은 그 존재 자체에 대한 그들의 불신이다)은 그들로 하여금 모든 진술된 사실을 이러저러한 숨은 목적을 달성하기 위한 도구로 생각하도록 만들었다.[96]

케넌에 따르면 서방 자유주의를 좌익 및 우익 양쪽의 적들로부터 구분해주는 것은 편파적이지 않은 정보를 추구한다는 점이었다. 특히 그 정보가 근본적인 예견에 도전하는 경우에 그렇다.

한나 아렌트는 비슷한 견해를 옹호했다. 전체주의 엘리트들은 "모든 사실 진술을 목표 선언으로 녹여버리는 능력"[97]을 보여주었다고 주장한 것이다. 정치적 자유는 바람직한 것과 있을 법한 것을 구분하고, 현실을 당파적이거나 개인적인 의제에 이바지하도록 왜곡하지 않고 묘사할 수 있는 능력을 전제로 한다는 의미다. 트럼프는 전체주의자는 아니다. 그러나 아렌트의 분석은 그의 표현 방식에 생산적으로 적용될 수 있다. 그는 자주 동맹자나 적이 내놓은 사실 진술을 정치적 목적의 선언이나 숨은 동기에 이바지하는 도구로 치부해버리기 때문이다. 사실 그것이 그의 본능적 또는 직관적 비자유주의의 본질일 것이다.

'가짜 뉴스'에 대한 그의 끊임없는 불평 속에서 우리는 진실에 대한 매우 구체적이고 매우 독특한 태도를 알아챌 수 있다. 여기서 다시 트럼프를, 쉽게 확인할 수 있는 사실도 공개적으로 부정하는 푸틴 같은 공산당 지도자들과 연결시키면 얼핏 기이해 보이는 행동을 해명하는 데 도움이 된다. 러시아 태생의 미국 언론인 마샤 게센Masha Gessen이 주장했듯이, 트럼프와 푸틴은 객관적인 사실에 대해 비슷하게 무시하는 태도를 취한다. 게센은 이렇게 썼다.

거짓말은 메시지다. 푸틴과 트럼프는 둘 다 거짓말을 할 뿐만이 아니고, 그들은 같은 방식으로, 그리고 같은 목적으로 거짓말을 한다. 뻔뻔스럽게도 진실 자체보다는 힘을 내세우기 위해서다.[98]

신기하게도 그들은 모두 금방 알 수 있는 거짓말을 한다. 그들이 의도한 청중 상당수가 다른 정보원을 접한다고 보면 그들이 거짓말을 하는 목적은 속일 수 없다. 적어도 한 가지 목표는, 지도자는 곤란한 결과를 당하지 않으면서 거짓말을 할 수 있음을 보여주는 것이다. 쉽게 탄로 날 거짓말을 하고도 무사하다는 것은 자신의 힘과 면책 특권을 드러내 보이는 효과적인 방법이다. 이는 다시 트럼프가 생각하는 승리와 패배 사이의 기본적인 구분으로 돌아가게 한다.

트럼프는 무슨 말을 할지를 결정할 때 언제나 진실과 거짓 가운데 어느 것이 자신이 '승리'하는 데 도움이 되는지를 묻는다. 그가 생각하기에 진실을 말하는 사람이 거짓말쟁이보다 원하는 것을 얻을 가능성이 높다고 믿을 이유는 없다. 그것은 정답이 없는 문제이고, 경험상으로 보더라도 반대인 경우도 많다. 그러나 뻔뻔한 거짓말이 죄의식과 배치된다면 그가 가끔 하는 깜짝 진실 발언(예컨대 선출된 정치인들은 후원자들에게 매여 있다는 말[99] 같은 것) 역시 마찬가지다. 그는 그것이 진실이기 때문이 아니라 오직 자신의 정치적 정명 무시를 극적으로 보여주고 적들을 당황시키기 위해 그것을 퍼뜨리는 것이다.

로버트 우드워드의 《공포Fear: Trump in the White House》의 한 구절은 여성 학대 사실을 인정한 친구에게 트럼프가 해준 충고를 묘사하고 있는데, 이는 진실과 거짓에 대한 트럼프의 태도의 요지를 전하는 데 도움이 된다.

"당신은 부인, 부인, 부인을 하고 그 여자들을 밀어붙여야 해."
그는 이렇게 말했다.
"당신이 뭐든, 어떤 책임이든 인정한다면, 그땐 당신은 죽어. 그건 엄청난 실수를 하는 거야. 당신은 세게 나가지 못하고 그저 집적거리고 있어. 약점을 보였어. 강해져야 해. 공격적이어야 해. 세게 밀어붙여야 해. 당신에 대해 말하는 것 모두 부인해야 해. 절대 인정하지 마."[100]

진실을 말하는 사람은 자신도 모르게 적에게 도움을 주고 위안을 줄 수 있다. 그 때문에 그들은 자주 지고, 그 때문에 거짓말쟁이들은 자주 이긴다. 이는 분명히 트럼프의 개인적인 경험이었다. 강력한 적을 가진 유명 인사가 진실의 칼에 찔려 자살한다는 것은 말이 안 된다.

표면상으로 트럼프는 그의 정치적 동지들이 폭스뉴스에서 퍼뜨린 아첨을 믿고 정적들이 CNN과 MSNBC에서 퍼부은 비판을 불신하는 듯 보일 것이다. 그러나 믿고 안 믿고는 중요하지 않다. 다시 말하지만 이는 이기느냐 지느냐의 게임이다. 충실한 친구들은 당신을 대신해서 뻔뻔하게 거짓말을 해서 당신이 이기도록 돕는 사람들이다. 적과 '쥐새끼'들은 개인적이거나 당파적인 이득을 위해 선택적으로 나발을 불어 진실을 알림으로써 당신의 평판을 깎아내리고 심지어 법적으로 위험에 빠뜨리는 사람들이다. 인생은 전쟁이며[101] 세계는 "언제나 자신을 해코지하려는 포식자들로 가득한 정글"[102]이라 생각하는 트럼프는 자신을 쓰러뜨리기 위해 진실을 무기로 사용하는 적들에 대한 정당방위로서 거짓말에 본능적으로 끌리는 것이다.

'긍정적 사고의 힘'에 대해 설교한 미국의 목사 노먼 빈센트 필Norman Vincent Peale(1898~1993)은 자신의 재능과 실적을 자신만만하게 과장하는 것은 인생의 성공 방정식임을 트럼프에게 분명히 가르쳤다.[103] 트럼프는 또한 뉴욕시의 부동산업계에서 전략적 거짓말의 기술을 배웠다. 상술이란 결국 구매자의 어리숙함을 이용해 한몫 챙기는 것을 의미할 수 있다. 은행은 갚을 능력이 있다는 믿음을 주는 사람에게 돈을 꿔주는 법이다. 현실적인 문제로서 트럼프는 이런 책략이 잘 먹힌다는 사실을 알아챘다.[104] 구매자를 속이려는 판매자와 마찬가지로, 지불 능력이 없는 차용자는 면책을 확신하고 도덕적 가책이 없이 자신의 현재 자산에 대한 평가를 거짓으로 꾸며, 대출해주려는 사람에게 내밀고자 하는 유혹에 강하게 끌린다.

거짓말의 더욱 깊숙한 비밀은 그것이 거짓말에 속은 사람들을 반향실反響室로 끌어들인다는 것이다. 거짓말쟁이의 발뺌을 되돌려주는 것이다. 예컨대 아주 비싼 아파트를 하나 샀는데 기대에 미치지 못한다고 생각되는 경우에는 그 아파트를 또 다른 순진한 구매자에게 되팔기 위해 진실을 숨기고 자신이 들었던 과장된 평가를 되풀이할 것이다. 마찬가지로 누군가가 은행에 수십억 달러를 빚졌다면 은행은 그가 사업을 오래 유지해서 빚을 일부나마 갚을 수 있도록 하려는 바람에서 그의 지불 능력에 대한 가짜 평판을 유지하려 획책할 것이다. 따라서 정직하지 않은 부동산 중개업자는 희생자들이 온갖 방법으로 자기네의 가장 부도덕한 속임수를 끝없이 이어갈 수 있다는 사실에서 위안을 얻는다.

트럼프는 뻔뻔한 거짓말을 인생의 수많은 경쟁에서 이길 수 있는 완전히 합법적인 방법으로 보았다. 뿐만 아니라 그는 적들이 진실을 말하는 것은 진실성에 대한 편견 없는 애착 때문이 아니라 그렇게 하는 것이 그들의 이익에 도움이 되기 때문이라고 생각한다. 그는 진실을 말하는 것과 거짓을 말하는 것 사이를 기회주의적으로 왔다 갔다 함으로써 남에게 자신이 다루기 힘든 사람임을 알리고자 한다.[105] 남들도 다 그렇게 한다고 믿는다는 얘기다. 이것이 그가 진실을 말하는 사람이 자신보다 어떤 식으로든 도덕적으로 우월하다고 생각하는 것을 거부하는 이유다. 옳든 그르든 그의 비판자들은 당파적인 의제를 가지고 있다. 그가 그들의 분명한 진실을 부정할 때 그는 상대주의 철학을 옹호하거나 '그런 식의 진실'을 거부하는 것이 아니다. 그는 그들의 일방적인 당파적 의제에 자신의 것을 가지고 반격을 하고 반대하고 있는 것이다.[106]

다시 마샤 게센의 트럼프와 푸틴의 비교로 돌아가보자. 푸틴이 러시아는 영국 솔즈베리에서 발생한 전직 스파이 세르게이 스크리팔Sergei Skripal과 그의 딸의 중독 사건과 아무런 관련이 없다고 말했을 때 그는 분명히 자기네 나라의 주권을 옹호하고 있었다. 여기에는 러시아의 정적들이 자기네를 공격하기 위해 사용한 '진실'의 적합성을 부정할 권리가 포함된다. 그러한 행위에 대한 보강 증거를 제공하는 러시아인은 누구든 적과 '공모'한 것으로 유죄다. 집단의 자기방어는 단순한 사실 설명보다 중요하다. 특히 그 사실들이 적대 세력의 손에 놀아나는 경우에는 말이다.

자유주의자들은 처음에 자기네가 트럼프의 수많은 거짓말을 폭로함으로써 그의 인기를 떨어뜨릴 수 있다고 생각했다. 그러나 폭로가 쏟아져도 아무런 효과가 없었다. 트럼프 지지자들이 그의 거짓말하는 방식을 기꺼이 받아들이는 것을 이해하기 위해서는 영국 철학자 버나드 윌리엄스Bernard Williams가 개발한 '정확성'과 '진실성' 사이의 구분[107]을 이용하면 도움이 될 것이다. 사람들은 두 가지 상황에 대해 진실해질 수 있다. 세계의 다른 곳에서 일어난 일과 자신들이 내부적으로 느끼는 것에 대해서다. 전자에 대한 진술은 정확한지 정확하지 않은지의 기준에 따라 판단한다. 후자에 대한 진술은 진실한지 진실하지 않은지의 기준에 따라 판단한다. 전자는 사실을 검증할 수 있지만, 후자는 검증할 수 없다.

트럼프의 가장 열렬한 팬들은 그의 말이 흔히 부정확하다는 폭로에 무관심하다. 그들은 이 말들이 진실하며, 따라서 더 깊숙한 의미에서 '사실'이라고 믿기 때문이다.[108] 트럼프는 끊임없이 명백한 거짓말을 하고 있다. 그러나 한 가지에 관해서는 완전히 솔직했다. 거짓말을 포함해서 그가 하는 모든 일은 그가 '승리'하는 데 도움을 주기 위한 것이다. 그는 이를 분명히 말한다. 따라서 그가 거짓말을 할 때 지지자들은 그가 전략적 이점을 취하기 위해 그렇게 하고 있다는 것을 안다. 그것이 그가 하겠다고 말한 것과 정확히 일치하기 때문이다. 그의 거짓말이 이 진실하게 진술된 목적에 이바지한다고 생각되기 때문에 그 거짓말들은 간접적인 의미에서 기본적으로 진실하다.

그의 지지자들이, 오바마가 미국에서 태어나지 않았다는 틀린 사실을 주장하는 출생 음모론을 받아들이는 것 역시 이런 방식으로 설명될 수 있을 것이다. 트럼프와 그의 지지자들은 흑인은 미국 대통령이 돼서는 안 된다고 진정으로 '느끼고' 있다. 그들이 오바마의 대통령 취임이 불법이라고 주장할 때, 그들은 자기네의 정신 및 정서 상태를 진실하게 전하고 있는 것이다. 그들은 2016년 대통령 후보 지명전에 나섰던 트럼프의 경쟁자들도 대부분 그렇게 생각했으나 정치적 정명 때문에 위축돼 솔직하게 표현하지 못했다고 생각한다.

윌리엄스가 말한 정확성과 진실성 사이의 구분이 트럼프 인기의 어떤 측면을 밝히는 데 도움을 주기는 하지만, 어떤 중요한 부분에서는 부족함이 있다. 우선 출생 음모론은 냉소적인 측면이 강하지 진지해 보인 적은 없었다. 그래서 수정된 구분을 제시하고자 한다. 정확성과 진실성 사이의 구분이 아니라 정확성과 충성심 사이의 구분이다. 한나 아렌트의 말을 빌리자면, 트럼프와 그의 지지자들에게 **모든 사실 진술은 내부자임 또는 충성 선언으로 귀결**된다.

왜 오바마가 외국 태생임을 끝없이 되뇌는가? 이 거짓말은 고등교육을 받은 흑인 대통령이 이 나라가 건국 이후 바탕을 두었던 인종 위계를 뒤집은 데 대한 백인 민족주의자들의 실망을 분명히 보여주었다. 뿐만 아니라 그것은 광신도들을 위한 트럼프의 선물이기도 했다. 그들이 오바마를 증오하는 자기네 당파의 다른 소속원들을 일깨우기 위해 큰 소리로 반복할 수 있는 구호였다. 입증 가능한 사실이나 객관적 진실보다 진영을 우선시하면 반대 당파에서 제시한 사실 증거(인증을 받은 오바마의 출생증명서 같은 것)를 인정하기가 심리적으로 불가능하다. 그것이 공개적으로 선포된 개인의 당파적 정체성을 소멸시킬 위험이 있기 때문이다. 한 지도자나 운동에 대한 그런 깊숙한 곳에서 느껴지는 충성심은 공식 기록이나 기타 관료주의적 정밀성으로 흔들 수 없다. 그런 사실적으로 진실하지 않은 것을 되풀이하겠다는 의지는 충성심에 대한 검증이다. 그것은 아직도 정확성이 충성심보다 중요하다고 생각하는 과잉 교육을 받은 엘리트들의 세계로 통하는 모든 다리를 불태우는 실존적 결단인 셈이다.

당파에 대한 충성심을 앞세워 정확성을 기꺼이 희생시키겠다는 자세는 트럼프가 미국의 공직 사회에 불러온 가장 극적인 변화 중 하나로 연결된다. 그는 시민의 공화국을 팬의 공화국으로 바꿔놓았다. 매혹된 팬들은 비판 능력이 정지된 채로 정책 결정보다는 시끌벅적한 일련의 선거 운동 방식의 집회를 중심으로 한 트럼프의 정치 이해의 한가운데에 있다. 반면에 시민은 나라에 헌신적이지만 그들의 충성심은 조건부이고 비판적이다.[109] 사실 그들이 잘못을 지적하고 고쳐나갈 태세가 돼 있다는 것은 그들이 애국적 자유주의를 지녔다는 징표다. 그들은 자기네 정부가 나라의 원칙을 저버리고 있다고 생각하면 정부에 도전할 것이다. 반면에 팬들의 충성심은 열광적이고 경솔하고 확고하다. 그들의 환호는 소속감을 반영한다. 비판적 지지는 떠들썩한 경배로 바뀌었다. 박수 치기를 거부하는 자는 반역자다.[110]

개조된 공화당을 대형 축구 팀으로 보고(실비오 베를루스코니의 포르차 이탈리아(FI)를 상기시킨다) 시민을 팬으로 보는 트럼프의 새로운 이해는, 트럼프가 왜 자신을 존경하지 않는 미국인들을 대변할 의무를 느끼지 않는지를 가장 잘 설명해준다. 그가 왜 자신을 비판하는 정보 전문가들을 믿고 자신이 선거에서 이기기를 바라는 푸틴 대통령을 믿지 말아야 하는가? 틀림없이 어느 정도의 충성심은 어느 나라라도 성공을 위해서 중요하며, 어떤 민주국가라도 마찬가지다. 그러나 트럼프는 미국 민주주의에서 충성심의 역할을 재정립했다. 그에게 충성파란 올바른 사람을 정치적 역풍에도 불구하고 지지하는 사람이 아니라, 옳지 않은 사람이라도 어떤 희생을 치르고라도 지지하는 사람이다.

"언론사에서 가장 부정직한 사람들은 이른바 팩트체크를 하는 사람들입니다."[111]

왜 사람들은 트럼프의 이 말을 믿을까? 그 대답은 다시 그것이 믿고 안 믿고의 문제가 아니라 그 집단에 소속돼 있느냐 여부와 충성 및 헌신이라는 것이다. 음모론은 음모 자체와 마찬가지로 그 신봉자를 주위의 사회로부터 떼어낸다. '음모'를 뜻하는 영어의 'conspiracy'는 어원상으로 '함께 숨쉰다'라는 뜻이다. 음모론 역시 그들의 추론이 믿을 수 없음을 발견한 사람들에 대해 문을 닫는 것이다. 이것이 트럼프의 거짓말을 폭로해도 지지자들은 꿈쩍도 하지 않는 이유다.

트럼프에게는 그의 대중주의 지지자들과 자유주의 반대자들 사이의 청각적인 분리가, 그가 미국의 남쪽 국경에 세우겠다고 약속한 장벽보다 더 중요하다. 트럼프가 일반투표에서 이겼다고 주장하는(진지하게든 의도적이든) 공화당원의 50퍼센트와 선거에서 러시아가 어떤 식으로든 개입했음을 인정하지 않는 사람들은 대부분 그 반대의 모든 증거들을 악의적으로 날조된 선전물이라고 일축한다.[112] 이에 따라 그들은 상반되는 신념을 가진 동료 시민들과 같은 세계에 산다는 가능성을 단념한다. 이렇게 해서 그들은 정치적 차이를 평화적으로 조정하기 위해 서로 양보를 하고 받아들일 가능성을 깨뜨리고 있다. 그들은 고의적으로 스스로를 격리하고, 오로지 다른 개종자들하고만 친밀하게 지내며, 배타적이고 당파적인 정체성을 강화한다.

인구 구성의 변화로 그들의 이웃과 학교와 교회와 쇼핑 장소에서 백인 일색이던 풍경이 바뀌었다. 그러나 가장 열성적인 트럼프의 팬들은 같은 믿음을 가진 사람들과만 어울림으로써 일종의 자신감을 갖게 하는 동질성을 되찾을 수 있다. 그들은 '대안 사실'을 공유하며 트럼프 지지 견해를 조작된 증거의 영향 아래 두려고 하지 않는다. 그렇게 하려면 당파적 정체성이 훼손된다. 그들은 그런 선택을 함으로써 자유민주주의의 핵심에 있는 숙의熟議정치라는 생각 자체와 절연한다.

남성의 보편 참정권을 도입한 해인 1848년에 만들어진 유명한 프랑스 판화는 내부의 차이를 비폭력적으로 해결한다는 민주주의의 약속을 잘 보여주고 있다. 판화는 한 손에 총, 다른 한 손에 투표용지를 든 노동자의 모습을 담았다. 메시지는 분명하다. 총알은 나라의 적에게 쓰기 위한 것이고, 투표용지는 나라의 시민들 사이의 차이를 결정할 것이다. 그러나 트럼프의 탈냉전 시대에 생존을 가장 위협하는 것은 외부의 적이 아니라 내부의 적이다. 오늘날 프랑스 판화가 개작된다면 한 트럼프 지지자가 한 손에는 관세의 목록, 다른 한 손에는 당파적인 거짓말 목록을 들고 있을 것이다. 관세는 무역 경쟁국들을 향한 것이고, 거짓말은 정치적 적들을 향한 것이다.

가면 벗기

정치적 동기에서 트럼프의 본능적인 비자유주의와 일상적인 거짓말에 초점을 맞추는 것은 마지막 역설로부터 관심을 빗나가게 한다. 즉 그는 끊임없이 거짓말을 함으로써가 아니라 진실(특히 자유주의자들이 동의하게 돼 있는 반쪽 진실)을 선택적으로 말함으로써 미국 민주주의에 가장 크고 가장 오래가는 손상을 입히고 있다는 것이다. 이 대중주의 특유의 선제공격을 이해한다면 왜 트럼프에 대한 자유주의 쪽의 대응이 때로 감탄스러울 정도로 전문적이고 지적으로 설득력이 있음에도 불구하고 실망스럽게도 정치적으로 그렇게 약한지를 설명하는 데 도움이 될 것이다.

자유주의자들은 여러 가지 이유로 트럼프를 경멸한다. 파리기후협정과 이란핵협정에서 발을 뺐고, 오바마의 건강보험 개혁(오바마케어 Obamacare)을 파괴하려 했으며, 부자에게는 세금을 왕창 깎아주고 가난한 사람들에게 도움을 주는 프로그램에는 자금 지원을 중단했으며, 멕시코와의 국경에서는 미성년 아동을 부모와 떼어 수용소에 수용했으며, 자신이 존경하는 독재자가 저지른 악행을 경시했으며, 유대계 미국인이 불충하다는 것을 암시하기 위해 '세계주의자globalist'라는 말을 사용한 것 등이다. 그러나 원칙 있는 자유주의자는 다음과 같은 말에 동의할 수 없어 어려움을 겪었다.

"세계화는 정치인들에게 많은 기부를 하는 금융 엘리트들을 만들어냈습니다. 그러나 그것은 아무것도 없이 가난과 상심뿐인 수백만의 우리 노동자들을 남겼습니다."[113]

자유주의 작가 존 주디스John Judis는 이렇게 말했다.

"무심결에 나온 편견과 뒤틀린 표현에도 불구하고 적어도 그는 세계화가 초래한 폐해를 꽤 정확하게 찾아냈다."[114]

다른 자유주의 평론가들은 심지어 트럼프의 엉뚱한 외교정책의 일부 측면에 대해 긍정적인 평가를 하기도 했다. 예컨대 시리아에서 미국 군대를 철수한다는 결정은 미국의 매파와 보수주의자들로부터 비판 세례를 받았지만 자유주의자들로부터 일반적으로 환영을 받았다.

"잘 돌아가지 않는 서아시아의 경우, 그의 본능 가운데 일부는 목표물을 제대로 맞혔다."[115]

이와 비슷하게 트럼프는 국가안보회의에서 미국 군대의 아프가니스탄 계속 주둔을 강력하게 반대했다. 로버트 우드워드는 이렇게 말했다. "그의 반전反戰 주장은 거의 밥 딜런의 노래 가사를 뜯어 온 것이었다."[116] 그러나 트럼프의 자유주의적 진리(그리고 가사)의 선택적 모방은 세계화가 노동자보다는 사용자 편이고 정권 교체와 국가 건설이 미국의 능력을 넘어서며 미국의 관심사도 아니라는 관찰을 훨씬 넘어서고 있다. 그의 가장 집요한 주제 가운데 하나인 '체제'는 공정하지 않다는 이야기는 자유주의의 상투어다. 민주당 정치인들이 로비스트와 기부자들의 주머니 속에 들어 있다는 그의 주장도 마찬가지다.

그리고 어떤 자유주의자가 다음과 같은 이야기에 동의하지 않을 수 있겠는가? 이라크를 군사작전 6주 뒤에 잘 굴러가는 자유민주주의 국가로 전환시킨다는 것은 헛수고이며, 선거운동에 흘러들어 오는 검은 돈은 미국 민주주의를 오염시키고 있으며, 워싱턴이라는 늪은 물을 빼낼 필요가 있으며, 미국의 선거제도는 편향돼 있으며, 의회는 상대 당의 현직 대통령에게 해를 끼치기 위해 탄핵권을 악용할 수 있으며, 보도는 때로 일방적이며, 중앙정보국과 연방수사국은 언제나 공익을 위해 행동한다고 믿을 수 없으며, 사법제도는 차별적이거나 특정 집단에 유리 또는 불리하게 편향돼 있다는 것 등에 대해서 말이다. 미국의 인쇄 및 방송 매체가 트럼프의 당선에 부분적으로 책임이 있는 만큼, 자유주의자들은 언론이 민중의 적이라는 데 동의하고 싶을 법도 하다.

당연히 우리는 트럼프가 그런 이야기를 애써 하는 의미(또는 의미의 결여)와 자유주의자들이 그와 비슷한 주장을 할 때 생각하는 것을 구분할 필요가 있다. 대부분의 경우 그는 자유주의자들의 논점을 냉소적으로 흉내 내는 것이지 자유주의 철학으로 전향한 것은 아니다. 우리는 이미 어떤 말을 빌려 쓸 때 그것이 원작자의 것과 어떻게 다른지에 대한 사례를 하나 살펴본 바 있다. 한쪽의 트럼프와 다른 한쪽의 클린턴 및 오바마가 미국은 '순수한' 나라임을 부정한 것을 비교하면서다. 자유주의자들이 미국의 결점을 고백하는 것은 개선 노력의 서곡이다. 트럼프가 미국인이 러시아인이나 사우디아라비아인과 마찬가지로 도덕관념이 없다고 인정하는 것은 남아 있는 금제를 모두 풀어버리겠다는 신호다.

자유주의자들은 게리맨더링이나 투표자 억압^{voter suppression}(특정 집단 사람들의 투표를 방해하거나 막음으로써 선거 결과에 영향을 미치려고 하는 전략—옮긴이) 등의 현실을 들어 미국의 선거가 불공정하다고 말하는데, 트럼프는 이를 압축하고 비틀고 과장해 공화당원들의 선거 조작을 정상적인 것으로 만드는 한편 장래 민주당의 승리에 불법의 딱지를 붙일 사전 작업을 하고 있다. 그렇게 절반의 진실을 무기화하는 것은 대중주의자들의 선동술의 특징이다. 미국의 선거제도에 잃을 온전성이 어디 있다고, 그것을 보호하기 위해 눈곱만 한 노력이라도 해야 한단 말인가?

더 좋은 사례는 트럼프와 연방 대법원장 존 로버츠^{John Roberts} 사이에 벌어진 미국 판사의 당파성에 관한 논쟁이다. 행정부에 불리한 판결을 내린 판사를 '오바마 판사'라고 부른 트럼프의 주장에 대해 로버츠는 이런 성명을 발표했다.

우리에게는 오바마 판사도 없고 트럼프 판사도 없으며, 부시 판사도 없고 클린턴 판사도 없습니다. 우리에게는 다만 자신들 앞에 출두하는 사람들이 동등한 권리를 행사하도록 공평하게 최선을 다하는 헌신적인 판사들의 훌륭한 집단이 있을 뿐입니다. 그 독립적인 사법부는 우리 모두 감사해야 할 대상입니다.[117]

여기서 주목할 것은 트럼프가 진실을 말하고 대법원장이 거짓말을 했다는 것뿐만이 아니라 그들이 같은 이유로 그렇게 했다는 점도 마찬가지다. 두 사람은 모두 미국 사법부의 정통성과 그에 따른 효율성이 불편부당하다는 평판에 달려 있음을 이해하고 있다. 대중의 눈에 보이는 미국 사법체제의 평판을 떨어뜨리고 싶다면, 가장 좋은 방법은 판사들이 당파적 의제를 수행하는 정당의 일꾼에 불과할 뿐이라고 사람들에게 인식시키는 것이다. 반대로 그 평판을 유지하고 싶다면 사법부의 판결이 옳고 그름에 대한 중립적인 숙고보다는 당파적 이해관계에 휘둘린다는 것을 부정하는 것이 중요하다. 이를 통해 우리는 트럼프가 자기 자신과 가족을 위협하고 있는 미국 사법체제의 정통성을 허물기 위해 자유주의적인 진실 또는 반쪽 진실을 활용하고 있다는 결론을 내릴 수 있다.

　미국의 재판이 완벽하게 공정한 것과는 거리가 멀다는 것이 입법과 재판과 경찰권 행사에서의 인종 및 계급 편향에 관한 자유주의적 연구와 평론의 중심 주제다. 트럼프는 이 정확한 관찰을 가져다가 다시 한 번 자신의 목적에 맞게 비튼다. 로버트 뮬러^{Robert Mueller} 특검에 대한 협조 거부를 정당화하기 위해 그는 자신이 사법 방해를 하는 것이 아니라 저항하는 것일 뿐이라고 말했다.[118] 이 발언은 불편부당한 정의는 없다는 것을 암시하고 있다. 일상적인 어법에서 정의로 간주되는 것은 자신의 이익과 편향을 사회의 나머지 사람들에게 강요하려고 하는 한 파벌의 힘이다. 정의는 없다. 서로를 지배하고 이기고 이용하려 애쓰는 조직화된 이익이 있을 뿐이다. 이것이 트럼프가 뮬러 특검을 보는 방식이다. 상대 당파가 사법체제를 휘어잡고 그것을 이용해 자신을 쓰러뜨리려 하고 있다. 공정한 '정의'의 작동을 방해하는 것이 아니라 그저 당파적인 공격을 막아낸(그리고 막아내고 있는) 것이다. 이런 말들은 아마도 법적 편향에 대한 자유주의자들의 비판보다는 급진적인 지하드 운동가들 및 러시아 폭력단원들이 공유하고 있는 서방의 법에 대한 냉소적인 관점과 더 많은 공통점을 갖고 있을 것이다.

마지막으로 정치적 위선의 문제로 돌아가 보자. 트럼프는 프랑스인들이 '콤플렉스에서 벗어난 우파$^{la\ droite\ décomplexée}$'라고 부르는 것의 뛰어난 전형이다. 다시 말해서 그는 천연덕스럽게 자신의 편협함을 표현하고도 충분히 담대할 수 있는 고집쟁이다. 이는 관점에 따라서 안도감을 줄 수도 있고 불안감을 줄 수도 있다. 그러나 그가 정상적인 위선을 거부한 것이 2016년 공화당 대통령 후보 지명전에서 그를 눈에 띄게 만들었음은 의문의 여지가 없다. 그는 즉흥적인 것 같았던 반면에 다른 사람들은 대본을 읽는 것 같았다. 바로 그는 백인 우월주의자들과 함께 부끄럼 없이 춤을 출 태세가 되어 있었기 때문이다. 다른 후보들 가운데 어느 누구도 그럴 생각을 하지 못했다.

그는 반이민 백인 민족주의 유권자들이 마음속으로 믿는 것을 공개적으로 표현할 용의가 있는 유일한 후보였다. 그래서 그는 진짜처럼 보였다. 다른 후보들은 인종 편견에 다소간 공감을 느꼈다 하더라도 조심스럽게 그것을 숨기고 지배적인 자유주의 문화에 따라 정치적 정명인 반인종주의적 언어를 채택했다. 주류 공화당원들은 인종주의에 쭈뼛쭈뼛 다가가, 꼭 그들의 지지자들을 자극하기에 충분할 만큼만 가서 멈춘다. 절대로 선을 넘지 않는다. 그러나 그들의 자유주의적인 가면은 깊숙한 인간의 감각에서 '가짜'라는 인상을 주게 만들었다. 공화당 예비선거 투표자들이 트럼프의 모든 편견에 동의하지는 않았겠지만, 그들은 그가 예의의 온갖 기본 원칙들을 갈기갈기 찢어버리는 것을 보았고, 그 결과 약간 비뚤어진 방식으로 이 기묘하게 빈 사람이 자유롭다는 것을 이해했다.

사적으로는 인종적 고정관념에 익숙한 사람도 공개적으로 모욕적인 언사를 던지는 것을 삼갈 수 있다. 그런 에티켓은 위선이나 정치적 정명으로 폄훼될 수 있다. 그러나 이것은 또한 사회적으로 생산적인 갈등 회피의 한 형태다. 이것이 위선에 대한 공격이 때로 폭력 조장이 될 수도 있는 이유다.

트럼프가 모든 가식을 쉽게 떨어버리는 것의 해로운 영향은 미국의 자유주의자들이 저항하기 어렵다. 자유주의자들 역시 여러 해 동안 어느 정도 정치적 위선을 폭로했지만 정치적 영향력은 적거나 없었기 때문이다. 예컨대 자유주의자들은 조지 W. 부시 행정부가 2003년 이라크 침공을 정당화하기 위해 인권과 민주주의를 들먹인다고 맹비난했다. 따라서 트럼프가 열심히 미국의 위선을 폭로한 것은 그가 계속 자유주의자들에게 잡기 힘든 목표물이 된 중요한 이유였다. 이런 혼란을 바로잡기 위해서는 두 가지 형태의 폭로를 구분할 필요가 있다. 하나는 계몽주의적 가치관에 이바지하는 것이고, 또 하나는 냉소적이고 무원칙한 가치의 포기에 이바지하는 것이다.

'가면 벗기기'는 사적인 동기와 공적인 명분 사이의 현격한 차이를 상정한다. 이러한 차이는 과장됐다. 실제로 똑같아 보이는 정책이라도 다른 방식으로 정당화되면 다른 정책임이 드러난다. 이는 도덕적 명분을 단순히 기만적인 핑계라고 일축하고 더 큰 현실성을 내세워 던져버릴 수 없음을 시사한다.

예를 하나 들어보자. 오바마는 미국에서 불법체류자를 추방하기 위해 단호한 태도를 취했다.[119] 그러나 그는 결코 미국이 인종이 뒤섞인 나라가 되면 미국이 아니라고 주장하며 이 정책을 정당화하지 않았다. 그런 명분을 내세우지 않은 것은 미국이 이미 인종이 뒤섞인 나라가 됐고, 그것은 되돌릴 수 없기 때문이다. 나라가 이미 분명하게 가 있는 모습을 부정하는 것은 폭력을 위한 처방전이 될 것이다. 트럼프가 독특하고 또 독특하게 위험한 것은 그가 불법체류자들에게 취하는 강경 노선이 아니라 그 정책을 기꺼이 인종차별적 바탕에서 정당화하는 그의 자세다. 좀 더 일반적으로 미국 대통령이 미국을 가능한 한 백인이 더 많은 나라로 만들어야 한다는 명분을 내세워 이민 제한 정책을 공개적으로 정당화하는 것은 몇 가지 연쇄 반응을 초래한다. 아마도 가장 고약한 것은 그것이 백인만이 진짜 미국인이고 비백인에 대한 차별은 미국의 애국자들에게 완전히 받아들일 만한 것이라는 생각을 정당화한다는 것이다.

이는 절대로 트럼프의 말실수가 아니다. 오바마가 문화적·민족적 다양성을 낙관적으로 포용한 것은 바로 그 많은 트럼프 지지자들을 미치게 만드는 것이었다. 그들 가운데 일부에게 미국은 근본적으로 백인의 나라이고, 그 본질은 경솔하게 비백인을 섞어 넣는 바람에 뒤틀렸다. 다시 한번 이것이 강력하게 시사하는 바는 자유주의의 관용과 인권에 대한 관심의 가면을 벗기는 것이 미국의 대외 및 국내 정책을 이 나라의 진짜 이익을 우선으로 하는 냉철한 접근으로 돌아가게 하지 않는다는 것이다. 이런 가치들을 버리고 나면 우리가 얻는 것은 분별 있고 수정 가능한 정책이 아니라 광란적인 인종적 적대감이다.

2018년 10월 사우디아라비아 언론인 자말 카슈끄지 피살에 대한 트럼프의 반응은 자유주의의 위선을 버리는 것이 실제로 어떤 것인지에 관한 최종적이고 으스스한 사례다. 그는 자신이 사우디아라비아 왕세자 무함마드 빈 살만과의 관계 단절을 거부한 것을 앞으로 있을 이란과의 갈등에서, 그리고 아마도 이스라엘-팔레스타인의 긴장 완화를 돕는 데도 사우디아라비아의 지원이 필요하다는 점을 들어 쉽게 정당화할 수 있었다. 그 대신에 트럼프는 의식적으로 사우디아라비아가 미국에 쓰기로 약속했다는(특히 미국 무기 구매에) 돈 이야기만 꺼냈다.[120] 이는 그가 《워싱턴 포스트》의 칼럼니스트였던 카슈끄지를 교살하고 시신을 훼손할 권리를 최고액 입찰자에게 팔았다는 인상을 주었다. 그렇다면 이는 특히 소름 끼치는 '거래의 기술'(트럼프가 책의 제목이다—옮긴이)의 사례다.

그러나 이 경우에 그의 탐욕스러운 반사 행동을 트럼프가 오직 돈에만 관심이 있다고 해석하는 것은 잘못일 것이다. 반대로 그런 설명의 목적은 두 가지로 요약해볼 수 있다. 첫째는 짜증나게 하는 언론인을 손쉽게 죽이는 비민주적 독재자의 만행 속에서 대신 뒹군다는 것이고, 둘째는 미국에게 앞으로 흔히 알고 있는 '인간의 품위' 기미를 보이는 외교정책은 없으리라는 의미였다. 가치관에 대한 이야기를 버린다고 해서 이익에 솔직해지는 것은 아니다. 대신 그것은 '혁명적 냉소주의' 또는 윤리적 환상 없이 살 수 있는 도취 상태로 가는 문을 열어놓는다. 트럼프가 자유주의자들을 거슬러 자유주의적 가식을 벗어버린 것이 냉철한 국가논리 raison d'état(국가를 유지·강화해가는 데 필요한 법칙과 행동 기준—옮긴이) 속에 터를 잡은 것은 결코 아니었지만, 그는 어느 때보다도 더 깊숙이 불안정한 변덕과 원칙 없는 모순, 포식자의 악의라는 심연에 빠져든 것이었다.

마무리

세계의 모범이 되려는 자유민주주의의 가식을 향한 트럼프의 공격에서 가장 큰 역설은 그 자신의 말과 행동이 이제 모방될 수밖에 없다는 점이다. 극우 대중주의자 자이르 보우소나루가 브라질 대통령이 된 것은 그중 한 사례에 불과하다. 그는 트럼프를 본받고 반기득권의 분노의 물결에 편승해 권좌에 올랐다. 마찬가지로 트럼프가 자신은 군대에 미국 남부 국경에 접근하고 있는 '돌팔매꾼'들에게 발포하도록 명령했다고 선언한 뒤, 나이지리아 군부는 반인륜 범죄라는 비난에 대응해 자기네가 죽인 민간인들 역시 돌을 던졌다고 발표했다. 그런 상황에서의 냉혹한 살해가 뉴노멀new normal(새로운 표준)이 된 듯했다.[121]

'자유주의 모방의 시대'는 끝났다. 그러나 '비자유주의 모방의 시대'는 이제 겨우 시작일 것이다. 1989년 이후 구공산권 국가들은 표면상 더 높은 자유민주주의적 이상에 비추어 스스로의 개혁에 도전했다. 오늘날 미국이 본보기 국가라는 전통적인 자아상을 포기했듯이, 세계 각국은 만족스러운 듯이 가장 잔인하고 부도덕하며 규칙 파괴적인 행태로 후퇴하며 미국의 축복을 받고 있다.[122]

1990년대에 미국을 모방하고자 했던 중부유럽 자유주의자들의 동기는 오늘날 트럼프의 발자취를 따른다고 가장하는 대중주의자들의 동기와는 근본적인 차이가 있다. 중부유럽 사람들은 미국처럼 되고자 하는 희망에서 미국을 모방했고, 그것은 더 나아진다는 의미였다. 그들의 것은 개선 의욕으로 가득 찬 모방 계획이었다. 오늘날 세계 각지의 반동적 권위주의 지도자들이 트럼프를 모방할 때, 그들은 그저 자기네가 각자 원하는 것에 세속적 품위를 더하기 위해 그렇게 한다. 브라질의 우파 대통령은 트럼프가 되기 위해 그를 모방하는 것이 아니다. 보우소나루는 트럼프가 자신에게 보우소나루가 될 수 있도록 만들어주기 때문에 그렇게 하는 것이다.

결론

한 시대의 마감

국가는 다른 나라의 관습을 모방하지 않고도 유용한 정보를 빌려올 수 있다.[1]

– 니콜라이 카람진Nikolay Karamzin

　1959년 소련 우주선이 달에 불시착했다. 그것은 다른 천체에 발을 디딘 첫 번째 인공 물체로서, 소련의 비길 데 없는 기술적·군사적 능력을 세계에 과시했다. 다만 우주선은 착륙 충격으로 산산조각이 나서 잔해가 달 표면 여기저기에 흩어졌다. 10년 뒤인 1969년 미국은 미래를 위한 경쟁에서 다시 앞서 나갔다. 닐 암스트롱과 버즈 올드린이 달에 발을 디딘 최초의 인물들이 됐다.

　소련에서 유행한 한 농담은 이 냉전 대결이 어떻게 진행됐는지를 요약한다. 어느 시점에 소련 우주비행사들이 모스크바에 전화를 걸어 그들이 달 표면에 도착했을 뿐만 아니라 그것을 빨갛게 칠했다고 자랑스럽게 보고를 한다. 전 세계에 인류의 미래가 공산주의자들의 손에 있음을 알리려는 것이었다. 한 달 뒤 소련의 행복감은 절망으로 바뀌었다. 미국인들 역시 달에 착륙했고, 그들은 "흰 페인트를 가져와 그 위에 '코카콜라'라고 썼다."[2]

2019년 1월 2일로 가보자. 이날 중국 우주선 창어嫦娥가 달에 연착륙했다. 보통 달의 '어두운 면'이라고 부르는 뒷면이었다. 1950년대 말 소련 우주 탐사 로켓이 사진을 찍기 전까지 관찰되지 않던 부분이었다. 냉전 시대 우주 경쟁에서 명함조차 내밀지 못했던 나라가 우주 탐험에서 이룬 이 미증유의 성취는 지리정치학적으로 매우 중대한 의미를 지니고 있었다.[3] 중국은 이제 미래의 저쪽이 자기네 것이라고 주장하고 있다. 유토피아적인 붉은색으로 물들이지도 않았고, 전 세계에서 팔리고 있는 청량음료 상표명을 거기에 불경스럽게 아로새기지도 않았다.

혜성처럼 나타난 중국의 지리정치학적 초강국으로의 변신은 소련과 미국의 경쟁을 고대사처럼 보이게 만들었다. 그것은 또한 1989년에 시작되고 2008년에서 2016년 사이 어느 시기에 끝난 '모방의 시대'의 마무리이기도 했다. 이 역사적으로 독특한 시기는 두 가지 규정적인 특색을 지니고 있었다. 첫째는 세력을 확장하려는 두 이데올로기 사이의 냉전 경쟁이 분명히 끝났다는 것이고, 둘째는 자기네의 가치관과 제도적 모델을 해외로 확산시키려는 서방의 계획이 몇 년 동안 과거 그 어느 때보다도 더 많은 자발적 호응자를 찾아냈다는 것이다.

세계는 새로이 분할됐다. 이번에는 상대적으로 안정적이고 번영하는 자유민주주의 국가들과 그들을 모방하기를 바랐던 나라들로 말이다. 모방 대상과 모방자들 사이의 이 불안한 비대칭은 이제 또한 끝이 났다. 그것을 파괴하기 위해 공모했던 힘들 가운데 가장 중요한 것은 그것이 당연히 불러일으킨 분노였다. 그러나 또 하나 결정적인 요인은 중국이 세계 문제에서 중요 당사자로 등장한 일이었다.

베이징의 1989년

우리 이야기를 마무리하는 데서 중국이 차지하는 결정적인 역할을 이해하려면 중국의 관점에서 1989년을 재검토할 필요가 있다.

그 중요했던 해의 초여름에 중국 지도부는 중국 인민해방군 몇 개 사단을 파견해 탱크와 실탄으로 톈안먼天安門 광장과 그 부근의 민주화 운동을 진압하도록 했다. 1978년에 시작된 덩샤오핑의 급진적인 경제개혁은 자유시장경제가 모든 곳에서 만성적으로 비효율적인 지령경제를 이기게 될 것이라는 예측의 가장 설득력 있는 증거 가운데 일부를 제공했다. 그러나 시장 자유화에 의해 만들어진 개인 소득의 새로운 가능성은 또한 극심한 불평등과 치솟는 물가, 정실情實과 부패를 둘러싼 사회 불안을 초래했다. 특히 학생들의 불만은 결국 톈안먼 광장 점거를 촉발했다. 당의 핵심 지도자들은 이를 자기네의 권력 장악에 대한 임박한 위협으로 인식했다.

덩샤오핑과 강경파들은 계엄령 시행을 합리화하기 위해 시위자들이 서방의 생활방식을 흠모하고 부르주아 자유주의를 모방해 나라를 배신했다고 비난했다. 심지어 다당제 정치와 출판의 자유, 집회의 자유, 책임을 지는 정부를 주장하기까지 했다는 것이다. 그들은 괘씸하게도 톈안먼의 거대한 마오쩌둥 초상화 바로 앞에 민주여신의 상을 세웠다. "횃불을 높이 들고 있는 저항하는 여성의 모습"으로, 미국 자유의 여신상을 쏙 빼닮은 것이었다. 일부 시위자들은 이를 "자유와 민주의 여신"이라 불러, "명백한 미국화"[4]의 증상임을 직접적으로 드러냈다.

광장이 정리된 지 며칠 뒤에 덩샤오핑은 서방화 시위자들에 대해 이렇게 말했다.

"그들의 목표는 전적으로 서방에 의존하는 부르주아 공화국을 건설하는 것이었습니다."

그는 또한 '부르주아 자유화'를 '영적인 오염'으로 구획했다.[5] 다시 말해서 그는 중국을 '모방의 시대'로 이끌기를 희망한 학생과 노동자들의 대중운동을 진압하는 당의 도덕적 의무를 들어 6·4탄압을 정당화했다.[6]

바로 1989년에 일어난 서방식 자유를 모방할 목적의 운동에 대한 이 폭력적인 진압은 의문을 제기한다. 왜 톈안먼 사건은 더 많은 서방 평론가들로 하여금 동유럽과 궁극적으로 소련 공산주의의 종말이 사실상 자유민주주의를 유일하게 가능한 정치개혁 모델이라고 확정하는 데 의문을 갖게 하지 않았을까?

한 가지 이유는 같은 1989년 6월에 폴란드의 첫 자유선거에서 노동조합 솔리다르노시치(연대)가 승리했다는 것이다. 폴란드 야당의 이 작은 승리는 1991년 12월 소련의 해체로 가는 과정에 시동을 걸었다. 유럽의 동쪽 변경에서 전개된 극적인 사건의 연쇄는 톈안먼이 비극이고 정치적 퇴보이긴 하지만 세계 역사에서 무시해도 될 정도의 중요성밖에 없다는 인상을 주는 데 중대하게 기여했다. 중국에서의 정치적 탄압은 일반적으로 힘의 징표가 아니라 지도부의 나약함과 불안정의 징후로 여겨졌다. 따라서 그것은 미래를 통제하는 사람에게 별로 중요하지 않은 것으로 생각됐다. 그리고 미래에 대한 통제는 소련과 미국이 거의 손에 넣을 뻔한 전리품이었다.

냉전은 우파에게는 다가올 세계의 모습을 결정하는, 파멸을 가져올지도 모르는 경쟁이었다. 소련은 이 투쟁에서 졌고, 미국은 이겼다. 두 초강대국은 '주전 선수'였고, 유럽은 대결의 주요 전장이었다. 따라서 서방이 보기에 1989년 중국에서 일어난 일은 변두리에서 벌어진 촌극이었다.

자유주의의 나팔수들이 이를 좀 더 심각하게 받아들이긴 했지만, 톈안먼 탄압은 그들로 하여금 냉전 이후 세계에 대한 그들의 기대를 재고하게 만들지는 않았다. 자유주의가 유일하게 가능한 정치 이데올로기가 됐다는 주장에는 엉성하게 조직되고 산발적인 중국 내 민주화 노력의 성공에 대한 도박이 끼어들 틈이 없었다. 몇몇 낙관론자들은 서방의 소비 습관을 점진적으로 도입하면 결국 그곳에서 민주적 통치방식이 생겨나고 안정화될 것이라고 주장했다.[7] 그러나 자유주의의 새로운 세계 제패에 관해 쓴 대부분의 사람들은 중국의 정치적 변신을 염두에 두지 않았다. 그들이 이야기한 것은 2차 세계대전에서 파시즘이 패배하고 냉전에서 공산주의가 패배한 이후 자유민주주의 이외의 어떤 이데올로기도 세계와 특히 비서방 세계의 상상력을 사로잡을 수 없으리라는 점이었다.

공산주의의 종말은 그것이 자유주의 러시아를 예측한 것 이상으로 민주주의 중국을 예언하지 않았다. 그저 비자유주의적이고 비민주적인 어떤 나라도 앞으로 모방할 가치가 있는 모델 노릇을 할 수 없다는 것을 암시했을 뿐이었다. 당시 후쿠야마는 이렇게 썼다.

"중화인민공화국은 더 이상 전 세계 비자유주의 세력의 등불 노릇을 할 수 없다. 그들이 아시아 정글의 게릴라든 파리의 중산층 학생이든 말이다."[8]

그러나 마오쩌둥 이후 중국이 더 이상 해외 혁명가들의 등불이 아니라는 말은, 미국의 자유주의 등불이 민주적 개혁으로 가는 중국의 길을 비춰줄 것이라는 예언은 아니었다.

그것은 서방이 비정치적 방식으로도 모방될 수 있기 때문이다. 모방의 목표와 모방의 수단을 구분하는 것이 왜 중요한지를 알려면 톈안먼 광장 시위자들에 대한 덩샤오핑의 대응을 생각해보면 된다. 그들은 서방의 가치관을 모방하고 싶어 했지만, 덩샤오핑은 중국이 서방식 경제 성장을 모방하는 것을 지휘했다. 그는 이 계획을 추진하면서 톈안먼 사건 이후 중국에서 사업을 재개한 서방 기업들의 도움을 받았다는 점을 지적할 필요가 있다. 그들은 정치적 자유를 둘러싼 논란에는 몸을 사린 채 돈이 되는 교역과 투자 기회에만 한정적으로 초점을 맞출 수 있었다.

공산당은 서방 자유주의와 민주주의를 지향하는 사람들을 지하로 내몰았지만, 이 나라는 여전히 기업에 개방적이었다. 그 가운데는 서방의 기술을 훔치고 서방의 제조업 생산 기술을 채용하는 기업들도 있었다. 이 중 어느 것도 민주적 책임성과는 관계가 없다. 반대로 서방의 얼굴 인식 기술을 수입·복제·개선하는 것은 시민의 사생활을 침해하고 그들이 자기네 정부의 조치에 대해 점검하거나 의문을 제기하도록 허용하는 데서는 아무런 역할도 하지 않았다.[9] 다국적기업 쪽에서는 중국이 서방의 자유주의 및 민주주의적 가치관을 흠모하는 내국인들을 가혹하게 다루는 것에 눈을 감고 그 대신 중국의 세계 경제 편입을 촉진하는 데 초점을 맞추어도 아무런 문제가 없었다. 서방 기업들은 이렇게 중국이 '모방의 시대'를 건너뛰는 것을 도왔다.

이데올로기 위의 당

1989년 사건 당시 서방의 평론가들은 소련과 중국 지도자들이 공산주의 체제 실패를 해석하는 방식의 차이에 별로 관심을 기울이지 않았다. 그들은 공통점에 초점을 맞추었다. 예컨대 러시아와 중국은 모두 미래를 더 이상 공산주의 사회를 건설하기 위한 투쟁의 연장으로 보지 않았다.

두 나라는 이제 신용을 잃은 모델을 해외에 확산시키려는 노력을 포기했다. 그러나 이제 와서 보니 이런 같은 대응은 소련과 중국의 공산주의 붕괴에 대한 이해 방식의 뚜렷한 차이에 비해 별로 중요하지 않은 듯하다.

고르바초프와 그의 동맹자들은 공산주의의 몰락 원인을 공산당이 마르크스주의의 영감을 불러일으키는 약속을 실현하지 못했기 때문이라고 보았다. 당시 크렘린이 보기에 사회주의에서 보존할 가치가 있는 것은 사회적 평등과 노동계급에 대한 권한 부여라는 발상이었다. 그러나 그들은 스탈린 시대에 변화를 위한 힘으로서 국가 폭력을 동원한 일과 다당제 정치를 엄청나게 방대한 규모의 잘못이라며 억압한 일과는 손을 끊었다.

고르바초프에게 사회주의는 정부가 그것을 구하기 위해 붉은 광장에서 수백 명의 민주화 요구 시위자들을 학살할 필요가 있는 것이라면 도덕적으로 구제할 수 없는 것이었다. 그는 또한 자신의 역사적 책무가 공산당의 그릇된 영향으로부터 사회주의 이념을 구제하는 것이라고 생각했다. 그는 당연히 중국 지도부가 경제개혁을 밀어붙여 성공시키는 것에 감명을 받았다. 사실 그가 보기에 중앙계획 조직 등 자기네 당 기구의 만성적인 무력감은 소련 경제와 사회에 어떤 의미 있는 현대화를 이루는 데 여전히 가장 큰 장애물이었다.

고르바초프 치하의 소련은 공산주의 이데올로기에서 가장 보편적으로 호소력이 있는 것을 구하기 위한 시도의 하나로 당을 버렸고, 결국 당과 이데올로기 둘 다 잃어버렸다. 덩샤오핑과 그 후계자들이 이끈 중국은 공산주의 이데올로기의 수출을 버리고 국내적으로 당의 지배적인 역할을 유지함으로써 세계 역사에서 가장 놀라운 경제 발전 신화를 일굴 수 있었다.

중국 지도자들은 갈수록 마르크스주의의 주요 경제 이념에 대해 회의를 품게 됐지만, 그들은 권력을 행사하고 사회를 공유된 장기적 목표를 중심으로 조직화하며 국가의 영토를 보전할 수 있는 공산당의 능력에는 여전히 감명을 받았다. 시진핑은 최근 40년 동안의 경제 발전을 돌아보며 이렇게 말했다.

"우리가 이 위대한 역사적 이행을 이룰 수 있었던 것은 바로 우리가 당의 집중되고 통일된 지도력을 고수했기 때문입니다."[10]

중국 지도자들은 자기네가 고르바초프의 치명적인 실책이라고 본 것을 피하기 위해 전력을 기울여, 소련 붕괴에 대한 가장 진지한 연구자가 됐다. 그들은 여전히 마르크스주의자처럼 이야기했다. 그러나 마르크스주의의 '역사과학'이나 운수를 전하는 미래학을 확신하기 때문이 아니었다. 대신에 그들은 마르크스주의를, 당이 충성파와 배신자를 가려내고 수백만 당원들을 훈육하고 조직화하고 동원해 최고 지도부가 선택한 목표를 향해 나아가도록 돕기 위한 공유된 술어로 인식했다. 이는 그들이 "당의 집중되고 통일된 지도력"[11]을 열성적으로 고수하는 이유를 설명해준다.

고르바초프는 공산주의가 사회주의 사회를 건설하는 데 성공하지 못해 실패했다고 생각했다. 중국 지도부에게 공산주의는 성공적이었다. 공산당이 엄청난 어려움에도 불구하고 중국 국가와 중국 사회를 통합해냈기 때문이다. 한편으로 당과 다른 한편으로 이데올로기가 수행한 역할에 대한 이해에서 중국과 소련이 이렇게 커다란 차이를 보였다면, 덩샤오핑이 그의 막내아들이 전한 대로 고르바초프를 '바보'로 생각했음을 알게되더라도 놀랄 일은 아니다.[12]

도용으로서의 모방

탈공산주의 중국과 탈공산주의 중부유럽과 탈공산주의 러시아 사이의 차이는 세 가지 발전 유형 또는 전략과 밀접한 관련이 있다. 즉 수단의 모방(또는 차용), 목표의 모방(또는 전향), 외양의 모방(또는 가장)이다.

중부유럽의 엘리트들은 처음에 정치·경제개혁의 가장 빠른 길로서 서방 가치관과 제도의 모방을 진정으로 수용했다. 그들은 포부가 큰 전향자였다. 그들이 정상화와 서방화를 동일시한 것은 결국 반동적 대항 엘리트가 가장 강력할 수 있는 국가 정체성의 상징을 차지하도록 허용했다.

한편 러시아에서는 탈소련 엘리트들이 그저 서방의 제도와 함께 서방의 규범도 모방하는 시늉을 했다. 그러나 실제로는 법적으로 확보된 사유재산권을 바탕으로 민주적 선거와 자발적 시장 교환이라는 외양을 사용하고 있을 뿐이었다. 권력을 유지하고, 나라의 부를 착복하며, 내부자의 특권을 위협하고 아마도 국가의 붕괴와 추가적인 영토 분할로 이어지게 될 민주적 개혁을 막기 위해서였다. 그들은 전략적 사기꾼이었다.

반면에 중국은 공개와 비공개 양면으로 서방을 차용하면서 한편으로 나라의 발전 궤도는 '중국적 특성'을 유지하는 것을 고집했다. 그들은 창의적인 **도용자**였다. 서방 기업들과 합작투자 협약을 맺고 중국의 파트너에게 혁신 기술을 이전하게 하는 것은 민주주의의 위선이 필요하거나 국가 정체성을 위험에 빠뜨리는 일이 아니었다. 마찬가지로 미국 대학에서 공부하는 외국인 학생의 3분의 1이 중국 출신이지만 그들은 주로 과학과 공학을 배우지 자유주의와 민주주의를 배우는 것이 아니었다.[13] 그러한 발전은 중요하다. "외국의 사상과 영향이 중국 사회에 침투하는 것"을 막음으로써 중국의 정체성을 보호하려는 시진핑의 노력은 현 정권의 정통성의 핵심에 놓여 있기 때문이다.[14] 시진핑은 이전의 어느 지도자보다도 더 마르크스주의를 민족주의 이데올로기로 돌려놓았다. 외국의 압력과 영향에 대한 국내의 저항을 강화하기 위해 설계된 것이다. 시진핑은 직접 이렇게 말했다.

"중국 인민에게 무엇을 하고 무엇을 하지 말아야 한다고 지시할 위치에 있는 사람은 아무도 없습니다."[15]

당이 사회에 약속하는 것은 내일 공산주의 천국이 도래할 것이라는 이야기가 아니라, 공산당만이 해로운 형태의 서방의 영향을 막아낼 수 있다는 것이다.

시진핑의 위축되지 않는 서방에 대한 저항은 중국을 세계 초강대국으로서 합당한 자리에 복귀시키려는 그의 계획에 필수적인 것이다. 그는 관측된 바대로 "이데올로기와 그 가치를 믿지만, 당 학교와 대학에서 종종 출제되는 마르크스레닌주의의 요소에 관한 시험 따위에는 아마도 통과하지 못할 것"[16]이다. 그러나 그런 상황에서 "이데올로기를 믿는" 것이 무슨 의미일까? 그 해답은 이제 중국 헌법의 일부가 된 '시진핑 사상'에서 찾을 수 있다.[17] 그의 '이데올로기'적 비전의 핵심은 중국을 빼앗겼던 세계 최고의 자리에 다시 올려놓는 사명이다. 그것은 당이 시민사회에 대한 완전한 통제력을 유지해야만 가능한 일이다.

중국은 '모방의 시대'를 건너뛰고 마르크스주의 용어와 공산당 지배를 역사가 마감된 세계로 밀반입했다. 그곳은 모든 세계적 규모의 이데올로기 갈등이 끝나고 탈이데올로기 민족주의 세력들이 영향력과 자원과 시장과 근거지를 놓고 경쟁하는 곳이다. 톈안먼 사건 이후 수십 년 동안 중국의 수출 주도 공업경제가 호황을 누리면서도 그 정치체제는 어떤 사회 발전에 대한 가상의 법칙에 따라 더 자유주의적이고 더 민주적인 것이 되지 못했다. 중국은 자신을 서방의 형상대로 개조하기는커녕, 미국과 서방의 자유민주주의적 가치 체계를 단호히 거부하고 대신에 경제적으로 보다 앞선 서방에서 빌려 오거나 훔쳐내는 것을 선택했다.

통찰력 있는 두 사회학자는 이렇게 추론한다.

"수단만 채택되고 그들과 관련된 목표는 거부된다면 (…) 수단의 차용은 흔히 빌려준 자를 추월한다는 최종적 목표로만 이해된다."[18]

이는 중국의 경우에 딱 들어맞는 말이다. 중국은 기술과 패션, 건축 등에 관한 한 가장 끈질기고 뛰어난 서방 모방자 가운데 하나다. 그러나 그들은 톈안먼 시위자들이 순진하게 선호했던 서방식 자유민주주의의 모방은 분명하게 거부했다. 그들은 열심히 차용했지만 전향은 거부했다. 그렇다고 그들은 러시아처럼 서방식 민주주의를 위조하거나 미국의 뻔뻔한 국제 규칙 파괴를 반사함으로써 미국의 위선을 폭로할 필요도 느끼지 않았다. 어떻든 기술을 빌리거나 훔치면 더 부자가 되는 반면에, 도덕적 가치관을 모방하면 정체성에 위협이 되므로 민주주의를 위조하거나 위선을 폭로하는 것은 무의미한 듯하다.

1989년 이후 중국은 자유민주주의로 전향하려 했던 중부유럽과 달리 자기네의 문화적 정체성을 위험에 빠뜨리지 않고, 따라서 문화의 위조범이나 협잡꾼이라는 느낌을 갖지 않고 사회를 발전시켰다. 학교 교과서에 의도적으로 남겨진, 19세기에 서방 세력들에게 굴욕을 당한 기억(중국에서는 이를 백년국치百年國恥로 부른다─옮긴이)은 계속 이 나라 지도자들의 생각과 의사결정을 좌우한다. 따라서 자유주의적 정체성 모방 게임에 참여하는 것을 거부한다고 해서 중국 외교정책에서 분노가 지워지는 것은 아니다. 그러나 그것은 아마도 모방과 장려에 스스로 참여하기를 눈에 띄게 거부하는 데에 한몫을 했을 것이다.

이는 다시 우리의 핵심 질문으로 이어진다. 정확히 어떤 의미에서 중국의 부상이 '모방의 시대'의 종말을 알렸는가?

전향 없이 이룬 강국

중국이 세계를 지배하면 어떤 일이 일어날지를 숙고하는 대부분의 학자들은 중국 중심의 세계를 미국의 자유주의 패권의 복사판으로 그리는 경향이 있다. 중국은 조만간 쇠락하는 미국이 비우게 될 자리를 차지할 것이라고 그들은 생각한다. 오늘날 중국 전문가들은 더 이상 중국이 세계와의 경제 교류에 문을 여는 것이 이 나라를 서서히 정치상의 경쟁 체제와 자유로운 사상 교류로 밀고 갈 것이라고 생각지 않는다. 그 대신 많은 사람들이 두려워하는 것은 중국 중심의 세계가 중국식의 권위주의적이고 도덕관념이 없으며 중상주의적인 정권들로 채워지게 될 것이라는 점이다. 오늘날 공통적인 견해는 중국이 단순히 소비재와 자본, 감시 기술을 수출할 뿐만 아니라 이데올로기적으로 논리 정연하고 보편적으로 수출할 수 있는 독자적인 상표의 비자유주의적 권위주의 개발을 장려하고 있다는 것이다.

이런 맥락에서 최근의 여러 책과 보고서는 증대되는 중국과 서방 사이의 대립을 새로운 냉전으로 엮으려 했다. 전미민주주의기금(NED)이 출간한 한 보고서는 다양한 새 권위주의자들의 이데올로기 공세를 설명하기 위해 '샤프파워sharp power'라는 말을 만들어냈다.[19] 보고서는 권위주의 정부들의 전략을 제대로 강조했다. 첫째로 밖으로부터 발산돼 오는 자유주의 사상에 대해 자기네 사회를 폐쇄하고, 둘째로 자유민주주의 정권의 명백한 실책을 강조하며, 셋째로 자유주의 사회를 내부로부터 전복시키기 위해 그들의 문호 개방으로 침투가 용이한 점을 이용한다. 그러나 이가운데 어느 전략에도 냉전의 특징이었던 전향 경쟁의 기미는 전혀 보이지 않는다.

외부로부터 발산돼 오는 자유주의 사상에 대해 자기네 사회를 폐쇄하는 권위주의 지배자들의 경향은 오늘날의 중국이 전형적인 사례를 보여주고 있는 듯하다. 시진핑은 분명히 중국 젊은이들을 유해한 서방 가치관의 영향으로부터 보호함으로써 나라의 통일성을 강화할 수 있다고 생각한다. 예컨대 교육부에 "서방의 정치적 가치관을 옹호하는 서방 교과서의 사용을 제한"[20]하도록 요구한 것도 그를 위해서다.

서방을 모방하는 '잘못된 길'에 대한 시진핑의 반대 운동은 톈안먼 저항에 대한 덩샤오핑의 대응을 따른 것이다. 그러나 외국 모델을 모방하지 않으려는 이 욕구의 뒷면은 남에게 모방당하고 싶은 욕구가 전혀 없다는 점임이 드러났다. 시진핑은 막대기의 다른 쪽 끝에 있는 사람들에게 정체성을 변화시키는 중국의 교화를 받아들이도록 강요하는 데 관심이 없다. 중국제 상품을 수출하는 것이 먼저다. 중국의 이데올로기를 수출하는 것은 아니다. 이것이 의미하는 것은 우리가 새로운 냉전의 시작을 맞고 있는 것은 아니며, 현재의 서방에 대한 중국의 위협은 몇 가지 근본적인 측면에서 소련의 위협과 다르리라는 것이다.

권위주의 정권의 확산은 현실이다. 그러나 권위주의는 공산주의와 달리 국경을 넘어 공유할 수 있는 이데올로기가 아니다. 그것은 억압적이고 협의가 없으며 자의적인 지배 방식이다. 한 종신 대통령의 수중에 모든 권력이 집중되는 것은 매우 비자유주의적인 것이지만, 그것은 서방 자유주의가 이념의 평면에서 맞닥뜨리고 있는 반자유주의 이데올로기인 것은 아니다. 언론 검열과 정권 비판자에 대한 투옥도 마찬가지다.

푸틴과 시진핑을 묶어주는 것은 미국이 은밀하게 자기네 나라의 정권 교체를 모의하고 있다는 굳은 확신과 아울러 정치 안정의 궁극적인 가치에 대한 일반적인 믿음, 권력 행사자의 임기를 제한해야 한다는 민주주의적 발상에 대한 적대감, 정치적 경쟁에 대한 전반적인 불신 등이다. 이러한 공통점 말고는 두 사람 사이에 좋은 사회는 어떤 모습이어야 하는가에 대한 공통된 개념이 없다. 그들의 행동은 공유된 세계관으로 규정되는 보편적으로 수출할 수 있는 이데올로기보다는, 자부심과 함께 서방에 당한 굴욕에 대한 분노로 형성된 국가의 이익과 국가의 꿈에 좌우되고 있다. 그리고 시진핑과 푸틴은 모두 서방식 자유주의가 자기네 사회에 적합하지 않다고 공개적으로 주장했지만, 그들은 지금 서방 자유주의가 30년 전 공산주의가 파산한 것과 똑같이 굴욕적으로 파산했다고 주장할 만큼 충분히 확신(또는 지나친 확신)을 가지게 됐다.

중국의 부상이 '모방의 시대'의 종말을 나타낸다고 말하는 것은 두 강대국 사이의 전 세계적 이데올로기 대치로 돌아가는 일이 없으리라고 말하는 것이다. 각기 한 무리의 종속 국가들에 자기네의 사회적·정치적 모델을 강요하며 온갖 곳의 사람들에게 자기네의 목적과 목표와 인류의 미래를 위한 비전을 채택하도록 설득하려는 강대국 말이다. 시진핑의 중국이 국제적으로 특히 유순한 행위자가 되리라고 생각할 근거는 없다. 그가장 가까운 인접국들 가운데 상당수는 미국 해군의 남중국해 배치를 환영하고 있는데, 중국의 힘의 경제적 투사가 어느 순간 더욱 강압적이고 군사적인 것이 되리라는 합리적 의심을 품고 있다.

앞으로 있을 중국과 미국 사이의 대결은 틀림없이 국제 질서를 중요하고도 위험한 방식으로 바꾸어놓을 것이다. 그러나 "새로운 경제 냉전"[21]

을 이데올로기에 집착했던 과거 냉전으로의 회귀로 보는 것은 여전히 오도하는 것이다. 이 충돌은 양쪽 모두에서 냉정하게 합리적이기보다는 폭발적으로 감정적인 것으로 드러날지도 모른다. 그러나 그것이 이데올로기적이지는 않을 것이다. 대신 그것은 교역·투자·통화·기술은 물론 국제적 위신과 영향력을 둘러싼 치열한 투쟁을 수반할 것이다. 이는 세계를 '거미국화去美國化'하려는 중국의 계획 뒤에 있는 목표다.[22] 이 생각은 세계적인 자유주의 이데올로기를 세계적인 반자유주의 이데올로기로 대체하려는 것이 아니라 이데올로기의 역할을 급진적으로 깎아내리려는 것이다. 단지 국내적으로만이 아니라 국제 경쟁의 무대에서 말이다. 그 결과로 중국과 미국의 세력 다툼은 세계의 다른 나라들에 '우리 편이냐 반대편이냐'의 선택을 강요하는 것이기는 하지만 경쟁하는 세계관과 역사철학 사이의 사활을 건 싸움은 되지 않을 것이다.

차이나타운이냐, 용광로냐

과거 미국 중심의 세계와, 미래에 가능성이 있는 중국 중심의 세계를 비교할 때 우리는 미국과 중국이 국경 너머의 땅을 경험한 아주 다른 방식을 염두에 두어야 한다.

미국은 이민의 나라지만, 절대로 이민을 가지 않는 사람들의 나라이기도 하다. 따라서 미국 밖에 살고 있는 미국인은 이민자emigrant라 부르지 않고 '재외국민expat'이라 부른다. 미국은 이 세계에 용광로라는 개념을 부여했다. 다양한 민족 집단과 종교 집단이 자발적으로 섞이고 어우러져 새로운 탈민족 정체성을 빚어내는 연금술적인 조리 기구다. 그리고 비판자들은 용광로가 민족 신화라고 정당하게 지적할지 모르지만, 그에 대한 생각은 미국의 집단적 상상에 지속적으로 영향을 주었다. 용광로 신화는 자연히 미국의 외교정책 담당자들로 하여금 외국 문화를 미국 문화에 흡수한다는 목표 쪽으로 기울게 했다.

중국인의 차이나타운 경험은 그 반대여서, 경제적 통합을 선호하되 문화적 격리는 유지한다. 따라서 이 두 예외론은 세계 속에서 각 나라의 야망을 실현하는 데서 전혀 다른 전략을 이끌어낸다.

미국의 매력 가운데 하나는 남들을 미국인으로 변모시킬 수 있는 능력에 있다. 이민자들을 유도해 단순히 미국인의 의례뿐만 아니라 미국인의 욕망과 목표와 자기이해까지도 모방하도록 한다. 따라서 미국의 세계 문제에 대한 의제가 변화 지향적이고 일반적으로 정권 교체를 지원한다는 것도 놀랄 일은 아니다. 이 나라의 외교정책 담당자들은 단순한 규칙 제정자가 아니다. 그들은 미국적 모델의 열성적인 전도자들이다. 아니면 적어도 트럼프가 대통령이 되기 전까지 이 나라 역사의 대부분의 기간 동안 그래왔다.

덩샤오핑은 마오쩌둥의 전도 사명을 철회했다. 이렇게 세계를 전향시키려는 시도로부터 철수한 것은 자연스러운 일인지도 모른다. 전통적인 자기이해에서 중국은 바로 세계였기 때문이다. 중국이 스스로를 한 나라가 아니라 한 문명으로 본다는 사실은 자주 지적돼왔다. 중국이 스스로를 하나의 우주로 보았다고 할 수도 있을 것이다. 지난 20년 동안 중국의 다른 나라와의 관계는 주로 해외 이주자들을 통해 이루어졌고, 그 결과로 중국인들은 동포들의 이민 경험을 통해 세계를 인식했다.

오늘날 중국 밖에 사는 중국인의 수는 프랑스 안에 사는 프랑스인의 수보다 많으며, 이들 해외 중국인들이 중국 내에 가장 많은 투자를 하고 있다. 실제로 불과 20년 전만 해도 해외에 사는 중국인들이 중국 내 전체 주민이 생산하는 것과 거의 비슷한 부를 창출했다. 먼저 중국의 해외 이주민들이 성공했고, 중국 자신이 그 뒤를 이었다.

차이나타운은 해외 이주 중국인들의 핵심이다. 정치학자 루시언 파이 Lucian Pye는 한때 이렇게 말했다.

"중국인들은 자기네와 남들의 그런 절대적인 차이를 보기 때문에, 심지어 먼 나라에 외로이 고립돼 살 때에도 무의식적으로 그 나라 사람들을 '외국인'이라 부르는 것을 자연스럽고 적절하다고 생각한다."23

미국인의 용광로는 남을 변화시키지만, 차이나타운은 그 거주민들에게 적응하도록 가르친다. 얹혀사는 나라의 규칙과 그들이 제공하는 사업 기회에서 이익을 얻고, 한편으로 자진해서 고립되고 구별된 채로 남는다. 미국인들은 자기네 깃발을 높이 들어 올리지만, 중국인들은 보통 열심히 일하면서 눈에 띄지 않는 상태로 남는다. 주위 세계가 비중국인에 의해 지배되는 한 자신들의 능력을 숨기려고 한다. 전 세계의 중국인 사회는 그들의 새로운 조국에서 위협적인 존재가 되지 않으면서 영향력을 지니게 됐다. 분노를 유발하지 않고도 폐쇄적이고 불투명할 수 있게 됐고, 제5열로 보이지 않고도 중국과 이어지는 다리가 됐다.

그런 의미에서 중국이 부상하고 미국이 보통 국가가 되는(즉 미국이 모범 국가라는 전통적인 주장을 버린다는 것이다) 세계는 지엽적인 수준에서의 모방이 여전히 흔한 세계가 될 것이다. 그러나 그것은 경쟁적인 두 모델로, 또는 하나의 훌륭한 모델과 그 모방자들(성공적이든 아니든)로 나뉜 세계는 아닐 것이다. 케리 브라운Kerry Brown이 설득력 있게 주장했듯이 시진핑은 "전향시키는 일"을 하려는 것이 아니다.

"중국은 바깥 세계가 갑자기 새로운 시대를 위해 중국적 특색을 지닌 사회주의의 현대화를 수용할 것이라는 환상은 가지고 있지 않다."[24]

그렇다면 새로운 냉전 전사들의 두려움과는 반대로 중국은 자기네의 임무가 세계를 중국의 복제품으로 채우는 일이라고 보지 않는다. 이는 사실이다. 중국이 결국 작은 나라들을 대규모 융자로 유혹해 의존토록 함으로써 중국의 외교정책 목표에 순종하도록 협박 전술을 사용하는 쪽으로 전환할지라도 말이다. 냉전이 한창일 때 공산 중국 자체는 바로 "이데올로기적으로 대안적 자극磁極"이었고(주로 개발도상국 세계에서 그랬다), "그런 까닭에 자유주의에 대한 위협"[25]이었다. 그러나 1989년이 되자 당시의 자유주의자들은 대체로 이렇게 생각했다.

중국의 경쟁력과 세계무대에서의 팽창주의는 사실상 사라졌다. 중국은 더 이상 1960년대에 그랬던 것처럼 먼 아프리카 국가들에서 마오쩌둥주의자들의 반란을 지원하거나 영향력을 키우려 노력하지 않는다.[26]

지금 다시 읽자니 이 마지막 문장은 일종의 계시다. 분명히 중국의 경쟁력과 세계무대에서의 팽창주의는 결코 사라지지 않았다. 이미 사라진 것은 아프리카 국가들에서의 마오쩌둥주의자들의 반란에 대한 중국의 지원이다. 그에 대한 보상으로 중국은 새로운 다리, 도로, 철로, 항구와 그 밖의 국제적 상업시설들을 건설하고 있다. 그러나 아프리카 무대로의 이 새로운 침투는 감명을 받은 주민들을 유교儒敎의 가치나 경제적 중상주의, 또는 일당 지배를 받아들이도록 하기 위한 노력을 전혀 수반하지 않는다.

모방의 비애

모방의 지리정치학과 관련된 중국의 불행한 역사적 경험은 19세기 개신교 선교사들의 도착으로 시작됐는데, 이는 중국의 새로운 세계적 전력 투사戰力投射 전략이 왜 '전향 사업'을 상기시키는 어떤 정책도 피하고 있는지를 설명하는 데 도움이 된다. 예컨대 중국은 청 왕조의 마지막 황제를 타도한 1911년 신해혁명 이후 열강의 기대에 따라 스스로를 국민국가로 조직할 수밖에 없었다. 루시언 파이는 이렇게 말했다.

중국은 국가의 무리 가운데 단지 또 하나의 국민국가가 아니었다. 중국은 국가를 가장한 문명이었다. 현대 중국의 이야기는 한 문명을 서방 문명의 분열 과정에서 나온 제도적인 발명품인 근대국가라는 자의적이고 제한적인 틀 안에 쑤셔 넣으려는 중국인과 외국인 양쪽의 노력으로 묘사할 수 있다.[27]

국제 체제에 편입되려면 중화민국으로서는 대안이 없었다. 그들은 곤란할 정도로 제한적인 국민국가의 형식을 띠고 세계 앞에 모습을 드러내지 않을 수 없었다. 문명으로서의 문화적 자기이해에 맞지 않는 프로크루스테스의 침대(무리한 획일화)였다.[28] 그리고 중국은 지금 이 어울리지 않는 서방 정치 구조가 지운 부담과의 싸움을 계속하고 있다.

모방이 강제된 중국의 두 번째 근대 경험은 1949년 중화인민공화국 수립 직후에 있었다. 이때 중국은 소련의 민주집중제 모델을 맹종하며 모방해 정치체제를 재설정했다. 중국 공산당은 소련식의 콘크리트 건물을 지었을 뿐만 아니라 당대회(전국대표대회)를 통해 정치국을 구성하고 총서기 직책을 설치했으며, 당의 모든 인사를 담당하는 중앙조직부 같은 필수적인 부서를 만들었다. 소련 오르그부로Orgburo(조직국)가 제공한 청사진에 따른 것이었다.²⁹ 이런 전면적인 소련 제도의 도입과 채용을 통해 중국은 모방이 일반적으로 불만을 촉발한다는 것과 모방자는 줄곧 취약성에 시달려야 한다는 것을 알게 됐다. 1960년대의 중소 충돌은 소련의 발자국을 무조건 따르라는 압력에 대한 중국의 억눌린 불만이 폭발적으로 드러난 것으로 이해할 수 있다.

마지막으로, 중국은 마오쩌둥 말년에 세계에서 가장 적극적인 이데올로기 수출국이었다. 이 전도 사업은 성과를 내지 못했다. 케리 브라운은 이렇게 썼다.

"중국은 매우 특이한 방식으로 해외의 혁명 투쟁을 지원했다. 그 결과 1967년에 해외에서 근무하는 대사는 단 한 명, 이집트에 주재하는 황화黃華뿐이었다."³⁰

이에 따라 중국은 자신의 가치체계와 이데올로기 모델을 다른 나라에 수출하려는 프로메테우스(그리스 신화에서 제우스를 속이고 불을 훔쳐 인간에게 전해준 신. 독창적이고 권위에 굴하지 않는 존재의 상징 ―옮긴이)의 야망으로 인해 초래된 정치적·경제적 고립의 위험성을 직접 경험했다.

따라서 시진핑의 외교정책에서 결정적으로 중요한 것은 모방자를 끌어 모으는 것이 아니라 세계적 영향력과 세계로부터의 인정을 추구하는 것이다. 중국의 부와 국력이 성장함에 따라 나라의 발언권이 커지고 존경받고자 하는 지도자들의 욕망 역시 커졌다. 그러나 세계 최고가 되려는 중국의 열망은 자기네 문화가 보편적으로 공유될 수 있다는 주장에 바탕을 둔 것이 아니었다. 중국은 남들이 자기네 모델을 모방하리라고 기대하지 않는다. 남들이 자기네의 바람을 따라주기를 원하기는 하지만 말이다. 이미 유명해진 일대일로一帶一路 계획은 외국을 교화시키는 데 의존하지 않고 통합과 상호 연결과 상호 의존을 이끌어내려는 것이다.

전도를 포기한 새로운 중화 제국이 특별히 자애로우리라고 생각할 만한 이유는 전혀 없다. 그러나 중국의 위상을 세계에 과시하고 중국의 힘을 보여주려는 시진핑의 방식은 이데올로기적 전향에 의해 유지되지는 않을 것이다. 그것이 다른 나라에 어떤 의미로 다가올지는 차치하고 말이다.

'일대일로'가 시진핑과 중국 지도부에 국제적인 대서사大敍事를 제공하고, 중국의 국제적 위상을 과시하며, 중국의 영향력을 아프리카에 극적으로 재주입했지만, 그 조직자의 마음속에 마오쩌둥 치하에서 그랬던 것처럼 농민 반란을 부추기거나 상대에게 중국 특유의 가치체계를 받아들이도록 유도하는 것 따위는 전혀 생각하고 있지 않다. 중국은 그저 자기네 영향력을 늘리고 다른 나라들을 끌어들이거나 종속시키기를 원할 뿐이지, 그들을 중국의 축소 복제품으로 만들려는 것은 아니다. 중국은 두목이나 아마도 착취자가 되려는 것일 뿐 등불이나 모델이 되기를 원하지 않는다. 이는 자유주의 패권 전성기의 미국과 달리 중국이 자신의 복제품으로 가득 찬 세계가 중국의 이익과 계획에 적합한 세계일 것이라고 생각할 이유가 전혀 없기 때문이다.

중국은 '모방의 시대'의 종말을 알렸다. 그 역사와 현재의 성공이 모두 기술적 수단의 표적 '차용'이 번영과 발전, 사회 통제, 그리고 나라의 국제적 영향력과 위신을 일신할 기회를 가져왔음을 보여주었기 때문이다. 반면에 '울며 겨자 먹기' 식의 외국 가치관 도입은 반드시 민족주의자들의 반발을 초래하기 마련이다. 중국은 서방식 정치로의 변모를 시험하거나 가장하지 않고도 여러 분야에서 성공적으로 서방을 앞지르고 있다.

동시에 그들은 다른 나라에게 어떻게 살아야 하는지를 가르치려고 하지 않는다. 그럼에도 불구하고 그들은 하나의 강렬한 교훈을 던지고 있다. 서방의 규범과 제도를 거부한 채 서방의 기술과 심지어 소비 패턴까지 선택적으로 채용하는 것이 막대한 이득을 가져올 수 있다는 것이 중국이 세계에 주는 가르침이다.

위선 없는 세계

이는 해외에서 영향력을 확대하려는 중국의 활동이 응분의 중국 혐오와 민족주의적 반발 역시 초래했음을 부정하려는 것은 아니다. 결국 중국의 문화적 차별성과 우월성에 대한 인식을 바탕으로 한 전향 거부가 반드시 친구를 얻거나 자발적인 협력을 동원할 수 있는 능력으로 이어지지는 않는다. 더구나 분쟁 수역水域에 인공 섬을 만들고 하류에 있는 나라들에 미치는 영향을 생각하지 않고 강에 댐을 설치하며 먼 곳에 군사기지를 건설하는 등 최근 중국의 패권 행보는 인도, 일본, 한국, 필리핀, 베트남의 신경을 자극하고 있다. 스리랑카나 파키스탄 같은 현금에 목마른 나라들에 대한 공격적인 대출(이는 나중에 대출 상환을 위한 고투를 동반한다)에 의지하는 것 역시 해외의 항구 등 전략 자산의 통제권을 얻기 위한 마키아벨리적 술책으로 널리 분노를 사고 있다.

그러나 그런 중국의 강압 행사에 대한 분노는 그것이 아무리 현실적이고 엄중해도, 미국식의 도덕 선생 설교와 모방 권장을 추가해 더 악화되는 상황에 이르지는 않는다. 중국의 해외 대리인들은 중국의 국내 정치와 경제 조직 모델을 외국인들에게 권장하는 데는 관심이 없다. 이에 따라 중국의 대출은 이데올로기의 끈이 달리지 않은 채 제공된다. 말할 것도 없이 중국 관리들과 비정부기구들은 해외의 개발 계획에 인권과 자유롭고 공정한 선거, 투명성, 법에 의한 지배, 부패의 해악에 관한 설교를 절대로 덧붙이지 않는다. 중국 중상주의의 미덕을 역설하지도 않고, 중국 문명을 받아들이도록 하거나 일당 국가의 종신 간부를 이상화하지도 않는다.

이것이 중국의 부상이 '모방의 시대' 종말의 표지가 되는 이유다. 서방과 달리 중국은 세계에 영향력을 확대하되 영향력을 행사하고자 하는 나라를 변화시키려는 목표를 가지지 않는다. 중국은 다른 나라 정부의 구조나 심지어 내부의 어떤 파벌이 정권을 잡고 있는지조차 관심을 두지 않는다. 중국은 오직 그러한 정부들이 중국의 이익을 맞춰주고 중국과 호의적인 조건으로 거래할 용의가 있는지에만 관심을 가지고 있다.

틀림없이 중국은 칭찬받고 존경받기를 열망한다. 해외에서 중국어와 중국 문화를 홍보하기 위해 설립된 중국 교육부 산하의 교육기관인 공자학원孔子學院이 급증하고 있는 것이 그 분명한 징조다. 그러나 그들은 상대를 구슬리거나 강요해 그들 자신의 정치·경제 체제에 '중국적 특색'을 칠하도록 하는 데 관심이 없다. 중국 국내 정치에서의 이데올로기의 중요성에 관해서는 논란의 여지가 있다. 그러나 중국의 부상은 '모방의 시대' 종말의 표지다. 시진핑은 미국과의 세계적 경쟁의 미래를 이데올로기나 인류의 공유된 미래에 대한 비전과 상관없이 순전히 군사 및 전략적 렌즈를 통해서 보기 때문이다.

'모방의 시대'는 냉전의 자연스러운 속편이었다. 그것은 우리의 공통적인 인간성을 지닌 계몽운동의 매력을 보유하고 있었다. 자유민주주의적 조직 형태는 전 세계에 일반화될 수 있었다. 어느 곳에 있는 사람이든 똑같은 기본적인 열망을 공유하고 있기 때문이다. 기적적으로, 지구촌을 양분했던 냉전이 끝나면서 가능해진 통신, 운송, 상업의 세계화는 온 세계 사람들이 서로를 더 잘 알 수 있게 해주었다. 그러나 이는 공통의 목표를 추구할 수 있는 공통의 인간성이라는 생각을 파괴하는 비용을 치르고서 이루어진 일인 듯하다. 사람들이 장벽을 친 국가와 민족 공동체 속으로 퇴각한 것은 오늘날의 대중주의적이고 정체성에 바탕을 둔 보편주의와의 전쟁이 가져온 하나의 결과다. 우리는 가까이 붙어살고 있다. 그러나 우리의 세계를 공유된 것으로 생각하는 능력을 잃었다. 보호주의적 공동체주의로의 후퇴, 서로 불신하는 정체성 집단들, 그리고 편협한 분리주의는 1989년의 경쟁하는 보편 이데올로기들의 세계 전쟁의 종말에 대해 우리가 지불하고 있는 간접비용일 것이다.

스스로 격리시키면서도 세계에 대해 자기주장을 하는 중국의 부상은 서방이 냉전에서 승리한 것이 공산주의의 패배뿐만이 아니라 계몽적 자유주의 자체의 중대한 후퇴이기도 했다는 교훈을 일깨워주었다. 정치적·지적·경제적 경쟁을 칭송하는 이데올로기인 자유주의는 똑같은 세속적이고 탈윤리적인 헌신을 자랑하며 똑같이 유럽 계몽운동에서 생겨난 경쟁 상대를 잃어버리면서 치명적으로 약화됐다. 인류의 미래에 대한 그 주장에 도전하는 대안적인 힘의 중심이 없으니, 자유주의는 스스로와의 사랑에 빠져 갈 길을 잃었다.

단극單極의 '모방의 시대'는 자유주의가 자기비판 능력을 잃어버린 시기였다. 남들이 서방식 자유민주주의 제도와 규범을 채용해야 한다는 기대는 해가 떠오르는 것처럼 당연한 일이었다. 이 시기는 이미 지나갔을 뿐만 아니라 그것이 촉발할 것으로 기대됐던 민주주의의 물결은 실망스럽게도 단명한 것으로 드러났다.

'모방의 시대'의 종말은 사람들이 자유와 다원주의를 더 이상 소중히 여기지 않거나 자유민주주의가 사라진다는 것을 의미하지는 않는다. 반동적 권위주의와 토착민주의가 지구를 물려받을 것임을 의미하지도 않는다. 오히려 그것이 의미하는 바는 두 개의 포교布敎 국가(하나는 자유주의 국가이고, 다른 하나는 공산주의 국가다) 사이의 세계적 대결로의 복귀가 아니라, 다원적이고 경쟁적인 세계로의 복귀다. 그 세계는 어떠한 군사·경제 세력의 중심도 자기네의 제도와 가치관을 전 세계에 확산시키려고 애쓰지 않는 곳이다. 그러한 국제 체제는 결코 전례가 없는 것이다. 이것이 그 이유다.

"세계사의 중요한 특징은 문화적·제도적·이데올로기적 다양성을 띠는 경향이 있다. 동질성이 아니라 말이다."31

이런 관찰이 시사하는 것은 '모방의 시대'의 종말이 불운한 역사의 변칙이라는 것이다.

1890년 러디어드 키플링은 자신의 첫 소설 《꺼진 불The Light that Failed》을 완성했다. 그것은 낭만적인 사랑과 예술적 야망, 그리고 점차적인 시력 상실을 그린 감상적인 이야기다. 이 소설은 두 가지 다른 형태로 출간됐다. 짧은 것은 행복한 결말이었고(그의 어머니가 좋아했다), 긴 것은 불행한 결말이었다.

우리에게는 이 책을 두 가지 서로 다른 마무리로 출간할 선택권이 없다. 그러나 우리는 '모방의 시대'의 종말이 자유주의자들이 탈냉전 경험을 어떻게 이해하느냐에 따라 비극을 의미하기도 하고 희망을 의미하기도 할 것이라고 생각한다. 우리는 우리가 잃어버린 세계를 지배했던 자유주의 체제를 끝없이 애도할 수도 있고, 우리가 끊임없이 밀치락달치락하는 정치적 대안들의 세계로 돌아와 순화된 자유주의가 비현실적이고 자멸적인 세계 제패의 열망에서 벗어나 21세기에 정치사상으로서 가장 편안히 남아 있음을 축하할 수도 있다.

애도하기보다 축하하자는 것이 우리의 선택이다.

감사의 말

　이 책을 쓸 수 있도록 해준 데 대해 여러 너그러운 친구들과 동료들, 그리고 몇몇 기관들에게 감사드리고 싶다. 우리는 이 책의 초고에 대해 대단히 고무적이고 유익한 권고가 되는 논평을 해준 모든 분들께 감사한다. 그분들의 이름은 레니 베나도, 로버트 쿠퍼, 베스 일론, 존 엘스터, 디에고 감베타, 베넬린 가네브, 데시슬라바 가브릴로바, 톰 게히건, 데이비드 골러브, 헬게 호이브라텐, 스콧 호턴, 브루스 잭슨, 켄 조위트, 마틴 크라이기어, 마리아 리프먼, 밀라 미네바, 제임스 오브라이언, 클라우스 오페, 글로리아 오리기, 존 팔라텔라, 아담 프세보르스키, 언드라시 샤요, 마시 쇼어, 다니엘 스밀로프, 루자 스밀로바, 알렉산데르 스몰라르 등이다. 말할 것도 없이 그분들은 분석에 여전히 남아 있는 문제점들에는 개별적으로든 집단적으로든 책임이 없고, 그 책임은 오로지 저자들에게 있다.

　우리는 또한 소피아의 자유주의전략연구소, 빈의 인문과학연구소(IWM)와 뉴욕대학 법학대학원에서 도움을 주신 데 대해 감사한다. 이반 크라스테프는 미국 국회도서관의 클루기센터에 감사드린다. 그곳에서

2018~2019년 키신저 강좌를 유지하는 특전은 이 책을 마무리하는 데 중요했다. 스티브 홈스는 마찬가지로 2017~2018년 블레즈 파스칼 강좌의 특전을 주신 프랑스 일드프랑스주 의회의 은혜를 입었다. 우리의 에이전트 토비 먼디와 편집자 카시아나 아이오니타가 꾸준히 격려해주고 사려 깊은 조언을 해준 데 대해 특별히 감사한다. 늘 그렇듯이 야나 파파조바의 지칠 줄 모르는 도움은 매우 소중했다.

옮긴이의 말

몇 해 전에도 비슷한 화두의 책을 번역한 적이 있다. 한 세대 전 프랜시스 후쿠야마가 호기롭게 외친 '이데올로기의 종언'이 그 이후 전개된 역사에 의해 부정되고 있다는 얘기였다. 그 책에서는 역사가 회귀하고 있다면서 야만성, 대량 탈주, 냉전, 불평등 등 이미 지나간 일로 여겨졌던 것들이 다시 나타나고 있음을 이야기했다.

이 책 역시 화두는 후쿠야마 명제의 부정이다. 공산주의의 소멸로 자유민주주의가 이데올로기 대결에서 최종적인 승리를 거두어 '역사'가 끝났다고 했지만, 그 이후의 역사 전개는 자유주의 역시 실패임을 보여주고 있다는 것이다. 그 원인은 자유주의의 논리 자체에 내재돼 있다고 한다. 즉 강력한 경쟁 이데올로기가 하루아침에 사라져 독점 상태가 되자 내재 논리에 따른 독점의 폐해가 드러난 것이다. 경쟁 체제에서는 평등을 강조하는 맞수를 의식해 노동자를 배려하는 제스처를 취하지 않을 수 없었지만, 이제 그럴 필요가 없어지니 노골적인 부의 집중이 일어나고 체제의 정당성이 흔들리게 됐다.

저자들은 자유주의가 살해됐다고 한다. 살해범은 하나가 아니고, 애거사 크리스티의《오리엔트 특급 살인》에서처럼 여럿이다. 이 책은 그 살해범들을 하나하나 분석한다. 오르반 빅토르 헝가리 총리 같은 중부유럽의 대중주의자들, 러시아의 푸틴 대통령, 그리고 마지막으로 미국의 트럼프 대통령이다. 면면을 보아하니 그럴싸한 라인업이다. 하나같이 상식과는 거리가 먼 언동들로 세계의 주목을 받아온 '깡패' 이미지의 지도자들이니까.

먼저 중부유럽의 대중주의자들. 이들이 정치적 힘을 발휘하고 있는 것은 국민의 마음속에 있는 불만과 불안을 잘 이용했기 때문이다. 중·동유럽은 공산주의 소멸 이후 서방 체제로의 편입이 당연한 진로로 제시됐다. 패배한 이데올로기를 버리고 승자의 체제로 개종하라는 것이었다. 유럽연합 가입을 위해 자유민주주의 시장경제를 도입하면 곧 잘사는 서방처럼 될 것이라고 했다.

그러나 희망에 들떴던 순간이 지나자 바로 문제가 보이기 시작했다. 우선 서방은 또 하나의 점령군이었다. 현지의 역사와 전통은 싹 무시하고 자기네 체제를 일방적으로 심으려 했다. 식민지 시대에 종주국이 식민지를 대하던 태도였고, 2차 세계대전 후 소련이 들어와 공산주의를 강요하던 것과 다를 바 없었다. 거기에 이민 위기가 기름을 부었다. 안 그래도 청년층이 대거 서방으로 빠져나가 고민인데 서아시아와 아프리카의 사람들이 들어와 빈자리를 채운다면 민족 정체성이 소멸할 것이라는 위기감이 중·동유럽을 엄습했다.

이 지역의 대중주의자들은 바로 이 부분을 파고들었다. 이민을 막지 않으면 곧 그들 이민자들 중심의 세상이 된다며 이방인 혐오를 부추겼다. 그 상징적인 표현이 국경 장벽을 세우는 것이었다. 이런 정서는 서유럽에서도 마찬가지여서 이를 노린 대중주의 정당이 온 유럽에 우후죽순처럼 생겨나 세력을 얻기 시작했고, 헝가리 등 일부 국가에서는 정권까지 잡았다. 이렇게 대중주의가 활개를 치면서 자유민주주의가 변사체로 발견된 것이다.

러시아의 푸틴 역시 혐의를 벗을 수 없다. 러시아에서는 초강대국 소련의 소멸이 충격이었다. 공산주의 이데올로기가 사라진 것은 그렇다 쳐도, 소련의 해체로 러시아인들은 사실상 지배하고 있던 영토가 잘려나가는 아픔을 경험했다. 더 이상 강대국이 아니었다. 그들에게는 자유민주주의를 진정으로 도입하는 게 중요한 것이 아니었고, 이 상처 받은 자존심을 어떻게 회복할지가 중요했다.

'술꾼' 옐친의 뒤를 이어 얼떨결에 권좌에 오른 푸틴이 이를 파고들었다. 역시 서방으로부터 강요된 자유민주주의는 시늉만 내고, 대외적으로 강한 모습을 국민들에게 보여주며 높은 인기를 유지했다. 크림반도 점령 같은 사건을 일으킨 것도 그 때문이었고, 노골적인 부정선거로 권력을 유지해도 아무런 문제가 없었다. 그의 칼도 자유민주주의의 시신에 꽂혀 있었다.

또 하나의 살해범은 정말 뜻밖에도 가족이었다. 자유민주주의의 종주국인 미국의 대통령이었다. 그가 포착한 미국인들의 정서 역시 비슷했다. 그가 노린 중하층 백인은 일자리를 위협받고 있었고, 그것을 외국 탓으로 돌렸다. 중국 등 경제적 경쟁국들 때문에 일자리가 줄어드는 것이고, 이민으로 들어오는 이방인은 더욱 직접적인 일자리 탈취범이었다. 국경에 장벽을 세우는 것은 유럽 대중주의자들의 행태와 똑같았고, 논리 없이 자국의 이익만 앞세운 무역전쟁에도 이미 자유주의는 없었다.

더욱 중요한 것은 그의 대에서 미국이 세계의 모범국 역할을 팽개쳤다는 것이다. 여기서 '모범'이란 서방이 중·동유럽이나 러시아 등에 강요하려던 자유민주주의 체제의 모범이다. 그런데 그 모범국의 수장이 그 체제를 부정하고 살해에 앞장선 것이다. 모범이기에 예외라는 의미를 담고 있던 '미국 예외론'은 순전히 욕심만 앞세운 '미국 우선주의'에 밀려나고 말았다.

이 책에서 이런 최근의 동향들을 묶어주는 키워드는 '모방'이다. 중·동 유럽에는 '긴요한 모방'이라는 이름으로 그것이 강제됐고, 러시아 역시 처음에는 모방의 시늉을 하지 않을 수 없었다. 물론 그 모델은 서방이다. 트럼프의 미국은 그 모방의 모델이 되기를 거부했고, 트럼프 자신은 오히려 유럽 대중주의자들의 행태를 모방했다. 푸틴은 서방의 행태를 냉소적으로 모방해 자유주의 국가들의 위선을 폭로했다. 이 책에서는 1989년 공산주의 붕괴 이후의 수십 년을 '모방의 시대'로 부르고 있다.

이런 상황에서 특이한 모습을 보인 것이 중국이다. 그들은 서방을 통째로 모방하거나 모방하는 시늉을 한 것이 아니라 일부만 모방했다. 서방의 정치나 사상은 유입을 철저히 억제하고 기술만 도입했다. 19세기에 한·중·일 3국에서 각기 동도서기東道西器, 중체서용中體西用, 화혼양재和魂洋才라 불리던 것을 실천한 것이다. 경제를 발전시키기 위해 서양의 기술을 도입하되 공산주의 체제는 유지했다. 특히 공산주의의 여러 가치들보다는 국가 운영에서 공산당의 중심적인 역할을 고수했다. 그것이 어떤 측면에서는 국력을 효율적으로 결집해 단시간 내에 G2로 올라서는 원동력이 됐다. 자유민주주의의 시각으로는 용납할 수 없는 일이지만, 1989년의 톈안먼 시위 진압은 그 분수령이었다. 또한 결과론적으로 공산 중국의 '중체서용'의 상징적인 사건이기도 했다. 이 책에서는 이런 중국의 부상을 '모방의 시대' 종말의 표지로 보고 있다.

'모방의 시대'는 끝이 났고, 자유민주주의는 살해당했다. 그러나 저자들은 그렇게 끝내고 싶지 않은 듯하다. 여럿의 칼에 찔려 빈사 상태에 빠진 자유주의가 되살아나 패권 욕망을 버리고 '순화'된 모습으로 돌아올 가능성을 언급하는 것으로 이 책을 마무리하고 있다.

서론: 모방과 불만

1   Robert Cooper, 'The Meaning of 1989', *The Prospect* (20 December 1999).

2   Francis Fukuyama, *The End of History and the Last Man* (New York: Free Press, 1992), p. 46.

3   Larry Diamond and Marc F. Plattner (eds.), *The Global Resurgence of Democracy* (Johns Hopkins University Press, 1996); Timothy Garton Ash, *Free World: America, Europe, and the Surprising Future of the West* (Random House, 2004).

4   Larry Diamond and Marc F. Plattner (eds.), *Democracy in Decline?* (Johns Hopkins University Press, 2015); Larry Diamond, Marc F. Plattner and Christopher Walker (eds.), *Authoritarianism Goes Global: The Challenge to Democracy* (Johns Hopkins University Press, 2016).

5   David Runciman, *How Democracy Ends* (Basic Books, 2018); Steven Levitsky and Daniel Ziblatt, *How Democracies Die* (Crown, 2018).

6   Michael Ignatieff (ed.), *Rethinking Open Society: New Adversaries and New Opportunities* (Central European University Press, 2018).

7   Elisabeth Vallet, *Borders, Fences and Walls* (Routledge, 2018).

8   David Leonhardt, 'The American Dream, Quantified at Last', *New York Times* (8 December 2016).

9   Yascha Mounk, *The People vs. Democracy: Why Our Freedom Is in Danger and How to Save It* (Harvard University Press, 2018).

10   Stephen Smith, *The Scramble for Europe: Young Africa on its way to the Old Continent* (Polity, 2019); Ivan Krastev, *After Europe* (University of Pennsylvania Press, 2017).

11   Michiko Kakutani, *The Death of Truth: Notes on Falsehood in the Age of Trump* (Tim Duggan Books, 2018), p. 26.

12   Ben Rhodes, *The World as It Is: A Memoir of the Obama White House* (Random House, 2018).

13   Francis Fukuyama, 'The End of History?', *National Interest* (Summer 1989), pp. 12,

3, 5, 8, 13; *The End of History and the Last Man* (New York: Free Press, 1992), p. 45.

14 Fukuyama, 'The End of History?', p. 12.

15 미국식 자유주의가 역사의 마지막 단계라는 묘사가 많은 미국인들에게 특별할 게 없다고 느껴졌지만, 그것은 철의 장막 너머에서 성장한 반체제 인사들뿐만 아니라 보통 사람들에게도 똑같이 느껴졌다. 이는 후쿠야마가 레닌주의 정권들의 패배를 헤겔적이고 마르크스주의적인 변증법의 언어로 정당화했기 때문이다. 역사에는 미리 정해진 방향과 행복한 종말이 있다는 생각을 주입받은 많은 이전 공산주의자들은 장벽에 무엇이 남았는가에 대한 글들을 보면서 개념적으로, 그리고 기질적으로 후쿠야마의 사건 독법을 받아들일 태세가 돼 있었다.

16 *Inogo ne dano* (Progress, 1988).

17 오늘날 이 지역의 정치적 경향에 대해 그들이 우리에게 과거의 정치적 패턴을 상기시켜주고 있다는 말로 '설명'하는 것은, 많은 공산주의 이후의 비자유주의 연구자들이 그러하듯이 비유를 인과관계로 오인하는 것이다.

18 "2008년, 매사추세츠공과대학(MIT)의 행동경제학자 댄 애리얼리(Dan Ariely)는 참여자들이 세 개의 문을 화면에 띄운 컴퓨터게임을 하는 실험을 했다. 클릭을 하면 서로 다른 액수의 돈을 지불하는 것이다. 합리적인 전략은 가장 많이 지불하는 문을 찾아내 게임이 끝날 때까지 그곳에 집중하는 것이었지만, 버려둔 문들이 줄어들기 시작하자(결국은 사라지게 돼 있었다) 참가자들은 돈을 덜 받는 문이 계속 열려 있도록 하는 데 클릭을 낭비하기 시작했다. 그것은 멍청한 짓이었지만 어쩔 수 없었다. 인간은 선택지를 필요로 한다. 그저 그런 환상이라도 필요하다. 조지 엘리엇은 선택이 '성장의 가장 큰 원리'라고 쓴 바 있다. 우리가 선택을 할 수 없다면 어떻게 성장할 수 있겠는가?" Yo Zushi, 'Exploring Memory in the Graphic Novel', *New Statesman* (6 February 2019).

19 Ryszard Legutko, *The Demon in Democracy: Totalitarian Temptations in Free Societies* (Encounter Books, 2018), pp. 63, 20, 80.

20 Cited in Philip Oltermann, 'Can Europe's New Xenophobes Reshape the Continent?', *Guardian* (3 February 2018).

21 Legutko, *The Demon in Democracy*, p. 41.

22 Gabriel Tarde, *The Laws of Imitation* (English translation: Henry Holt and Company, 1903), p. 74.

23 타르드가 인정했듯이 모방 충동은 창의성과 공존할 수 있을 뿐만 아니라, 정상적인 상황에서 모방은 창조력과 독창성에 중요한 공헌을 할 수 있다. Kal Raustiala and Christopher Sprigman, *The Knockoff Economy: How Imitation Sparks Innovation*

(Oxford University Press, 2012)을 참조하라.

24 Wade Jacoby, *Imitation and Politics: Redesigning Modern Germany* (Cornell University Press, 2000).

25 Thorstein Veblen, 'The Opportunity of Japan', *Journal of Race Development* 6:1 (July 1915), pp. 23~38.

26 유럽연합은 경제학에 빠져 정치를 바라보기 때문에 헝가리와 폴란드에서 메시아적인 편협성을 발견하자 쉽게 조소했으며 이를 거의 이해할 수 없었다. 유럽연합 관리들이 보기에 폴란드와 헝가리는 유럽연합 자금으로 가장 많은 수혜를 받은 나라들이기 때문에 그들이 유럽연합에 반기를 드는 것은 도무지 말도 안 되는 일이었다. 예컨대 2016년에 헝가리는 유럽연합으로부터 45억 유로의 자금을 받았다. 이는 이 나라 경제 생산고의 4퍼센트에 해당한다. 폴란드는 110억 유로 이상을 받았다. 그렇게 예외적인 혜택을 받은 나라에게 불평할 권리가 없다는 것은 유럽연합 '동방정책(Ostpolitik)'(비록 보잘것없을지라도)의 최대 전제다.

27 Ken Jowitt, 'Communism, Democracy, and Golf', *Hoover Digest* (30 January 2001).

28 같은 책.

29 René Girard, *Deceit, Desire, and the Novel: Self and Other in Literary Structure* (Johns Hopkins University Press, 1976); *Battling to the End: Conversations with Benoît Chantre* (Michigan State University Press, 2009).

30 이 사례를 제공해준 마시 쇼어(Marci Shore)에게 감사한다.

31 René Girard, *Violence and the Sacred* (Norton, 1979).

32 르네 지라르는 도스토옙스키의 글이 "공산주의 이후 세계의 해석에 가장 적절"하다고 말하면서 이렇게 주장했다. "도스토옙스키는 그의 시대에 러시아를 지배했던 서방의 모든 것을 굴종적으로 모방하는 데 매우 분개했다. 그의 반동적인 성향은 이미 자기네가 나머지 인류들보다 훨씬 '진보'했다고 뻐기는 서방의 젠체함 때문에 더욱 굳어졌다. 당시 그들은 그것을 '발전'이라고 불렀다. 서방은 오늘날과 거의 같은 수준으로 천박했다. 그때 이미 실제적인 물질적 번영을 그들이 지니지 못한 도덕적·정신적 우월과 혼동했다." René Girard, *Resurrection from the Underground, Feodor Dostoevsky* (Michigan State University Press, 2012), pp. 88~89.

33 "유엔의 추정에 따르면, V4(비셰그라드 4국)인 폴란드, 헝가리, 체코, 슬로바키아의 합산 인구는 2017년 6400만 명에서 2050년 고작 5560만 명으로 감소할 전망이다. 약 13퍼센트의 감소다. 이 기간 동안 세계의 어느 지역도 그보다 빠른 감소세를 보이지 않을 전망이다." James Shotter, 'Central Europe: Running out of Steam', *Financial Times* (27 August 2018).

34 서방 자유주의가 밀려들어 지역 전통이 무시된다는 공포의 표현에 대해서는 다음을 참조하라. "중부 유럽에서 이른바 '젠더 이데올로기'에 대한 반대 물결로 불가리아에서 2월 15일, 슬로바키아에서 어제(2월 22일) 여성에 대한 폭력과 가정 내 폭력을 예방하고 대항하자는 '이스탄불 협약'에 대한 비준이 거부됐다." Georgi Gotev, 'After Bulgaria, Slovakia too Fails to Ratify the Istanbul Convention', Agence France-Presse (23 February 2018).

35 Benjamin E. Goldsmith, *Imitation in International Relations. Observational Learning, Analogies, and Foreign Policy in Russia and Ukraine* (New York ; Palgrave, 2005).

36 'Jim Mattis's Letter to Trump ; Full Text', *The New York Times* (20 December 2018).

37 Gáspár Miklós Tamás, 'A Clarity Interfered With', in Timothy Burns (ed.), *After History?* (Littlefield Adams, 1994), pp. 82~83.

제1장 모방 심리

1 Stendhal, *Scarlet and Black* (Penguin, 1969), p. 75.

2 John Feffer, *Shock Waves : Eastern Europe after the Revolutions* (South End Press, 1992).

3 Feffer가 인용한 Nick Thorpe, *'89 : The Unfinished Revolution* (Reportage Press, 2009), pp. 191~192.

4 John Feffer, *Aftershock : A Journey into Eastern Europe's Broken Dreams* (Zed Books, 2017), p. 34.

5 Guy Chazan, 'Why Is Alternative for Germany the New Force in German Politics?', *Financial Times* (25 September 2017).

6 George Orwell, *The Collected Essays, Journalism and Letters*, vol. 3 (Harcourt Brace Jovanovich, 1968), p. 244.

7 Ralf Dahrendorf, *Reflections on the Revolution in Europe* (Transaction, 1990) ; Bruce Ackerman, *The Future of Liberal Revolution* (Yale, 1994).

8 Lawrence Goodwyn, *Breaking the Barrier* (Oxford University Press, 1991), p. 342.

9 Dahrendorf, *Reflections on the Revolution*, p. 27에서 재인용.

10 Jürgen Habermas, 'What Does Socialism Mean Today? The Rectifying Revolution and the Need for New Thinking on the Left', *New Left Review* 183 (September – October 1990), pp. 5, 7.

11 Jürgen Habermas, *Die Nachholende Revolution* (Suhrkamp, 1990).

12 Hans Magnus Enzensberger, *Europe, Europe : Forays into a Continent* (Pantheon,

1990), p. 97.

13 Roger Cohen, 'The Accommodations of Adam Michnik', *The New York Times Magazine* (7 November 1999).

14 Václav Havel, *The Power of the Powerless: Citizens Against the State in Central-Eastern Europe* (M. E. Sharpe, 1985), p. 89.

15 Benjamin Herman, 'The Debate That Won't Die: Havel And Kundera on Whether Protest Is Worthwhile', Radio Free Europe/Radio Liberty (11 January 2012)에서 재인용.

16 Stanislaw Ignacy Witkiewicz, *Insatiability* (Northwestern University Press, 1996).

17 Czeslaw Milosz, *The Captive Mind* (Vintage, 1990), p. 45.

18 Albert O. Hirschman, *Development Projects Observed* (The Brookings Institution, 1967), pp. 21~22.

19 같은 책, p. 22.

20 Liav Orgad, *The Cultural Defense of Nations: A Liberal Theory of Majority Rights* (Oxford University Press, 2017), p. 19에서 재인용.

21 'Why You Are Not Emigrating... A Letter from Białołęka 1982' in Adam Michnik, *Letters from Prison and Other Essays* (University of California Press, 1987).

22 같은 책, p. 23.

23 같은 책.

24 Albert O. Hirschman, 'Exit, Voice, and the Fate of the German Democratic Republic: An Essay in Conceptual History', *World Politics* 45:2 (January 1993), pp. 173~202.

25 B. Rother, 'Jetzt wächst zusammen, was zusammen gehört' in T. G. Ash (ed.) *Wächst zusammen was zusammen gehört? Schriftenreihe Heft 8* (Berlin: Bundeskanzler Willy Brandt Stiftung, 2001).

26 2015년 9월 4일 프라하에서의 비셰그라드 그룹 정부 수반들의 공동 성명. http://www.visegradgroup.eu/calendar/2015/joint-statement-of-the-150904.

27 Anne Applebaum, 'A Warning from Europe', *The Atlantic* (October 2018)에서 재인용.

28 Viktor Orbán, 'Speech at the Opening of the World Science Forum', 7 November 2015.

29 Raymond Aron, 'The Dawn of Universal History' in *The Dawn of Universal History: Selected Essays from a Witness to the Twentieth Century* (Basic Books, 2002), p.

482.

30 Stephen Smith, *The Scramble for Europe: Young Africa on its Way to the Old Continent* (Polity, 2019).

31 Henry Foy and Neil Buckley, 'Orban and Kaczynski Vow "Cultural Counter-Revolution" to Reform EU', *Financial Times* (7 September 2016).

32 Renaud Camus, *Le Grand Remplacement*, fourth edition (Lulu, 2017).

33 Feffer, *Aftershock*, p. 34.

34 Adam Taylor, 'Hungary's Orbán Wants to Reverse His Country's Shrinking Population Through Tax Breaks', *Washington Post* (12 February 2019).

35 다음을 참조하라. "원주민들의 아이가 많으면 이민자들은 증원 부대처럼 보인다. 원주민들의 아이가 적으면 이민자들은 교대 병력처럼 보인다.": David Frum, 'If Liberals Won't Enforce Borders, Fascists Will', *Atlantic* (April 2019). 헝가리의 젠더 연구 프로그램을 취소한다는 오르반의 결정 속에 담긴 논리는 그런 프로그램들이 여자아이들에게 아이를 낳지 않도록 가르친다는 것인 듯하다. Owen Daugherty, 'Hungary Ends Funding for Gender Studies Programs, Calling Them "An Ideology",' *The Hill* (17 October 2018).

36 Roger Cohen, 'How Democracy Became the Enemy', *New York Times* (6 April 2018).

37 'Eastern Europeans Are More Likely to Regard Their Culture as Superior to Others', Pew Research Center (24 October 2018). http://www.pewforum.org/2018/10/29/eastern-and-western-europeans-differ-on-importance-of-religion-views-of-minorities-and-key-social-issues/pf-10-29-18_east-west_-00-03/

38 Milan Kundera, 'A Kidnapped West, or Culture Bows Out', *Granta* 11 (1984), pp. 93~121.

39 Friedrich Nietzsche, *On the Genealogy of Morals*, Book 1, §10 (Penguin, 2013), p. 25

40 Viktor Orbán, 'Day of Honor Speech', 17 March 2018.

41 Mark Lilla, *The Once and Future Liberal: After Identity Politics* (Harper, 2017).

42 David Miller, *On Nationality* (Oxford University Press, 1997), p. 165.

43 Philip Oltermann, 'Can Europe's New Xenophobes Reshape the Continent?', *Guardian* (3 February 2018)에서 재인용.

44 Frantz Fanon, *The Wretched of the Earth* (Grove/Atlantic, 2007), p. 236.

45 H. Grabbe, 'How Does Europeanization Affect CEE Governance? Conditionality,

Diffusion, and Uncertainty', *Journal of European Public Policy* 8 (2001), pp. 1013~1031을 참조하라.

46 다음을 참조하라. "비잔티움은 진정한 '선봉대'였다. (…) 비록 약했지만 이슬람 세력에 맞서 수백 년을 '버텨냈'고, 이로써 아랍이 이탈리아 전역을 정복하는 것을 막았다. 그러지 않았다면 고대 기독교 문화가 소멸한 시기의 북아프리카에서 그러했듯이 이탈리아는 이슬람 세계에 편입됐을 것이다." Carl Schmitt, *Land and Sea: A World-Historical Meditation* (Telos Press, 2015), pp. 17~18.

47 Valerie Hopkins, 'Hungary's Viktor Orbán blasts "United States of Europe"', *Financial Times* (16 March 2019).

48 Foy and Buckley, 'Orban and Kaczynski'.

49 Jason Horowitz, 'Steve Bannon Is Done Wrecking the American Establishment. Now He Wants to Destroy Europe's', *The New York Times* (9 March 2018).

50 Griff Witte and Michael Birnbaum, 'In Eastern Europe, the E. U. faces a rebellion more threatening than Brexit', *Washington Post* (5 April 2018).

51 Vaclav Havel, 'Ce que j'ai cru, ce que je crois', *Le Nouvel Observateur* (19 December 19, 2011).

52 Michnik, *Letters from Prison*, p. 314.

53 Michnik, 'Letter from the Gdańsk Prison' (1985), in *Letters from Prison*, p. 81.

54 사회과학 문헌에서 이 지역에서의 '정상성'이라는 단어의 역사적 함의에 대한 외부 관찰자의 둔감을 보여주는 고전적 사례는 Andrei Shleifer와 Daniel Treisman의 유명한 에세이 'Normal Countries. The East 25 Years After Communism', *Foreign Affairs* (November/December 2014)이다.

55 Peter Bradshaw, 'Graduation Review – A Five-Star Study of Grubby Bureaucratic Compromise', *Guardian* (19 May 2016).

56 Ruzha Smilova, 'Promoting "Gender Ideolog"': Constitutional Court of Bulgaria Declares Istanbul Convention Unconstitutional', *Oxford Human Rights Hub* (22 August 2018); http://ohrh.law.ox.ac.uk/promoting-gender-ideology-constitutional-court-of-bulgaria-declares-istanbul-convention-unconstitutional/.

57 Václav Bělohradský, *Společnost nevolnosti* (Slon, 2007).

58 Ryszard Legutko, 'Liberal Democracy vs. Liberal Democrats', *Quadrant Online* (April 2015).

59 Thomas Bagger, 'The World According to Germany: Reassessing 1989', *Washington Quarterly* (22 January 2019), p. 54.

60 같은 글.

61 "세계의 많은 다른 나라들은 변화해야 했지만, 독일은 그 자리에 머물러 다른 나라가 점차 그 모델에 충실하기를 기다릴 수 있었다. 그것은 단지 시간 문제였을 뿐이다." Bagger, 'The World According to Germany', p. 54.

62 이 지역의 '정상성'에 대한 복잡한 의미로 돌아가 보면, 2차 세계대전 이후 서독에서 '정상화'가 홀로코스트에 대한 독일의 물려받은 죄를 벗어 던지기 위한 에른스트 놀테(Ernst Nolte) 같은 보수파 작가들의 노력을 가리킨다는 사실을 상기할 필요가 있다. 이런 움직임은 하버마스 같은 좌파 민주주의자들의 강력한 반발을 샀다. 그들에게 독일이 결코 나치 범죄에 대한 역사적 참회의 짐을 벗어버린 '정상 국가'가 될 수 없다는 것은 성스러운 진실이었다. 이 가운데 어느 것도 비독일인들이 오늘날의 독일을 도덕적으로나 감정적으로 걱정스러운 생각에서 본질적으로 '정상'인 국가로 보는 것을 막지 못했다.

63 세바스티안은 《2천 년 동안(De două mii de ani)》의 서두에서 "나는 오직 상징과 징후를 두려워했을 뿐, 사람과 사물을 두려워한 적은 없었다"라고 썼다. 1934년에 발표된 이 놀라운 소설은 두 차례 세계대전 사이 루마니아의 반유대주의와 지독한 민족주의라는 숨이 막힐 듯한 분위기를 전달하고 있다.

64 "우리는 밤으로 퓌레를 만드는 방식으로 민족을 통합하지 않는다(On n'integre pas les peuples comme on fait de la purée de marrons)." 'La Vision européenne du général de Gaulle', *L'Observatoire de l'Europe* (27 January 2010)에서 재인용.

65 President Richard von Weizsäcker, 'Speech during the Ceremony Commemorating the 40th Anniversary of the End of War in Europe and of National-Socialist Tyranny' (8 May 1985), https://www.bundespraesident.de/SharedDocs/Downloads/DE/Reden/2015/02/150202-RvW-Rede-8-Mai-1985-englisch.pdf?—blob=publicationFile.

66 독일이 유럽연합에서 크로아티아의 독립을 밀어붙이는 데 주도적인 역할을 했다는 사실은 이 반민족주의적 헌신의 한계(어쩌면 위선)를 시사한다는 점 또한 얘기해둘 필요가 있다.

67 여기에는 이고르 가이다르, 아나톨리 추바이스(Anatoly Chubais), 안드레이 코지레프(Andrei Kozyrev), 보리스 넴초프(Boris Nemtsov) 같은 자유주의자들이 중·동유럽의 자유주의자들에 비해 보다 빠르고 보다 철저하게 대중의 지지를 잃었던 러시아도 포함된다.

68 Elzbieta Stasik, 'Stoking anti-German sentiments in Poland', *Deutsche Welle* (15 December 2012); https://www.dw.com/en/stoking-anti-german-sentiment-in-poland/a-16456568.

69 Gabor Halmai and Kim Lane Scheppele, 'Living Well Is the Best Revenge: The

Hungarian Approach to Judging the Past' in A. James McAdams (ed.), *Transitional Justice and the Rule of Law in New Democracies* (University of Notre Dame, 1997), p. 155.

70 Ivan Berend, *Decades of Crisis* (University of California Press, 2001).

71 Arthur Koestler in Richard Crossman (ed.), *The God that Failed* (Columbia University Press, 1951), p. 2.

72 'A Public Opinion Survey about János Kádár and the Kádár Regime from 1989', *Hungarian Spectrum* (28 May 2013); https://hungarians pectrum.wordpress. com/2013/05/28/a-public-opinion-survey-about-janos-kadar-and-the-kadar-regime-from-1989/.

73 이는 Ryszard Legutko, *The Demon in Democracy: Totalitarian Temptations in Free Societies* (Encounter Books, 2018)의 주제 가운데 하나다. 이 책은 자유민주주의의 '병'과 '정신적 노예화'에 대한 공격이다. 저자는 인용 없이 유럽 반자유주의의 오랜 역사 속에서 모든 진부한 단순화와 정형화를 재활용했다.

74 Paul Lendvai, *Orbán: Hungary's Strongman* (Oxford University Press, 2018), p. 13.

75 Zoltán Kovács, 'Imre Nagy Reburied, Viktor Orban's Political Career Launched 25 Years Ago Today', *Budapest Beacon* (16 June 2014).

76 Aviezer Tucker, *The Legacies of Totalitarianism: A Theoretical Framework* (Cambridge University Press, 2015).

77 'Full Text of Viktor Orbán's Speech at Băile Tuşnad (Tusnádfürdő) of 26 July 2014', *The New York Times* (29 July 2014).

78 같은 글.

79 같은 글.

80 Enzensberger, *Europe, Europe*, p. 109.

81 Elisabeth Zerofsky, 'Is Poland Retreating from Democracy?', *New Yorker* (30 July 2018).

82 'Orbán Viktor's Ceremonial Speech on the 170th Anniversary of the Hungarian Revolution of 1848' (16 March 2018).

83 'Full Text of Viktor Orbán's Speech at Băile Tuşnad (Tusnádfürdő) of 26 July 2014', *The New York Times* (29 July 2014).

84 Marc Santora and Helene Bienvenu, 'Secure in Hungary, Orban Readies for Battle with Brussels', *The New York Times* (11 May 2018).

85 'In the Nick of Time', *The Economist* (29 May 2008).

86 Corentin Lotard, 'Le temps de la colonisation de la Hongrie est terminé!', *Le Courrier de l'Europe Centrale* (3 March 2014).

87 Stephen Holmes, 'A European Doppelstaat?', *East European Politics and Society*, 17:1 (2003), pp. 107~118.

88 Amin Maalouf, *In the Name of Identity: Violence and the Need to Belong* (Arcade, 2000), pp. 74~75.

89 Sławomir Sierakowski, 'How Eastern European Populism Is Different', *The Strategist* (2 Feb 2018)에서 재인용.

90 Maria Schmidt, cited in Oltermann, 'Can Europe's New Xenophobes Reshape the Continent?'.

91 'Polish President Likens EU Membership to Past Occupations', Agence France-Presse (14 March 2018).

92 Applebaum, 'A Warning from Europe'.

93 Adam Leszczyński, 'Poland's Leading Daily Feels Full Force of Jarosław Kaczyński's Anger', *Guardian* (23 February 2016).

94 Oltermann, 'Can Europe's New Xenophobes Reshape the Continent?'에서 재인용.

95 Viktor Orbán, 'Speech at the Annual General Meeting of the Association of Cities with County Rights' (8 February 2018).

96 Zoie O'Brien, 'EU Starting to Resemble Old Soviet Union with its DICTATED Rules and Values', *Daily Express* (31 December 2016) 참조.

97 Ken Jowitt, 'Setting History's Course', *Policy Review* (1 October 2009).

98 François Jullien, *Il n'y a pas d'identité culturelle* (Paris: L'Herne, 2018).

99 Kim Lane Scheppele, 'The Rule of Law and the Frankenstate: Why Governance Checklists Do Not Work', *Governance* 26:4 (October 2013), pp. 559~562.

제2장 복수로서의 모방

1 "*Les seules bonnes copies sont celles qui nous font voir le ridicule des méchants originaux.*"

2 'The West Doesn't Have to Love Us', Vladimir Surkov in an interview with *Der Spiegel* (20 June 2005).

3 Stephen Kotkin, *Armageddon Averted: The Soviet Collapse, 1970–2000* (Oxford University Press, 2008), p. 5.

4 Thomas Bagger, 'The World According to Germany: Reassessing 1989', *Washington*

Quarterly (22 January 2019), p. 60.

5 Alexey Pushkov, 'Russian Roulette', *National Interest* (3 March 2008).

6 Vladislav Surkov, 'Putin's Lasting State', *Russia Insider* (13 February 2019); https://russia-insider.com/en/vladislav-surkovs-hugely-important-new-article-about-what-putinism-full-translation/ri26259.

7 'Putin's Prepared Remarks at 43rd Munich Conference on Security Policy', *Washington Post* (12 February 2007).

8 Reinhart Koselleck, 'Transformations of Experience and Methodological Change: A Historical-Anthropological Essay', in Koselleck, *The Practice of Conceptual History: Timing History, Spacing Concepts*, trans. Todd Preston *et al*. (Stanford University, 2002), Chapter 4.

9 President Richard von Weizsäcker, 'Speech during the Ceremony Commemorating the 40th Anniversary of the End of War in Europe and of National-Socialist Tyranny' (8 May 1985), https://www.bundespraesident.de/SharedDocs/Downloads/DE/Reden/2015/02/150202-RvW-Rede-8-Mai-1985-englisch.pdf?—blob=publicationFile.

10 Steven Lee Myers, *The New Tsar: The Rise and Reign of Vladimir Putin* (Vintage, 2016), Chapter 4.

11 Pia Malaney, 'Mortality Crisis Redux: The Economics of Despair', Institute for New Economic Thinking (27 March 2017); https://www.ineteconomics.org/perspectives/blog/mortality-crisis-redux-the-economics-of-despair.

12 Vladimir Yakunin, *The Treacherous Path: An Insider's Account of Modern Russia* (Biteback Publishing, 2018), p. 18.

13 푸틴의 2005년 4월 25일 국정 연설. David Masci, 'In Russia, Nostalgia for Soviet Union and Positive Feelings about Stalin', Pew Research Center (29 June 2017).

14 Alexei Navalny and Adam Michnik, *Opposing Forces: Plotting the New Russia* (Egret Press, 2016), p. 101.

15 실패한 쿠데타 기획자 가운데 한 사람인 보리스 푸고(Boris Pugo) 소련 내무부 장관은 1991년 8월 22일 자살했다.

16 Curzio Malaparte, *The Kremlin Ball* (New York Review of Books Classics, 2018), p. 45.

17 Ilya Yablokov, *Fortress Russia: Conspiracy Theories in the Post-Soviet World* (Polity, 2018).

18 Miriam Elder, 'Vladimir Putin Accuses Hillary Clinton of Encouraging Russian Protests', *Guardian* (8 December 2011).

19 Stephen Holmes, *Benjamin Constant and the Making of Modern Liberalism* (Yale, 1984), p. 207.

20 Susan Glasser and Peter Baker, *Kremlin Rising: Vladimir Putin's Russia and the End of Revolution* (Potomac Books, 2007), p. 7.

21 "지금 여론에서 러시아인들은 서방을 인정머리가 없고, 정신적 가치가 부족하며, 극도로 형식적이고 공격적이라고 본다. 러시아인들은 더 이상 서방 모델이 자신들을 위한 것이라고 생각지 않는다. 그들의 나라는 자기만의 '특수한' 길이 있다." Evgeny Tonkonogy, 'The Evolution of Homo Sovieticus to Putin's Man', *Moscow Times* (13 October 2017).

22 민족주의의 역사를 연구하는 러시아 태생의 역사학자 리아 그린펠드(Leah Greenfeld)에 따르면, 외래 사상과 제도를 도입하는 모든 사회는 "불가피하게 도입의 원천(당연히 모방 대상이다)에 초점을 맞추고 그에 반응했다. 모방자의 인식 속에서 모델은 모방자보다 우월하기 때문에(그들이 모델이 된 사실에 그것이 함축돼 있다), 그리고 접촉은 모방자의 열등함을 강조하는 역할을 하는 경우가 그렇지 않은 경우보다 많기 때문에 반응은 보통 '노여움'의 형태를 띤다." Liah Greenfield, *Nationalism: Five Roads to Modernity* (Harvard University Press, 1992), p. 15.

23 Wolfgang Schivelbusch, *The Culture of Defeat: On National Trauma, Mourning, and Recovery* (Metropolitan Books, 2013), pp. 33~34.

24 Martin van Creveld, *The Transformation of War* (The Free Press, 1991), p. 225.

25 즈비그네프 브레진스키(Zbigniew Brzezinski)는 나중에 언론 인터뷰에서 이렇게 말했다. "소련이 공식적으로 국경을 넘던 날 나는 카터 대통령에게 이런 요지의 메모를 썼습니다. '우리는 이제 소련에 베트남전쟁을 선사할 기회가 생겼습니다.'" *Le Nouvel Observateur* (15 January 1998).

26 푸틴이 2014년에 설명했듯이 미국인들은 "한때 소련과 싸우도록 이슬람 극단주의 운동을 지원했습니다. 이 단체들은 아프가니스탄에서 전투 경험을 얻었고, 나중에 탈레반과 알카에다를 탄생시켰습니다. 서방은 러시아를 침략한(우리는 이를 잊지 않고 있습니다) 국제 테러리스트들에게 정보를 주고 정치적·재정적 지원을 하지 않았어야 했다고 말하고 싶습니다." 2014년 10월 24일 소치의 발다이(Valdai) 국제토론클럽에서 푸틴이 한 연설.

27 Masha Gessen, 'Putin's Syrian Revenge', *New Yorker* (8 October 2015).

28 푸틴은 "유명한 코소보 선례"를 인용했다. "우리의 서방 친구들이 아주 비슷한 상황에서 자기네 손으로 만들어놓은 선례"였다. 당시 "그들은 세르비아로부터 코소보를 일방적으

로 분리하는 데 동의했고, 그것은 바로 지금 크림반도에서 일어난 일"과 같은 것이었다.
Address by President of the Russian Federation (18 March 2014); http://en.kremlin.
ru/events/president/news/20603.

29 Simon Waxman, 'Why Did Putin Oppose Clinton? Decades of American Hypocrisy',
Washington Post (April 20, 2017).

30 Perry Anderson, 'Imitation Democracy', *London Review of Books* 37:16 (27 August
2015)에서 재인용.

31 Lincoln A. Mitchell, *The Color Revolutions* (University of Pennsylvania Press, 2012).

32 Alexander Prokhanov, *Politolog* (Ultra Kultura, 2005).

33 Andrew Wilson, 'Virtual Politics: "Political Technology" and the Corruption of Post-
Soviet Democracy', Johnson's Russia List E-mail Newsletter (21 December 2005);
www.cdi.org/russia/johnson/9324-5.cfm.

34 Andrew Wilson, *Virtual Politics: Faking Democracy in the Post-Soviet World* (Yale
University Press, 2005), p. xiii.

35 James Madison, *Federalist 10* (Cambridge University Press, 2003). 이 구절은 폴 매너
포트류의 정치적 야바위가 텔레비전 시대 훨씬 전에 있었음을 시사한다.

36 Hannah Arendt, *The Origins of Totalitarianism* (Meridian Books, 1958), p. 155.

37 Ivan Krastev, *Time and Place/Vreme i miasto. A conversation with Gleb Pavlovsky*,
in Bulgarian (Trud, 2018).

38 "대부분은 정치생활에 완전히 무관심하다. 좀 더 관여하기를 원하느냐고 물으면 85퍼센
트의 사람들은 고개를 젓는다. 그들은 정치가 자기네와 아무런 관련이 없다고 생각한다."
Tonkonogy, 'The Evolution of Homo Sovieticus'.

39 사적인 대화.

40 같은 '대안 없음'이 러시아에서는 정통성의 근원이 되고 중부유럽에서는 비정통성의 근원
이 된 차이가 어디에 있는지 의문이 들 수 있다. 왜 같은 방식이 러시아에서는 퇴진을 낳
고 중부유럽에서는 저항을 불러왔는가? 그 답은 러시아에서는 푸틴이 정부 정책을 바꿀
수 있었지만 아무도 푸틴을 바꿀 수 없었고, 반면에 중부유럽에서는 통치자들은 바꿀 수
있었지만 정책은 여전히 그대로였다는 데 있었다. 이것이 반체제의 분노를 만들어냈다.
1990년대에 이 지역에서 배양된, 각자의 투표가 중요하다는 기대 때문이었다. 이는 러시
아 유권자들은 전혀 생각지 못한 것이었다.

41 Kirill Rogov, 'Public Opinion in Putin's Russia', NUPI Working Paper 878 (Norwegian
Institute of International Affairs, 2017); https://brage.bibsys.no/xmlui/bitstream/
handle/11250/2452184/NUPI_Working_Paper_878_Rogov.pdf?sequence=2.

42 Stefan Hedlund, *Russian Path Dependence* (Routledge, 2005). 다음을 참조하라. "러시아의 움직임은 최근 들어 분명히 러시아 역사의 큰 흐름을 따르고 있다." Robert Kagan, *The Jungle Grows Back* (Knopf, 2018), p. 107.

43 또한 Karl Schlögel, *Moscow*, 1937 (Polity, 2014)를 참조하라.

44 레바다센터가 2005년에서 2015년 사이에 조사한 바에 따르면, 응답자의 34퍼센트 정도가 "민주주의 발전"이 "이 나라의 상황을 가장 정확하게 묘사"한 것이라고 말했다.

45 Julia Ioffe, 'The Potemkin Duma', *Foreign Policy* (22 October 2009).

46 Sergei Kovalev, 'Why Putin Wins', *New York Review of Books* (22 November 2007).

47 Alexander Lukin, 'Russia's New Authoritarianism', *Post-Soviet Affairs* 25:1 (2009), p. 80.

48 Michael Schwirtz, 'Russians Shrug at Prospects of Another Putin Term, Poll Shows', *The New York Times* (7 October 2011).

49 크렘린이 통일러시아당과 벌이는 게임은 상당히 복잡하다. 명목상의 경쟁자들에게는 확실히 이겨야 하지만 강력한 세력 또는 진정한 '인민의 당'은 절대로 나타날 수 없는 방식이어야 한다. 그것이 도전자 또는 크렘린의 라이벌로 변신할 수 있기 때문이다.

50 Jacques Séguéla, *Le Vertige des urnes* (Flammarion, 2000).

51 Andrew Roth, 'Russian Election Officials Bar Protest Leader Navalny from 2018 Presidential Race', *Washington Post* (25 December 2017) 참조.

52 Anderson, 'Imitation Democracy'에서 재인용.

53 Alexei Slapovsky, *Pohod na Kreml'. Poema bunta* (AST, 2010); http://www.litres.ru/aleksey-slapovskiy/pohod-na-kreml.

54 Julia Ioffe, 'The Loneliness of Vladimir Putin', *New Republic* (2 February 2014); http://www.newrepublic.com/article/116421/ vladimir-putins-russia-has-crushed-dissent-still-falling-apart.

55 Mischa Gabowitsch, *Protest in Putin's Russia* (Polity, 2017).

56 푸틴의 첫 번째 취임 연설 (2000년 5월 7일).

57 Miriam Elder, 'Russian Protests: Thousands March in Support of Occupy Abay Camp', *The Guardian* (13 May 2012).

58 Michael McFaul, *From Cold War to Hot Peace: An American Ambassador in Putin's Russia* (Houghton Mifflin Harcourt, 2018), pp. 335, 280.

59 Ivan Ilyin, *Our Mission*. 티머시 스나이더(Timothy Snyder)는 'God Is a Russian', *New York Review of Books* (5 April 2018)에서 일리인이 '푸틴의 철학자'라고 주장한다. 그리고 푸틴이 그의 '연방의회 연례 연설'(2006년 5월 10일)에서 "유명한 러시아 사상가 이

반 일리인"을 언급하고 그를 인용하며 다음과 같은 견해를 지지한 것은 사실이다. "우리
는 어느 곳에서 오는 것이든 러시아에 외교적 압박을 가하려는 시도에 대응할 수 있어
야 합니다. 특히 우리를 희생양으로 삼아 자기네 입지를 강화하려는 목표를 가진 압박들
에 대해서 말입니다." 이에 대한 반론은 Marlene Laruelle, 'Is Russia Really "Fascist"? A
Comment on Timothy Snyder', PONARS Eurasia Policy Memo No. 539 (September
2018)을 참조하라.

60 이것이 2012년 3월 4일 모스크바 마네즈나야 광장에서 한 푸틴의 유명한 '선거 승리 연설'
이다. https://www.youtube.com/watch?v=c6qLcDAoqxQ.

61 Anton Troianovski, 'Putin Claims Russia Is Developing Nuclear Arms Capable of
Avoiding Missile Defenses', *Washington Post* (1 March 2018).

62 푸틴의 2000년 대통령 취임 후 첫 인터뷰. https://www.youtube.com/watch?v=
EjU8Fg3NFmo.

63 David Brooks, 'The Revolt of the Weak', *The New York Times* (1 September 2014).

64 Moisés Naím, *The End of Power: From Boardrooms to Battlefields and Churches to
States, Why Being in Charge Isn't What It Used to Be* (Basic Books, 2013).

65 Address by President of the Russian Federation (18 March 2014); http://en.kremlin.
ru/events/president/news/20603.

66 Shaun Walker, *The Long Hangover: Putin's New Russia and the Ghosts of the Past*
(Oxford University Press, 2018), p. 4.

67 Lilia Shevtsova, 'Imitation Russia', *National Interest* 2:2 (1 November 2006).

68 Julia Ioffe, 'What Putin Really Wants', *The Atlantic* (January–February 2018).

69 Roderick Conway Morris, 'For 12 Jurors in a Conflicted Russia, There Are No Easy
Answers', *The New York Times* (14 September 2007).

70 Ruslan Isayev, 'Mikhalkov's Film 12 Screened in Moscow and Chechnya', *Prague
Watchdog* (6 November 2007).

71 Luke Harding, 'Putin's Tears: Why So Sad, Vlad?', *Guardian* (5 March 2012).

72 미국 NBC 뉴스채널과의 2000년 6월 2일 인터뷰 녹취록. http://en.kremlin.ru/events/
president/transcripts/24204.

73 Samuel P. Huntington, 'The Clash of Civilizations?', *Foreign Affairs* 72:3 (Summer,
1993), p. 156.

74 Henry Foy, 'Russia's Trust in Vladimir Putin Falls to At Least 13-year Low',
Financial Times (21 January 2019).

75 그러나 Alex Hernand and Marc Bennetts, 'Great Firewall Fears as Russia Plans to

Cut Itself Off from Internet: Moscow Says Temporary Disconnection Is a Test of its Cyberdefence Capabilities', *Guardian* (12 February 2019)를 참조하라.

76 Nicholas Eberstadt, 'The Dying Bear: Russia's Demographic Disaster', *Foreign Affairs* (November/December, 2011).

77 United Nations, Department of Economic and Social Affairs, Population Division (2017), *World Mortality 2017 – Data Booklet*;http://www.un.org/en/development/desa/population/publications/pdf/mortality/World-Mortality-2017-Data-Booklet.pdf.

78 Michael Smith, 'Pentagon Planned Love Bomb', *Daily Telegraph* (15 January 2005).

79 'Transcript of Press Conference with the Russian and Foreign Media' (1 February 2007); http://en.kremlin.ru/events/president/transcripts/24026.

80 'Presidential Address to the Federal Assembly' (12 December 2013); http://en.kremlin.ru/events/president/news/19825.

81 Masha Lipman, 'The Battle Over Russia's Anti-Gay Law', *New Yorker* (10 August 2013).

82 로버트 케이건에 따르면, 푸틴은 "세계무대에서 러시아가 과거 지녔던 영향력을 회복"하기 위해 자유주의 세계 체제를 공격하고 있다. Kagan, *The Jungle Grows Back* (Knopf, 2018), p. 111.

83 James Kirchick, *The End of Europe: Dictators, Demagogues, and the Coming Dark Age* (Yale University Press, 2017).

84 Adolf Burger, *The Devil's Workshop: A Memoir of the Nazi Counterfeiting Operation* (Frontline Books, 2009).

85 Dan Lamothe, 'Once Again, Militants Use Guantanamo-inspired Orange Suit in an Execution', *Washington Post* (28 August 2014).

86 이와 비슷하게, 테러리스트들은 종종 전술적 우위를 차지하기 위해서가 아니라 희생자와 가해자의 역할을 뒤집기 위해 폭탄을 설치한다.

87 Bojana Barlovac, 'Putin Says Kosovo Precedent Justifies Crimea Secession', *Balkan Insight* (18 March 2014).

88 Will Englund, 'Russians Say They'll Name Their Magnitsky-Retaliation Law After Baby Who Died in a Hot Car in Va', *Washington Post* (11 December 2012).

89 Scott Shane, 'Russia Isn't the Only One Meddling in Elections. We Do It Too', *The New York Times* (17 February 2018).

90 Michael Kramer, 'Rescuing Boris', *Time* (24 June 2001).

91 "러시아 법의 테두리 안에서" 자유롭게 행동할 수 있는 그의 '요리사' 예브게니 프리고 진(Yevgeny Prigozhin) 같은 사람들이다. Neil Mac-Farquhar, 'Yevgeny Prigozhin, Russian Oligarch Indicted by US, Is Known as "Putin's Cook"', *New York Times* (15 February 2018).

92 'Background to "Assessing Russian Activities and Intentions in Recent US Elections": The Analytic Process and Cyber Incident Attribution' (6 January 2017): https://www.dni.gov/files/documents/ICA_2017_01.pdf.

93 Scott Shane and Mark Mazzetti, 'The Plot to Subvert an Election: Unraveling the Russia Story So Far', *New York Times* (20 September 2018).

94 Peter Baker, 'Point by Point, State Department Rebuts Putin on Ukraine', *New York Times* (5 March 2014).

95 Ian Traynor and Patrick Wintour, 'Ukraine Crisis: Vladimir Putin Has Lost The Plot, Says German Chancellor', *Guardian* (3 March 2014).

96 'US Publishes List of Putin's "False Claims" on Ukraine', *Haartez* (6 May 2014).

97 John J. Mearsheimer, *Why Leaders Lie: The Truth About Lying in International Politics* (Oxford University Press, 2013), pp. 29, 20.

98 Edward Jay Epstein, *Deception: The Invisible War between the KGB and the CIA* (Simon and Schuster, 1989), p. 17.

99 Viktor Pelevin, *Operacija 《Burning Bush》, in Ananasnaja voda dlja prekrasnoj damy* [Pineapple Water for a Fair Lady] (Eksmo, 2011), pp. 7~144.

100 Charles Kaiser, 'Can It Happen Here?', *Guardian* (8 April 2018).

101 Sheila Fitzpatrick, 'People and Martians', *London Review of Books* 41:2 (24 January 2019)에서 재인용.

102 Yascha Mounk, *The People vs. Democracy: Why Our Freedom Is in Danger and How to Save It* (Harvard University Press, 2018).

103 Larry Diamond, 'Liberation Technology', *Journal of Democracy* (20 July 2010).

104 Gabriel Zucman, *The Hidden Wealth of Nations: The Scourge of Tax Havens* (University of Chicago Press, 2016).

105 Franklin Foer, 'How Kleptocracy Came to America', *The Atlantic* (March 2019).

106 Yablokov, *Fortress Russia*.

107 http://www.europarl.europa.eu/news/en/agenda/briefing/2018-01-15/4/russia-s-propaganda-in-the-eu.

제3장 탈취로서의 모방

1   시드니 루멧이 1971년 영화로 만들어 비평가들의 극찬을 받았고, 2017년 케네스 브래너 (Kenneth Branagh)가 개작했다.

2   Graham Allison, 'The Myth of the Liberal Order', *Foreign Affairs* (July/August 2018).

3   David Leonhardt, 'Trump Tries to Destroy the West', *The New York Times* (10 June 2018); Robert Kagan, 'Trump Marks the End of America as World's "Indispensable Nation"', *Financial Times* (19 November 2016).

4   Robert Kagan, *The World America Made* (Vintage, 2012); Kagan, 'Trump Marks the End'.

5   Robert Costa, Josh Dawsey, Philip Rucker and Seung Min Kim, '"In the White House Waiting": Inside Trump's Defiance on the Longest Shutdown Ever', *The New York Times* (12 January 2018).

6   Gideon Rachman, 'Donald Trump Embodies the Spirit of Our Age', *Financial Times* (22 October 2018).

7   Alexander Hamilton, *Phocion Letters*, second letter (1784).

8   Julian E. Barnes and Helene Cooper, 'Trump Discussed Pulling US From NATO, Aides Say Amid New Concerns Over Russia', *The New York Times* (14 January 2019).

9   트럼프, 오르반, 푸틴은 모두 '약탈정치가(kleptocrat)'로 표현됐다. Paul Waldman, 'Trump Is Still Acting Like a Tinpot Kleptocrat', *Washington Post* (29 May 2018); Bálint Magyar, *Post-Communist Mafia State: The Case of Hungary* (Central European University Press, 2016); Karen Dawisha, *Putin's Kleptocracy: Who Owns Russia?* (Simon and Schuster, 2015). 그러나 비교할 수 있는 약탈의 방식이 아무리 연구자들에게 흥미롭더라도 비교할 수 있는 대중 지지의 근원에 관해서는 아무것도 말해주지 않는다.

10   Vladimir Putin, 'A Plea for Caution from Russia', *The New York Times* (11 September 2013).

11   Trump, CNN interview (13 September 2013).

12   Interview with Jeffrey Lord, 'A Trump Card', American Spectator (20 June 2014).

13   이러한 관찰은 트럼프가 2017년 5월 25일 브뤼셀의 나토 본부에 갔을 때 동맹국들을 흔들어보려 했던 것이 비용 분담을 독려하는 것보다는 모욕을 느꼈기 때문이며, 그는 동맹국들이 미국에 해를 입히기 위해 할 수 있는 일은 아무것도 없다고 생각했음을 시사한다.

14 'Transcript: Donald Trump on NATO, Turkey's Coup Attempt and the World', *The New York Times* (21 July 2016).

15 Conor Cruise O'Brien, 'Purely American: Innocent Nation, Wicked World', *Harper's* (April 1980); Anatol Lieven, *America Right or Wrong: An Anatomy of American Nationalism* (Oxford University Press, 2004)를 보라.

16 다음을 참조하라. "현대사에서 어떤 나라도 미국처럼 그렇게 일관되게 자기네가 세계에서 특별한 책무를 가지고 있다는 믿음에 지배된 경우는 없었다." Russel Nye, *This Almost Chosen People* (Macmillan, 1966), p. 164.

17 Woodrow Wilson, *The New Democracy*, vol. 4 of *The Public Papers of Woodrow Wilson*, ed. Ray Stannard Baker and William E. Dodd (Harper and Brothers, 1926), pp. 232~233.

18 Kagan, 'Trump Marks the End'.

19 'Transcript of Mitt Romney's Speech on Donald Trump', *The New York Times* (3 March 2016).

20 Janan Ganesh, 'America Can No Longer Carry the World On Its Shoulders', *Financial Times* (19 September 2018).

21 Philip Bump, 'Donald Trump Isn't Fazed by Vladimir Putin's Journalist-Murdering', *Washington Post* (18 December 2015).

22 2017년 2월 트럼프는 대통령으로 취임한 뒤 미국의 나쁜 특성에 관한 무심하고 냉소적인 이 고백에 몰두했다. 《폭스뉴스》에 출연했을 때 윌리엄 오라일리(William O'Reilly)가 그에게 이렇게 말했다. "푸틴은 살인자예요." 트럼프는 대답했다. "살인자는 많아요. 우리 나라에도 많습니다. (…) 우리 나라가 그렇게 깨끗하다고 생각하세요?" Christopher Mele, 'Trump, Asked Again About Putin, Suggests US Isn't "So Innocent"', *The New York Times* (4 February 2017)에서 인용. 트럼프가 모방자를 고무하는 능력에 대해서는 'Trump Advisor Tom Barrack Says "Atrocities in America Are Equal or Worse" than the Khashoggi Killing', *The Week* (13 February 2019)를 보라.

23 William J. Clinton, 'Remarks to the Turkish Grand National Assembly in Ankara', 15 November 1999; https://clintonwhitehouse4.archives.gov/WH/New/Europe-9911/remarks/1999-11-15b.html.

24 'Text: Obama's Speech in Cairo', *The New York Times* (4 June 2009).

25 Diane Roberts, 'With Donald Trump in the White House, the Myth of American Exceptionalism Is Dying', *Prospect* (13 September 2017).

26 Pew Research Center (30 June 2017); http://www.pewresearch.org/fact-tank/2017/

06/30/most-americans-say-the-u-s-is-among-the-greatest-countries-in-the-world/.

27 Alexander Burns, 'Donald Trump, Pushing Someone Rich, Offers Himself', *The New York Times* (16 June 2015).

28 Ken Jowitt(개인적인 대화).

29 Ganesh, 'America Can No Longer Carry the World'.

30 Stephen Wertheim, 'Trump and American Exceptionalism', *Foreign Affairs* (3 January 2017). "트럼프가 계속 예외론을 박찬다면 그는 국내에서 정부의 신뢰도에 타격을 입을 것이고, 정통성에 틈이 생겨 나라의 온갖 정파들이 그 틈을 메우겠다고 달려들 것이다"라는 워트하임의 예측은 아직 실현되지 않았다.

31 Charlie Laderman and Brendan Simms, *Donald Trump: The Making of a World View* (Endeavor Press, 2017)에 수집된 인터뷰들을 보라.

32 'Transcript: Donald Trump's Foreign Policy Speech', *The New York Times* (27 April 2016).

33 'Donald Trump: How I'd Run the Country (Better)', *Esquire* (August 2004).

34 'Remarks by President Trump to the 73rd Session of the United Nations General Assembly', *Foreign Policy* (25 September 2018).

35 Laderman and Simms, *Donald Trump*를 보라.

36 이와 비슷하게, '긴요한 모방'에 대한 중부유럽의 거부는 서방이 세계에서 지배적인 지위를 상실했음이 분명해진 2008년 이후 본격적으로 시작됐다. 오르반 빅토르는 이렇게 말했다. "나의 기본적인 요점은 오늘날 세계의 많은 변화가 모두 한 방향을 가리키고 있다는 것입니다. 모든 것이 분명해진 순간은 2008년 금융위기, 아니 서방 금융위기 때입니다. (…) 한 유명한 분석가에 따르면 미국의 '연성권력'은 무너져가고 있습니다. 자유주의적 가치에는 부패와 섹스와 폭력이 수반되기 때문입니다. 그러한 '자유주의적 가치'는 미국과 미국식 현대화를 믿을 수 없게 만듭니다." 'Full Text of Viktor Orbán's Speech at Băile Tuşnad (Tusnádfürdő) of 26 July 2014', *The New York Times* (29 July 2014).

37 Robert Kagan, 'Not Fade Away: The Myth of American Decline', *New Republic* (11 January 2012).

38 2017년 1월 20일의 취임 연설.

39 Ken Jowitt, 'Setting History's Course', *Policy Review* (1 October 2009).

40 여기에는 9·11 식의 테러리스트를 숨겨주고자 하는 모든 나라에 미국의 군사적인 힘을 보여주고, 1993년 아버지 부시 대통령을 죽이려 했던 사담에게 보복을 하며, 바그다드에 미국에 고분고분한 정부를 세우고, 이스라엘의 전략적 위협을 제거하며, 석유수출국기구(OPEC)에서 미국의 발언권을 확보하고, 수보다는 속도가 중요하다는 군사 이론을 검증

하며, 행정부가 대통령에 대한 의회의 감시를 무시해도 아무런 일이 없음을 보여주는 것 등이 포함됐다.

41 소련 공산주의와의 경쟁을 통해 미국 자유주의에 제공된 고양 효과에 관한 연구에 대해서는 Mary L. Dudziak, *Cold War Civil Rights: Race and the Image of American Democracy* (Princeton University Press, 2011)를 보라.

42 Jacob Mikanowski, 'Behemoth, Bully, Thief: How the English Language Is Taking Over the Planet', *Guardian* (27 July 2018): Peter Conrad, *How the World Was Won: The Americanization of Everywhere* (Thames & Hudson, 2014).

43 Philippe van Parijs, *Linguistic Justice for Europe and for the World* (Oxford University Press, 2011).

44 Paul Pillar, *Why America Misunderstands the World* (Columbia University Press, 2016), p. 12.

45 Amin Maalouf, *In the Name of Identity: Violence and the Need to Belong* (Arcade, 2000), p. 140.

46 Edward Behr, *Anyone Here Been Raped and Speaks English?* (Penguin, 1992).

47 Yascha Mounk and Roberto Stefan Foa, 'The End of the Democratic Century: Autocracy's Global Ascendance', *Foreign Affairs* (May/June 2018).

48 같은 글.

49 Chris Hastings, 'President Putin Thinks House of Cards Is a Documentary', *Daily Mail* (27 May 2017).

50 Bob Woodward, *Fear: Trump in the White House* (Simon & Schuster, 2018), p. 159.

51 공산주의의 몰락 이후 서방의 민주주의 장려를 위한 노력은 대단치 않았지만, 노력한 만큼 결정적인 승리가 승자로부터 호기심을 앗아간다는 주장을 확인해주었다. 많은 외래 방문객들에게 공산주의에서 벗어나고 있는 나라들에 관해 유일하게 흥미를 끈 것은 이 나라들이 미리 만들어둔 민주주의 및 자유주의 개혁의 길로 조금씩 나아가고 있는지의 여부였다. 약간 과장해서 말하자면 많은 정부 관리들과 비정부기구(NGO) 대표들은 관광객이 동물원의 원숭이 울타리를 방문하는 것처럼 공산주의에서 벗어난 나라들을 방문하게 됐다. 그들은 오직 없는 것에만 마음을 빼앗겼다. 유용한 반대 세력도 없었고, 말하자면 법에 의한 지배도 없었다.

52 Mark Thompson, 'The Pentagon's Foreign-Language Frustrations', *Time* (24 August 2011).

53 개인적인 대화.

54 Michael Kranish and Marc Fisher, *Trump Revealed: The Definitive Biography of the 45th President* (Scribner, 2016).

55 Donald Trump, *Think Big: Make It Happen in Business and Life* (HarperCollins, 2009).

56 Tony Schwartz, 'I Wrote the Art of the Deal with Donald Trump' in Bandy X. Lee (ed.), *The Dangerous Case of Donald Trump* (Thomas Dunne Books, 2017).

57 Paul B. Brown, 'How to Deal with Copy Cat Competitors: A Six Point Plan', *Forbes* (12 March 2014).

58 Interview with Jeffrey Lord, p. 40.

59 'The 1990 Playboy Interview With Donald Trump', *Playboy* (1 March 1990).

60 'Full Text: Donald Trump Announces a Presidential Bid', *Washington Post* (16 June 2015).

61 Morgan Gstalter, 'Trump to Impose Total Ban on Luxury German Cars', *The Hill* (31 May 2018). 또한 Griff Witte and Rick Noack, 'Trump's Tariff Threats Suddenly Look Very Real in the Heartland of Germany's Car Industry', *Washington Post* (22 June 2018)를 보라.

62 Interview on *The O'Reilly Factor*, Fox News, 31 March 2011.

63 Eric Rauchway, 'Donald Trump's New Favorite Slogan Was Invented for Nazi Sympathizers', *Washington Post* (14 June 2016).

64 Laderman and Simms, *Donald Trump*, p. 73.

65 'Donald Trump Announces a Presidential Bid'.

66 "많은 미국인들은 불공정한 경쟁으로 타고난 권리를 빼앗기고 있다고 생각하고 있습니다. 일본, 한국, 타이완과 이제는 중국, 인도에게 말입니다." Edward Luce, *Time to Start Thinking: America in the Age of Descent* (Atlantic Monthly Press, 2012) p. 40.

67 Inaugural Address, 20 January 2017.

68 Francis Fukuyama, *Identity: The Demand for Identity and the Politics of Resentment* (Farrar, Straus and Giroux, 2018), p. 157. 보수적인 역사학 교수 니얼 퍼거슨은 비슷한 주장을 한다. 자유주의의 패권이 중국의 초강대국 지위 부상을 촉진하고 이에 따라 오랫동안 내부적으로 서방 자유주의의 대들보 노릇을 했던 서방 중산층을 몰락시킴으로써 자멸했다는 것이다. Niall Ferguson and Fareed Zakaria, *Is This the End of the Liberal International Order?* (House of Anansi Press, 2017).

69 Lauren Gambino and Jamiles Lartey, 'Trump Says US Will Not Be a "Migrant Camp"', *Guardian* (19 June 2018).

70 Griff Witte, 'As Merkel holds on precariously, Trump tweets Germans "are turning against their leadership" on migration', *Washington Post* (18 June 2018).

71 Thomas Chatterton Williams, 'The French Origins of "You Will Not Replace Us"', *New Yorker* (4 December 2017).

72 James McAuley, 'New Zealand Suspect Inspired by French Writer Who Fears "Replacement" By Immigrants', *Washington Post* (15 March 2019).

73 Viktor Orbán, 'Speech at the Opening of the World Science Forum', 7 November 2015; Shaun Walker, 'Hungarian Leader Says Europe Is Now "Under Invasion" by Migrants', *Guardian* (15 March 2018).

74 'Remarks by President Trump on the Illegal Immigration Crisis and Border Security' (1 November 2018); https://www.whitehouse.gov/briefings-statements/remarks-president-trump-illegal-immigration-crisis-border-security/.

75 Holly Case, 'Hungary's Real Indians', *Eurozine* (3 April 2018).

76 Ronald Reagan, presidential farewell address to the nation (11 January 1989). 이민이 "미국을 위대하게 만들었다"는 레이건의 주장에 관해서는 https://www.politifact.com/truth-o-meter/statements/2018/jul/03/becoming-american-initiative/did-ronald-reagan-say-immigrants-made-america-grea/를 보라.

77 Maalouf, *In the Name of Identity*.

78 Samuel P. Huntington, *The Clash of Civilizations and the Remaking of World Order* (Simon & Schuster, 1996), p. 306.

79 Ashley Parker and Amy B. Wang, 'Trump Criticizes Democrats, "Russian Witch Hunt," and Coastal Elites at Ohio Rally', *Washington Post* (4 August 2018); Linda Qiu, 'No, Democrats Don't Want "Open Borders"', *The New York Times* (27 June 2018); Aaron Blake, 'Trump Keeps Throwing Around the Word "Treason" – Which May Not Be a Great Idea', *Washington Post* (15 May 2018).

80 Samuel P. Huntington, *Who Are We?: The Challenges to America's National Identity* (Simon & Schuster, 2005).

81 대중주의자에게 투표하는 유권자들은 불법 이민자들이 저지르는 범죄보다 인종 및 민족의 다양성을 더 두려워하는 듯하다. 이러한 인상은 오바마가 미국 예외론을 상찬할 때 정말로 의미했던 바를 상기하면 확인할 수 있다. 이민의 인종 할당제가 폐지된 1965년 이후 미국을 '예외적'으로 만든 것은 인종과 문화적 다양성에 대한 미국의 낙관적이고 호의적인 태도였다. 여기서 트럼프와 그 지지자들이 아마도 가장 역겨움을 느낄 미국 예외론의 차원을 볼 수 있다. 오바마는 2008년 인종에 관한 연설에서 이렇게 말했다. "나는

이 지구상 어느 나라에서도 나와 같은 일이 가능치 않음을 잊지 않을 것입니다." 'Barack Obama's Speech on Race', *New York Times* (18 March 2008). 다음을 참조하라. "미국 대통령 가운데 오바마처럼 자주, 그리고 다양한 방식으로 미국 예외론을 이야기한 사람은 없다." Greg Jaffe, 'Obama's New Patriotism', *Washington Post* (3 June 2015). 많은 트럼프 지지자들에게 이런 귀띔은 반갑지 않았다. 그들은 미국이 다인종 사회가 될 수 있다는 오바마의 도덕적이고 현실적인 주장을 거부했고, 그런 사람들이 여전히 미국에 있다. 미국은 다인종 사회이고 그것은 되돌릴 수 없기 때문에 이러한 거부는 어둠 속의 외침이거나 폭력을 부르는 것이다.

82 토박이 백인 미국인의 출산율 또한 떨어지고 있지만, 이는 사실이다.

83 Larry Elliott, 'As the Berlin Wall Fell, Checks on Capitalism Crumbled', *Guardian* (2 November 2014).

84 Ed Pilkington, 'Obama Angers Midwest Voters with Guns and Religion Remark', *The Guardian* (14 April 2008); Chris Cillizza, 'Why Mitt Romney's "47PerCent" Comment Was So Bad', *Washington Post* (4 March 2013); Aaron Blake, 'Voters Strongly Reject Hillary Clinton's "Basket of Deplorables" Approach', *Washington Post* (26 September 2016).

85 Christopher Lasch, *The Revolt of the Elites: And the Betrayal of Democracy* (Norton, 1995), pp. 44~45.

86 David Smith, '"Democrats Won the House But Trump Won the Election" - and 2020 Is Next', *Guardian* (10 November 2018).

87 Griff Witte, 'Soros-founded University Says It Has Been Kicked Out of Hungary as an Autocrat Tightens His Grip', *Washington Post* (3 December 2018).

88 모방자가 어떻게 모방 대상을 위협하는지에 대한 감각을 새롭게 하기 위해서는 '배신'(속임수로 적의 제복을 입는 수법도 포함해서)이라는 전쟁범죄를 살펴보는 것이 도움이 될 것이다. 대군(大軍)의 시대에 제복은 병사들이 적군과 아군을 식별할 수 있게 해준다. 그러나 달리 같은 편을 알아볼 수 없는 상황에서 순진하게 그런 단순한 정보에 의존하는 것은 모방자들에게 그냥 넘어갈 수 없는 기회를 제공한다. 실제로 위조하거나 훔친 군복을 입은 적이 아군 인사를 죽이는 일은 예컨대 아프가니스탄과 이라크 모두에서 전시 모방의 가장 중요한 형태였다.

89 러시아의 모방 정책의 이런 측면에 대한 회의적이고 재미있는 설명으로는 Jesse Walker, 'How Russian Trolls Imitate American Political Dysfunction', *The Atlantic* (25 October 2018)을 보라.

90 Marcel Detienne, *L'Identité nationale, une énigme* (Gallimard, 1962).

91 케네스 조위트 역시 우리에게 지적했듯이, 1차 세계대전 동안에 유대인도 주민의 수 비율대로 카이저의 군대에 들어갔다는 사실은 조국에 대한 충성심의 증거이기보다는 나치에게 이 표리부동한 위장한 이방인들이 군대 내에서 어떻게 패배주의적이고 과격한 심성을 만들어냈는가에 대한 증거였다.

92 Kwame Anthony Appiah, *The Lies That Bind*: *Rethinking Identity*: *Creed*, *Country*, *Class*, *Culture* (Norton, 2018).

93 Yair Rosenberg, '"Jews will not replace us": Why White Supremacists Go After Jews', *Washington Post* (14 August 2017); Emma Green, 'Why the Charlottesville Marchers Were Obsessed With Jews', *The Atlantic* (15 August 2017). 마찬가지로 리샤르트 레구트코는 자신이 탈공산주의 폴란드에서 자유민주주의에 대해 환멸을 느낀 것을 돌아보면서 과거 공산주의자들이 얼마나 빨리 충실한 자유민주주의자로 변신했는지에 충격을 받았다. 레구트코에게 이는 자유민주주의 정체성의 천박성을 입증했으며, 수십 년 동안 공산주의 폭정에 저항한 것이 우스워지는 일이었다. Ryszard Legutko, *The Demon in Democracy*: *Totalitarian Temptations in Free Societies* (Encounter Books, 2018), pp. 2~3.

94 Liam Stack, 'White Lives Matter Has Been Declared a Hate Group', *The New York Times* (30 August 2016).

95 Philip Roth, *The Plot Against America* (Houghton Mifflin, 2004), p. 13.

96 George Kennan, 'The Long Telegram' (22 February 1946); https://digitalarchive.wilsoncenter.org/document/116178.pdf.

97 Hannah Arendt, *Origins of Totalitarianism* (Meridian Books, 1958).

98 Masha Gessen, 'The Putin Paradigm', *New York Review of Books* (13 December 2016).

99 "기업가이자 매우 중요한 사람에게 상당한 거액을 기부하면 그들은 당신이 원하는 것은 뭐라도 합니다." Peter Nicholas, 'Donald Trump Walks Back His Past Praise of Hillary Clinton', *Wall Street Journal* (29 July 2015).

100 Woodward, *Fear*, p. 174.

101 전시에는 거짓말이 전면 허용된다는 유독 트럼프의 것만은 아닌 생각은 제네바협약 제1 추가의정서 37조 2항에서 확인된다. 이런 내용이다. "그러한 위계(僞計)는 적을 오도하거나 무모하게 행동하도록 의도되었으나 전시에 적용되는 국제법 규칙에 위반되지 아니하며 또한 법에 의한 보호와 관련하여 적의 신뢰를 유발하지 아니하기 때문에 배신행위가 아닌 행위들을 말한다. 다음은 그러한 위계의 예다. 위장, 유인, 양동작전, 오보의 이용."

102 Schwartz, 'I Wrote the Art of the Deal'.

103 James Barron, 'Overlooked Influences on Donald Trump: A Famous Minister and His Church', *The New York Times* (5 September 2016).

104 David Enrich, Matthew Goldstein and Jesse Drucker, 'Trump Exaggerated His Wealth in Bid for Loan, Michael Cohen Tells Congress', *The New York Times* (27 February 2019).

105 Nancy Pelosi, cited in Jennifer Rubin, 'Trump's Fruitless Struggle to Stop Transparency', *Washington Post* (7 February 2019).

106 트럼프의 통치 전략은 그람시의 '문화 패권(cultural hegemony)' 개념으로는 포착할 수 없다는 점을 지적할 필요가 있다. 트럼프는 지배계급의 권력과 특권을 정당화하거나 그 현실이 당연하고 불가피하다는 것을 입증하기 위해 보편적으로 타당한 통치 이데올로기 또는 세계관(Weltanschauung)을 강요하려는 것이 아니다. 그것은 그에게 관심 사항도 아닐뿐더러, 현실의 공식적인 생각 자체를 깨부수는 것은 그가 법적·정치적 면책을 모색하는 데도 필수적이기 때문이다.

107 Bernard Williams, *Truth and Truthfulness: An Essay in Genealogy* (Princeton University Press, 2010).

108 Daniel A. Effron, 'Why Trump Supporters Don't Mind His Lies', *The New York Times* (28 April 2018)를 참조하라.

109 George Orwell, 'Notes on Nationalism', *The Collected Essays, Journalism and Letters*, vol. 4 (Harcourt Brace Jovanovich, 1968).

110 Gregory Korte, 'Trump Blasts "Treasonous" Democrats for Not Applauding at His State of the Union Address', *USA Today* (5 February 2018).

111 Joe Concha, 'Trump Rips Fact-Checkers: "Some of the Most Dishonest People in Media"', *The Hill* (12 February 2019).

112 Rebecca Savransky, 'Poll: Almost Half of Republicans Believe Trump Won Popular Vote', *The Hill* (10 August 2017); Jacqueline Thomsen, 'Poll: Fewer Than Half of Republicans Say Russia Interfered in 2016 Election', *The Hill* (18 July 2018).

113 'Full Transcript: Donald Trump's Jobs Plan Speech', *Politico* (28 June 2016).

114 John Judis, 'What Trump Gets Right on Trade', *New Republic* (25 September 2018).

115 Aaron David Miller and Richard Sokolsky, 'The One Thing Trump Gets Right About Middle East Policy', CNN (7 January 2019). 또한 Jon Finer and Robert Malley, 'Trump Is Right to Seek an End to America's Wars', *The New York Times* (8 January 2019)를 보라.

116 Woodward, *Fear*, p. 125.

117 Adam Liptak, 'Chief Justice Defends Judicial Independence After Trump Attacks "Obama Judge"', *The New York Times* (21 November 2018).

118 Mallory Shelbourne, 'Trump: I'm Not Obstructing Justice, I'm "Fighting Back"', *The Hill* (7 May 2018). "그는 이렇게 말했다. '공모는 없었고, 방해도 없었습니다. 내가 저항하는 그 사실을 당신이 방해라고 부르지 않는다면 말이죠. 나는 저항하는 것입니다. 나는 정말로 저항하는 거예요. 당신이 그걸 방해라고 부르겠다면, 좋아요. 그러나 방해는 없고, 공모도 없습니다.'" Aaron Blake, 'Trump's Notable "Obstruction" Concession', *Washington Post* (27 September 2018)에서 인용.

119 Maria Sacchetti, 'Trump Is Deporting Fewer Immigrants Than Obama, Including Criminals', *Washington Post* (10 August 2017).

120 Karen DeYoung, 'For Trump, the Relationship With Saudi Arabia Is All About Money', *Washington Post* (19 November 2018).

121 Dionne Searcey and Emmanuel Akinwotu, 'Nigerian Army Uses Trump's Words to Justify Shooting of Rock-Throwers', *The New York Times* (3 November 2018).

122 다음을 참조하라. "브라질의 새 대통령 자이르 보우소나루에게 트럼프는 장벽을 깨준 사람이다. 여성 및 소수자에 대한 말과 음모론에 나오는 밀매 경력은 권력을 잡는 데 방해가 될 수 없다는 것을 입증했다." Griff Witte, Carol Morello, Shibani Mahtani and Anthony Faiola, 'Around the Globe, Trump's Style Is Inspiring Imitators and Unleashing Dark Impulses', *Washington Post* (22 January 2019).

결론: 한 시대의 마감

1 Nikolay Karamzin, *Memoir on Ancient and Modern Russia*, trans. Richard Pipes (Atheneum, 1974), p. 122.

2 Tom Parfitt, 'Kvas Is It? Coca-Cola Bids to Bottle the "Coke of Communism"', *Guardian* (5 February 2007).

3 Marina Koren, 'Why the Far Side of the Moon Matters So Much. China's Successful Landing Is Part of the Moon's Long Geopolitical History', *The Atlantic* (3 January 2019).

4 Chris Buckley, 'The Rise and Fall of the Goddess of Democracy', *The New York Times* (1 June 2014); Craig Calhoun, *Neither Gods Nor Emperors: Students and the Struggle for Democracy in China* (University of California Press, 1995), p. 108.

5 'Deng's June 9 Speech: "We Faced a Rebellious Clique" and "Dregs of Society"', *The New York Times* (30 June 1989).

6 매우 흥미롭게도 이 사건 직후 도널드 트럼프는 탄압에 대한 존경심을 표출했다. "학생들이 톈안먼 광장으로 쏟아져 나오자 중국 정부는 그것을 거의 날려버렸습니다. 그런 다음 그들은 악랄했고 무시무시했으며, 그러나 이들을 힘으로 진압했습니다. 그것은 강인한 힘을 보여주었습니다. 우리 나라는 지금 약하게 보이고 있습니다. (⋯) 세계 사람들이 침을 뱉고 있습니다." 'The 1990 Playboy Interview With Donald Trump', *Playboy* (1 March 1990).

7 바거는 1989년 이후 이에 대한 서독의 공통적 견해에 관해 이렇게 묘사했다. "중국은 개인의 자유를 도입해야만 그 기적적인 경제 성장을 유지할 수 있다. 자유롭고 개방된 사회만이 정보화 시대에 경제 혁신과 성공의 핵심에 있는 창조성을 촉발할 수 있다." Thomas Bagger, 'The World According to Germany: Reassessing 1989', *Washington Quarterly* (22 January 2019), p. 55.

8 Francis Fukuyama, 'The End of History?', *National Interest* (Summer 1989), p. 12.

9 "중국은 기술이 민주화에 크게 기여해 사람들에게 더 많은 자유를 가져다주고 그들을 세계와 연결시킨다는 일반적으로 갖고 있는 전망을 뒤집고 있다. 중국에서는 그것이 통제를 가져왔다." Paul Mozur, 'Inside China's Dystopian Dreams: A. I., Shame and Lots of Cameras', *The New York Times* (8 June 2018).

10 Chris Buckley and Steven Lee Myers, 'On Anniversary of China's Reforms, Xi Doubles Down on Party Power', *The New York Times* (18 December 2018).

11 같은 글.

12 같은 글.

13 Jonah Newman, 'Almost One-Third of All Foreign Students in US Are From China', *Chronicle of Higher Education* (7 February 2014).

14 Elizabeth C. Economy, *The Third Revolution: Xi Jinping and the New Chinese State* (Oxford, 2018), p. 42.

15 베이징 인민대회당에서 열린 중국 개혁·개방 40주년 기념 회의에서 시진핑이 한 말. Yanan Wang, 'China Will "Never Seek Hegemony," Xi Says in Reform Speech', *Washington Post* (18 December 2018)에서 재인용.

16 Kerry Brown, *The World According to Xi: Everything You Need to Know About the New China* (I. B. Tauris, 2018), pp. 46~47.

17 Chris Buckley, 'Xi Jinping Thought Explained: A New Ideology for a New Era', *The New York Times* (26 February 2018).

18 Georges Devereux and Edwin M. Loeb, 'Antagonistic Acculturation', *American Sociological Review* 8 (1943), pp. 133~147.

19 Christopher Walker et al., *Sharp Power: Rising Authoritarian Influence* (International Forum for Democratic Studies, National Endowment for Democracy, December 2017); https://www.ned.org/wp-content/uploads/2017/12/ Sharp-Power-Rising-Authoritarian-Influence-Full-Report.pdf.

20 Economy, *The Third Revolution*, p. 37. "세계화의 본질 자체와는 반대로 시진핑은 중국과 바깥 세계 사이의 정보의 흐름 확대 경향을 뒤집으려 했다. 새로운 규정은 교수들이 서방 사회과학 교과서를 사용하거나 수업 중에 서방의 통치 및 경제학 개념을 토론할 수 있는 권한을 제한하고자 한다. 당은 접근할 수 있는 외국 텔레비전과 미디어 콘텐츠의 범위를 갈수록 좁히고 있다. 중국인들이 서방의 가치관에 수동적으로 세뇌되는 것을 피하기 위해서다. 그리고 인터넷 콘텐츠 및 기술 진보에 대한 새로운 제한도 사이버 세계에서 정보의 자유로운 흐름을 제약하고 있다." 같은 책, p. 232.

21 Mark Lander, 'Trump Has Put the US and China on the Cusp of a New Cold War', *The New York Times* (19 September 2018).

22 "2013년 10월 13일 중국의 《신화통신(新華通訊)》은 '거미국화한 세계'를 명확히 요구해 세계 미디어망에 충격을 주었다. (…) 미국의 지배 엘리트 사이의 재정 논쟁으로 미국의 채무 불이행 위기를 초래해 중국의 1조 3천억 달러에 이르는 미국 채권을 위험에 빠뜨리는 데 대한 대응이다." Yuezhi Zhao, 'Communication, Crisis, and Global Power Shifts', *International Journal of Communication* 8 (2014), pp. 275~300.

23 Lucian W. Pye, *The Spirit of Chinese Politics* (Harvard University Press, 1992), p. 56.

24 Brown, *The World According to Xi*, pp. 81~82.

25 Fukuyama, 'The End of History?', p. 11.

26 같은 글, p. 17.

27 Pye, *The Spirit of Chinese Politics*, p. 235.

28 "중국인들을 한데 묶어주는 것은 문화, 민족, 문명에 대한 그들의 의식이지 국가를 이루는 민족과의 동일성이 아니다." Lucian W. Pye, 'Chinese Democracy and Constitutional Development' in Fumio Itoh (ed.), *China in the Twenty-first Century: Politics, Economy, and Society* (United Nations University Press, 1997), p. 209.

29 Richard McGregor, *The Party: The Secret World of China's Communist Rulers* (Harper, 2010), p. 77.

30 Brown, *The World According to Xi*, p. 35.

31 Ken Jowitt, 'Setting History's Course', *Policy Review* (1 October 2009).

모방 시대의 종말

자유민주주의라는 꿈은 어떻게 악몽이 되었는가

1판 1쇄 2020년 7월 23일

지은이 | 이반 크라스테프, 스티븐 홈스
옮긴이 | 이재황

펴낸이 | 류종필
편집 | 이정우, 정큰별
마케팅 | 김연일, 김유리
표지 디자인 | 석운디자인
본문 디자인 | 김성인
교정교열 | 오효순

펴낸곳 | (주) 도서출판 책과함께
        주소 (04022) 서울시 마포구 동교로 70 소와소빌딩 2층
        전화 (02) 335-1982
        팩스 (02) 335-1316
        전자우편 prpub@hanmail.net
        블로그 blog.naver.com/prpub
        등록 2003년 4월 3일 제25100-2003-392호

ISBN 979-11-88990-78-8   03300

이 도서의 국립중앙도서관 출판시도서목록(CIP)은
서지정보유통지원시스템 홈페이지(http://seoji.nl.go.kr)와
국가자료종합목록 구축시스템(http://kolis-net.nl.go.kr)에서 이용하실 수
있습니다. (CIP제어번호 : CIP2020028417)